贵金属交易师教程

（初级）

主　编　侯惠民

副主编　林壬子　陈建平　杨麟　等

责任编辑：吕　楠
责任校对：孙　蕊
责任印制：程　颖

图书在版编目（CIP）数据

贵金属交易师教程（Guijinshu Jiaoyishi Jiaocheng）（初级）/侯惠民主编．—北京：中国金融出版社，2018.4
ISBN 978 - 7 - 5049 - 8981 - 9

Ⅰ.①贵…　Ⅱ.①侯…　Ⅲ.①贵金属—交易—中国—技术培训—教材　Ⅳ.①F832.54

中国版本图书馆 CIP 数据核字（2017）第 085427 号

出版发行　中国金融出版社
社址　北京市丰台区益泽路 2 号
市场开发部　（010）63266347，63805472，63439533（传真）
网 上 书 店　http://www.chinafph.com
（010）63286832，63365686（传真）
读者服务部　（010）66070833，62568380
邮编　100071
经销　新华书店
印刷　保利达印务有限公司
尺寸　185 毫米×260 毫米
印张　14.5
字数　253 千
版次　2018 年 4 月第 1 版
印次　2018 年 4 月第 1 次印刷
定价　78.00 元
ISBN 978 - 7 - 5049 - 8981 - 9

编　委　会

序

随着我国经济体量的不断增大，股票、期货、贵金属、外汇以及基金等投资品种的日益增多和交易量越来越大，投资者的投资意识和思想观念也在随之转变。但是，由于缺乏系统的理论基础和必要的投资技能，在投资的道路上，很多投资者走了弯路，甚至造成了不小的经济损失。面对当前的市场现状，我们组织有关行业的著名专家学者共同编撰了“交易师教程”丛书，根本目的就是给广大投资者提供一套理论与实践相结合的系统的交易师教材，提高投资者的理论水平和实际操作技能，为行业培养一支高素质、高水平的专业队伍，并为普惠金融贡献一份力量。

“交易师教程”丛书是由原中国黄金协会专职副会长、现任中国生产力促进中心协会普惠金融服务工作委员会会长侯惠民教授（博导）组织编写创立的。侯惠民教授是黄金投资分析师国家职业的创始人，黄金投资分析师资格评审专家委员会首任主任。他以敏锐的眼光和丰富的职业培训经验，针对我国金融市场发展对人才的需求，组织中国人民银行、中国证监会、国家外汇管理局、上海期货交易所、上海黄金交易所、中国职工教育和职工培训协会、中国期货研究院、中国石油大学等机构和单位的专家、学者，在借鉴原有教材的基础上，增加了新品种、新方法等有关研究内容，几易其稿，历时两年多，完成了本丛书的编写。

本丛书已经编辑完成共 8 册，分为《贵金属交易师教程》《原油交易师教程》《外汇资产管理师教程》三大类，涵盖了整个交易过程的基本原理和基本方法。从基本面到技术面，从交易规则到法律法规等多方面阐述了交易师应知应会的专业知识。同时根据市场对人才的需求，每类教程分为初级、中级和高级三个层级，每个层级各有相应内容，并配有《交易师投资基础知识》。《珠宝玉石交易师教程》目前正在编辑当中，还有待完善，后续将陆续出版。

本丛书体现了“以职业活动为导向，以职业技能为核心”的指导思想，突出了贵金属、原油、外汇、珠宝玉石行业职业培训的特色。结构上优化章节编排，文字上简明扼要，知识面由浅入深，案例新颖明晰，内容中外结合。希望丛书的面市，能对我国贵金属、原油、外汇、珠宝玉石交易从业人员和管理人员以及广大投资者的理论知识、实操技能、职业操守和管理水平的提升发挥重要的促进作用，对我国普惠金融市场规范、健康、平稳发展发挥重要的引导作用。

本丛书在编写过程中，浙商期货有限公司与北京惠民技术培训有限公司积极配合，对人民币原油期货价格形成机制进行了阐述。同时，在贵金属与外汇方面，Cyprus Jin Daocheng Limited.［Licence Number：316/16（亚太区）］和艾汇（imsforex. com）提供了大量翔实的数据和资料，并对教材的出版给予资助，在此表示感谢！

由于时间紧任务重，“交易师教程”丛书肯定会有不尽如人意的地方，编委会真诚希望读者不吝指正，随时提出宝贵意见，以期使丛书不断修正和完善，让本丛书在职业培训教材中始终保持先进水平。

丛书编委会
二〇一七年九月

目　录

第一章　贵金属交易师的基本业务技能

第一节　贵金属交易师的职业道德

贵金属投资是一个新兴且高风险的特殊行业，为了促进行业的规范发展，必须加快从业人员的道德建设，不断提高贵金属投资从业人员的道德修养。

一、职业道德的内涵

道德是调节个人、他人、社会和自然界之间关系行为规范的总和，是依靠社会舆论、传统习惯、教育和内心信念来维持的。职业道德是从事一定职业劳动的人们，在特定的工作和劳动中以其内心信念和特殊社会手段来维系的，以善恶进行评价的心理意识、行为原则和行为规范的总和，它是人们在从事职业的过程中形成的一种内在的、非强制性的约束机制。随着现代社会分工的发展和专业化程度的增强，市场竞争日趋激烈，整个社会对从业人员职业观念、职业态度、职业技能、职业纪律和职业作风的要求越来越高。因此，我们要大力倡导以爱岗敬业、诚实守信、办事公道、服务群众、奉献社会为主要内容的职业道德，鼓励人们在工作中做一个有职业道德的建设者。职业道德具有三个方面的特征：一是范围上的有限性；二是内容上的稳定性和联系性；三是形式上的多样性。

二、职业道德的基本规范

（一）文明礼貌

文明礼貌是对从业人员的基本要求，员工的文明礼貌程度代表着企业的形象，没有文明礼貌，企业是不可能搞好的，文明礼貌的具体要求是，仪表端庄，语言规范，举止得体，待人热情。

（二）爱岗敬业

爱岗敬业，就是把自己的岗位同自己的理想、追求、幸福联系在一起，把企业的兴衰与个人的荣辱联系在一起，自觉维护企业的利益、形象和信誉。随着社会主义市场经济体制的建立，企业将面临市场的挑战，竞争是必然的。在激烈竞争的大形势下，是从个人利益出发，一切向钱看，还是为了维护企业的利益，团结一致共渡难关，对每个职工来说，都是一次严峻的考验。同时，作为一名员工，要想服务群众，奉献社会，光有服务于企业的认识和热情是不够的，还必须具备一定的本领。如今，人类已进入了信息时代，生产力发展突飞猛进，科学技术日新月异，职工的技能仅仅适应当前岗位的需要是不够的，一定要适应形势发展的要求。要通过技能培训、岗位练兵、交流研讨等多种形式，不断更新知识，提高职工的文化素质和业务技术水平，熟练地掌握职业技能，这样才能胜任工作，更好地为企业服务。

爱岗敬业的基本要求是：树立职业理想；强化职业责任；提高职业技能。否则，是难以适应工作需要的。

（三）诚实守信

对贵金属从业人员诚信的具体要求是：忠诚所属企业，维护企业信誉，保守企业机密，遵章守制，秉公办事。

（四）办事公道

在工作过程中，除了要遵章守制外，还要认真执行各种政策、法规，克己奉公、不谋私利、办事公道。不能凭感情或意气用事，更不能出于私心、从个人利益角度考虑问题、处理事情。否则，必然会滋生腐败现象。

办事公道是正确处理各种关系的准则，其具体要求是：坚持真理，公私分明，公平公正，光明磊落。

（五）遵纪守法

遵纪守法的具体要求是：学法、知法、守法、用法；遵守企业或所在机构的纪律和规范。企业的规章制度，是在总结以往经验教训的基础上制定的，我们没有理由不去执行。

（六）团结互助

团结就是力量，这是老少皆知的道理。团结互助可以营造人际和谐的氛围，增强企业的凝聚力，促进事业发展，其基本要求是：平等尊重，顾全大局，互相学习，加强协作。

（七）开拓创新

创新是指人们为了发展的需要，运用已知的信息，不断突破常规，发现或产生某种新颖、独特的有社会价值的新事物、新思想的活动。没有创新的企业是没有希望的企业，开拓创新是时代的需要。贵金属交易公司，如不能及时研发新技术，开发新产品，就无法很好地满足投资者的各种需求，随时都有被淘汰的危险。

三、职业道德的基本要求

（一）遵纪守法，廉洁自律

贵金属交易师应热爱中华人民共和国，遵守国家法律、法规及其他各项规章制度。

廉洁自律就是要清正廉洁，不以权谋私，自觉、主动约束自己。廉洁自律这一行为操守要求贵金属投资从业人员正确处理好三个方面的关系：一是公与私的关系。要求从业人员在任何时候都应把国家利益、集体利益放在首位，在个人利益和社会公共利益不能兼顾的情况下，应自觉地放弃个人利益而服从国家或集体利益。同时要摆正公与私的位置，倡导“先公后私”“先天下之忧而忧，后天下之乐而乐”的中华民族传统美德。二是苦与乐的关系。要求从业人员发扬艰苦奋斗的优良传统和作风，树立革命乐观主义的生活态度，乐于在默默无闻中从日常工作和生活的点滴做起，有所前进，有所作为。三是荣与辱的关系。要求从业人员树立集体主义的荣辱观，正确认识荣誉与耻辱的界限，克服虚荣心，在自己的工作岗位上积极努力，在自觉履行对集体和社会的义务中争得自己的荣誉。

（二）谨慎客观，做到公平、公正、公开

贵金属交易师应恪尽应有的职业谨慎，客观地提出投资分析、预测和建议，不得断章取义或篡改有关信息资料，以及因主观好恶影响投资分析、预测或建议。贵金属交易师必须对其所提出的建议结论及推理过程的公正公平性负责，不得在同一时点就同一问题向不同投资人或委托单位提供存在相反与矛盾意见的投资分析、预测或建议。

“公开”更多的是对人的行为方面的要求，而“公平”与“公正”则更多的是对人的观念的要求。“公开”就是要求人们在从事业务活动的过程中，应该透明化、公开化；“公平”与“公正”则要求人们在面对客户的服务中坚持平等原则，公平、公正地对待每个人和每件事。

（三）诚信尽职，具有团队精神

诚信既是我国传统道德文化的核心理念，又是现代经济生活中被视为“宪章”的信条，更是贵金属投资业的根本要求。

从投资学角度，可以把信用定义为：以协议或契约为保障的不同时间间隔下的经济交易行为。信用作为特定的经济交易行为，要有行为的主客体，即当事者双方，转移资产的一方为授信者，而接受资产转移的另一方为受信者。授予方取得一种权利，接受方承担一种义务，没有权利和义务的关系就无所谓信用，所以具有一定的权利和义务是信用得以存在的要素之一。投资业的信用概念，尽管偏重交易性质，但也不能摒弃道德上的含义。可以说投资业的信用是建立在诚信基础上的债权债务（授信受信）关系。在这一关系中，双方除了对对方资金财力上的信任外，还包括对对方道德品质的信任。作为贵金属交易师，应自觉做好以下两点：

（1）贵金属交易师应正直诚实，在执业过程中保持中立身份，独立做出判断和评价，不得利用自己的身份、地位和执业过程中所掌握的内幕信息为自己或他人谋取私利，不得对投资人或委托单位提供存在重大遗漏、虚假信息和误导性陈述的投资分析、预测或建议。

（2）贵金属交易师应本着对公众投资者与客户高度负责的精神，对与投资分析、预测及咨询服务相关的一切问题进行尽可能全面、详尽、深入的调查研究，切实履行应尽的职业责任，维护贵金属交易师的职业声誉，不得出现重大遗漏与失误，从而向投资人和委托单位提供具有高度专业见解的意见。

（四）讲究效率，善于创新

贵金属投资业有其很强的专业性特点和较高的技术操作要求，同时又处在不断地开拓创新、推出新品种、发展新业务的过程中。这就要求从业人员有较扎实的专业知识功底和较宽的知识面，不断学习、钻研业务，提高自己的专业素养和知识水平，以适应市场对从业人员的要求，在更好地为客户服务的同时，提高自己的竞争能力。

在贵金属投资业中，客户的要求多种多样，各种投资工具纷繁复杂，贵金属市场时时刻刻都在发生变化，这对交易师和从业人员提出了很高的职业技能要求。贵金属从业人员必须审时度势，不断开拓创新，为客户提供优质服务。

（五）为服务对象保守商业秘密

贵金属从业人员应严格遵守操作规程，准确、及时地执行客户指令，保守客户秘密。

严格遵守操作规程是对每一个贵金属从业人员的要求，从业人员都应做到。客户是贵金属投资业的服务对象，客户的指令代表着客户的投资决策，关系到客户的投资利益，从业人员应准确、及时、完整地执行客户的指令。客户的资产和证券等是他们的合法财产，贵金属公司受客户委托代为保管这些财产，除非涉及违法行为，除有关法律特别规定外，从业人员应就客户的投资资金、持有投资工具的情况严守秘密，不得随意泄露给他人。

（六）树立服务意识，尊重用户

现代化生产方式的特点是高度社会化，各行各业相互依存、相互服务。服务水平的高低、服务质量的好坏，直接关系到企业的生存与发展。服务有两层含义：一是为客户服务；二是企业内部各环节之间的服务。搞好服务要求每个职工树立正确的职业观，文明礼貌，爱岗敬业。

形象是最有效的手段。这一行为操守要求贵金属投资业及从业人员做到：一是树立服务意识。就是要树立“投资者至上”的服务意识，真正把投资者当成上帝、当成衣食父母，让投资者花费最少的精力和时间，得到最满意的服务。二是规范服务礼仪。就是要讲文明礼貌和仪态仪表的规范。三是提升服务档次。贵金属投资从业机构要不断提升服务档次，就要提高服务的技术含量。因为贵金属投资业未来的竞争是科技和服务的竞争，谁能在提高服务的技术含量、提升服务档次方面领先一步，谁就能在竞争中获胜。

四、执业纪律规范

贵金属从业人员应当珍视自己的职业，任何人不得有损于职业形象。其具体要求有以下六个方面：

（一）贵金属交易师应对投资人和委托单位一视同仁，遵守公正公平原则。但允许贵金属交易师依据投资人或委托单位财务状况、投资经验和投资目的的不同，提出适合不同投资人或委托单位特点的特定投资组合建议。

（二）贵金属交易师应在投资分析、预测或建议的表述中，将客观事实与主观判断严格区分，并对重要事实予以明示。

（三）贵金属交易师应将投资分析、预测或建议中所使用和依据的原始信息资料，进行适当保存以备查证，保存期应自投资分析、预测或建议做出之日起不少于两年。

（四）贵金属交易师应对在执业过程中所获得的未公开重要信息履行保密义务，不得泄露、传递、暗示他人或建议投资人或委托单位做贵金属交易。

（五）贵金属交易师不得在进行投资预测等含有不确定因素的工作时，向投资人或委托单位做出保证。

（六）贵金属交易师应相互尊重、团结协作，共同维护和增进本行业的职业道德和职业信誉。贵金属投资业务运行的很多环节，需要从业人员团结一致，相互协作。一旦遇到问题和矛盾，应以心平气和的理智态度去解决。只有这样，才能适应贵金属投资市场快速变化的要求，提高工作效率，更好地为客户服务。

贵金属从业人员要时刻记住自己的崇高使命，树立社会责任感，树立从业荣誉感，自觉维护贵金属投资业的声誉。

第二节　贵金属交易师的特点和职责

贵金属交易师的特点是通过顾问服务来体现的。具体顾问服务是指贵金属公司向客户提供的贵金属投资分析与规划、投资建议、贵金属投资产品推荐等专业化服务。在顾问服务中，客户根据贵金属公司提供的投资顾问服务，管理和运用资金，并承担由此产生的收益和风险。

一、贵金属交易师服务的特点

贵金属交易师具有五个方面的特点：

1. 顾问性

在贵金属交易顾问服务中，贵金属公司和交易师不涉及客户资金的具体操作，只提供建议，最终决策权在客户。如果客户接受建议并实施，因此产生的所有收益或风险均由客户自己拥有或承担。但如果涉及代客操作，一定要合乎有关规定，按照规定的流程并签署必要的客户委托授权书和其他代理客户投资所必需的法律文件。

2. 专业性

贵金属交易顾问服务是一项专业性很强的服务，要求从业人员具有扎实的贵金属市场知识，对贵金属市场及其交易机制有清晰的认识，对贵金属产品的风险性和收益性能较为准确地测算和分析。

3. 综合性

贵金属交易顾问涉及的内容非常广泛，要求能够兼顾客户多方面的要求，因此服务内容具有综合性的特征。

4. 制度性

贵金属交易师提供投资顾问服务应具有标准的服务流程、健全的管理体系、明确的管理部门、相应的管理规章制度以及明确的相关部门和人员的责任。

5. 长期性

贵金属交易师提供投资顾问服务的目的是与客户建立长期的关系，因此不能只追求短期的收益。

二、贵金属交易师的职责

贵金属从业人员在提供交易顾问和投资顾问服务的过程中，应当履行以下职责：

1. 投资者教育

投资顾问帮助客户理解贵金属知识和投资常识，了解贵金属投资业务；帮助客户理解贵金属市场的投资机会和一般的投资误区；引导客户理解和评价贵金属投资中的风险。

2. 全面的需求分析

全面了解客户的财务状况和需求，帮助客户确定理财目标，量身定制投资方案。基于全面的客户需求报告，为客户制订贵金属投资方案。投资顾问将向客户详细阐述制订投资方案的依据，与客户充分沟通，达成一致。

3. 解读投资管理报告

每个客户特定的贵金属投资组合都将在规定的期限出一份投资组合报告，这份报告不仅包括该投资组合在过去时间段内的业绩表现，也包括对投资业绩的评价与解释，对未来投资环境的判断。投资交易顾问将帮助客户解读这份报告，帮助评价贵金属投资组合运作是否符合客户的目标，是否在客户的整体投资组合中起到应有的作用。

4. 调整投资方案

交易顾问将帮助客户对上一阶段的投资决策做一个回顾，确定是否要维持目前的资产配置或根据客户的财务目标或投资期限的改变做出调整。

第三节 贵金属交易师工作流程

一、工作准备

在指导客户进行贵金属投资之前，交易顾问需要密切关注国家经济金融政策，了解贵金属市场行情，与专业机构保持必要的沟通，收集整理权威机构的最新报告。

二、工作程序

1. 分析当前市场状况，并研究前期准备的相关报告。

2. 与客户沟通，了解客户需求。

3. 根据前面收集到的信息，分析客户需求及其基本状况，包括个人偏好、财务状况、投资目标及风险承受能力等。

（1）个人偏好。通过沟通，了解客户在投资中的个人偏好。

（2）在前期信息收集的基础上，进一步与客户沟通，确定其真实的财务状况，特别是用于投资的部分。

（3）选择投资目标。交易顾问在对客户投资相关信息以及客户需求进行分析之后，就可以在综合考虑分析结果的基础上帮助客户确定投资目标。

如前所述，投资目标的确定，不是客户“一厢情愿”的结果，也不是交易顾问随意安排的计划。投资目标的确定是要遵循一定程序的。

（4）从已经收集的风险偏好调查信息中，分析客户的风险承受能力，对有疑问的地方须向客户进一步确认。

交易顾问应当通过风险测试以及根据客户的年龄与财产状况对其风险承受能力进行判断，确保所提出的投资建议能够满足客户的需求和风险承受能力，帮助客户实现其投资目标。

一般而言，根据客户的投资组合状况可以粗略地将客户风险偏好分为五类，具体的判断标准如表 1－1 所示。

表 1－1　　按投资组合状况将客户风险偏好分类

类型	资产组合	增值能力
保守型	成长性资产：30% 以下 定息资产：70% 以上	资产增值的可能性很小
轻度保守型	成长性资产：30% ~50% 定息资产：50% ~70%	资产有一定的增值潜力
中立型	成长性资产：50% ~70% 定息资产：30% ~50%	资产有一定的增值潜力，资产价值也有一定的波动
轻度进取型	成长性资产：70% ~80% 定息资产：20% ~30%	资产有较大的增值潜力，但资产价值波动较大
进取型	成长性资产：80% ~100% 定息资产：0 ~20%	资产增值潜力很大，资产价值的波动也很大

这种确定客户风险偏好的方法较为简单，同时准确性较大，可以作为衡量客户风险偏好的一个依据。

准确地讲，客户的风险承受能力需要综合客户的投资历史信息、现有投资组合信息和个人的基本状况、风险态度来确定。

4. 根据客户的需求与实际状况，选择投资工具。图 1 - 1 是投资工具的相关比较。如果客户风险承受能力较弱，则应推荐其进行贵金属实物投资；如果客户风险承受能力较强，则可以进行贵金属衍生工具投资。但是不管哪种投资方式，都应该注意：投资于单一产品的资产比例不应过高，以防止风险过度集中。

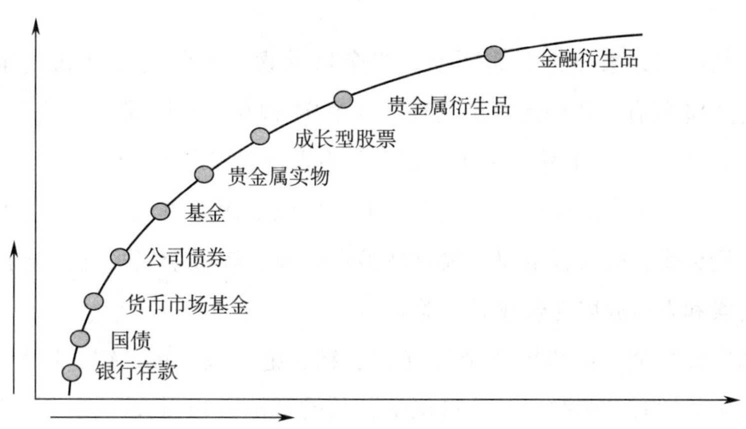

图 1 - 1　各种投资工具可以完成的投资目标

5. 对选定的投资工具进行分析。

6. 继续与客户进行沟通，陈述所选投资工具的预期收益与风险等状况，确认是否符合客户要求。

7. 指导客户按投资程序进行投资。各种投资工具的投资程序是不一样的，有必要的话，应对客户的投资进行指导。

8. 关注市场行情，跟踪所选投资工具的发展，推荐并指导客户在合理的价位进行调整。

第二章 贵金属基础知识

第一节 贵金属的属性和功能

构成自然界的元素分为金属元素、半金属元素、非金属元素和气体元素。到2012年为止，总共有118种元素被发现，其中94种存在于地球上。

其中，金属元素有81种。金属元素又分为黑色金属和有色金属。

有色金属依据元素的性质、在地壳中的丰度以及用途等划分为有色重金属、有色轻金属、贵金属、稀有轻金属、稀有高熔点金属、稀散金属、稀土金属、天然放射性金属元素和人造放射性金属元素等。

贵金属主要指金、银和铂族金属（钌、铑、钯、锇、铱、铂）8种金属元素。这些金属大多数拥有美丽的色泽，对化学药品的抵抗力相当大，在一般条件下不易引起化学反应。随着世界经济的发展，贵金属成为人民生活和社会发展中不可或缺的材料，在各支柱产业中起着“现代工业维生素”的作用，是“现代新金属”；同时，由于贵金属具有金融保值属性，其在维护现代经济金融安全与稳定中同样扮演着重要角色。随着高新技术的日新月异和经济金融的全球化，贵金属领域的竞争也更趋激烈，市场对贵金属行业信息的需求与日俱增。

贵金属的高稳定性、可靠性和其他金属无法替代的良好的物理和化学性质，以及其稀缺性带来的高价值含量，使其具有特殊而广泛的用途。贵金属被越来越广泛地应用到传统工业和现代高新技术产业等领域中，电子技术、通信技术、宇航技术、化工技术、医疗技术等现代电子行业中越来越多的电子元件开始使用贵金属作为原材料。

一、贵金属的属性及用途

（一）黄金的自然属性及用途

1. 黄金的自然属性

黄金（英文gold，化学符号Au），又名“金”“金子”，是一种稀有的贵金属。

金的密度很大，为19.32克/立方厘米。直径为46毫米的金球质量为1000克。黄金的颜色为金黄色，金属光泽，难分解，硬度2～3，纯金19.3，熔点1064.4℃；具有良好的延展性，能压成薄箔，具有极高的传热性和导电性，纯金的电阻为2.4p。纯金具有良好的抗化学腐蚀性，是最好的电镀材料。黄金质地柔软，很容易磨损，也很容易变成极细粉末。黄金具有良好的延压性能，易于锻造和延展。1克黄金可以拉成长3500米、直径为0.0043毫米的金丝。1000克黄金可以延展530平方米。黄金是热和电的良导体，成色容易被鉴别。

黄金的化学稳定性极高，在碱及各种酸中都极稳定。在空气中不被氧化，也不变色。它具有极佳的抗变色性和抗化学腐蚀能力。黄金能溶解在水中，也能溶解在盐酸与铬酸的混合液及硫酸与高锰酸的混合液中，还能溶解于氰化物盐类的溶液中。

2. 黄金的用途

（1）电子工业

黄金具有最好的机械加工性能，可拉成直径为几微米的细丝，加之其导电性能良好而且抗氧化和腐蚀，使金及其合金被广泛用作电接触材料、电阻材料、焊接材料、测温材料和厚膜浆料。1947年开始用于半导体工业制造晶体管，1968年英特尔公司推出用黄金电路连接的集成电路芯片。目前键合金丝（球焊金丝）已成为电子工业必需的材料。

（2）航空航天工业

黄金由于耐高温、耐腐蚀等特性，在航空航天领域也被大量应用，例如一种镀金玻璃，在航空航天中用于防紫外线（现在转而应用于建筑，能起到很好的防太阳辐射和隔热作用）。黄金膜有优越的反射可见光性能和抗宇宙射线性能，对红外线的反射能力接近100%。由于金对红外线的反射能力高达98.44%，因此在人造卫星、宇宙飞船和航天飞机上，为防止宇宙射线和红外线的损害，提高其仪表及零部件的精密度和可靠性，许多仪表和重要零部件都要进行镀金处理，必要时还要采用纯金制作。近30年来，用金或合金制作的固体润滑材料满足了航空航天和其他新产品在苛刻条件下润滑的需要，被广泛应用在人造卫星的太阳能电池帆板结构、红外线摄像自润滑轴承、光学仪器的驱动结构、温度控制结构、星箭分离结构、导弹防卫系统及原子能机械系统等。

（3）医药

黄金在医药上也有广泛的应用，我国著名的中成药——同仁堂的“牛黄安宫丸”“牛黄清心丸”“牛黄降压丸”“人活络丹”等均采用金箔入药配方或用金箔包裹。

合金可用于制作假牙、牙套、假牙焊接和包覆瓷牙等方面。各种金盐制剂可治疗肺结核、风湿性关节炎、皮肤病等疾病，用放射性同位素198Au可进行肝脏、心脏病的检查及癌症的治疗。此外，金线可用于固定碎骨，金箔能处理神经受损的烧伤和治疗皮肤溃疡等。

（4）建筑装饰

金能用于建筑物的装饰，起到画龙点睛的作用。古今中外有很多建筑采用黄金装饰，如俄国伊萨基辅大教堂、俄罗斯克里姆林宫的布拉申斯克教堂、西藏布达拉宫、北京天安门、人民大会堂、中央电视台、上海东方明珠等。其中我国西藏布达拉宫中的第一座灵塔殿殿堂三层，塔身全部用金包裹，耗金3721.3215千克。此外，在佛像贴金、雕梁画栋贴金、金字牌匾等方面也有广泛的运用。

（5）化学工业

在化学工业中，表面惰性的纯金弥散分布在载体材料上，对于某些化学反应是活性的，可用做化工催化剂，如金和钯（3%或20%）的合金可作为催化剂用在制造硝酸和捕收铂的生产上。金催化剂还具有某些特别的性质，如含金载体催化剂中，金的晶粒达到最佳尺寸（2~5纳米），在某些反应中，金催化剂会比类似的铂和钯催化剂更具有活性，因此，越来越多的载金催化剂用在环境保护和化学制造过程中，显示出良好的应用前景。

在化纤工业中，由于金铂合金具有高强度和高耐蚀性，可用金铂合金代替铂铑合金来制造人造纤维生产需要的喷丝头。

在玻璃纤维漏板生产中，在铂中添加金，可提高铂抗硼硅玻璃的浸润性。

在感光化学中，金具有增感作用。金盐加入已用硫增感的乳中，感光度可增加两倍以上，这是由于金在硫增感中的作用增加了电子在颗粒表面被捕获的可能性，提高了表面显影的效率。

在化学工业中，金还用于输送具有腐蚀性物料的钢管覆层上，用于盛装具有腐蚀性物料的化工容器覆层上。

（6）科学研究和新材料

随着技术的进步，黄金的应用前景更广阔了。在科学研究方面，金可用于捕获慢中子，用金的放射性同位素可研究金属和合金中的扩散过程，也可研究化学和物理吸附的作用，确定各种化合物的溶解度。利用金的示踪原子还可以无损伤地辨识古玩的真伪。

胶体金探针是最新的免疫细胞化学标识技术，已用于就地检测抗原，胶体金探针与显微或非显微制备技术相结合用于特定蛋白质的定位及检测，可建立定量测定蛋白质的分析方法。

纳米尺度的金在一些关键工业流程中可取代有害化学物质来制造药品、清洁剂和食品添加剂。金、铂纳米粒子掺杂有机改性硅酸盐的新型光学材料正在研究之中。含包覆金、银、铜的半导体微晶玻璃在玻璃光纤开发中也将起到十分重要的作用。

（二）白银的自然属性及其应用

1. 白银的自然属性

银（argentum），是过渡金属的一种。化学符号 Ag。银是古代就已知并加以利用的金属之一，是一种重要的贵金属。银在自然界中有单质存在，但绝大部分以化合态的形式存在于银矿石中。银是白色、有光泽的金属，化学性质稳定，导热、导电性能很好，质软，富延展性。其反光率极高，可达 99% 以上。熔点为 961.93℃，沸点为 2212℃，密度为 10.5 克/立方厘米（20℃），熔解热为 11.30 千焦/摩尔，汽化热为 250.580 千焦/摩尔。银质软，摩氏硬度为 3.25 度，有良好的柔韧性和延展性，其延展性仅次于金，能压成薄片，拉成细丝。1 克银可拉成 1800 米长的细丝，可轧成厚度为 1/100000 毫米的银箔，是导电性和导热性最好的金属。

银的化学性质不活泼，不与氧作用，长久暴露在空气中，和空气中的硫化氢化合，表面变成黑色，形成黑色的硫化银。常温下，卤素能与银缓慢地化合，生成卤化银。银不与稀盐酸、稀硫酸和碱发生反应，但能与氧化性较强的酸（浓硝酸和浓盐酸）作用。

银不会对人的身体产生毒性，但长期接触银金属和无毒银化合物会导致银质沉淀症。银在地壳中的含量很少，仅占 0.07ppm。

从银矿中提取银，一般采用氰化法，即用稀氰化钠处理硫化物矿，转化为具有可溶性的银氰化钠，加入锌粉，最终还原成银。大约有 75% 的金属银来自铜、铅冶炼中的阳极泥，用浓硫酸处理，可转化为硫酸银，再用铜将其还原为金属银。

2. 白银的用途

世界白银协会（Silver Institute）发布的最新报告表示，2015 年全球白银的需求创下纪录，银饰、银币和银条等需求出现新高，总白银需求被推高至 11.7 亿盎司。此外，实物白银需求最大来源即工业制造应用方面，白银需求同比下降 4% 至 5.887 亿盎司。从地区来看，美国和日本需求有所增加。电子应用方面需求下降 10% 至 2.467 亿盎司。全球银饰需求连续第三年增长，创下 2.265 亿盎司的历史新高，主要是受到印度和泰国需求的推动，北美地区需求也有 5% 的增长。银器需求连续第三年增长至 6290 万盎司，为 10 年来最高水平。

白银在人们的生活中几乎无处不在，从摄影到电子产品、医疗器械、餐具等，白银的用途十分广泛。另外，由于白银还是制作太阳能板的原料，能源价格飞涨刺激人们大力发展可替代能源，因此未来白银的工业需求量有望实现大幅度增长。具体主要用途有：

（1）纯银应用

纯银是一种美丽的银白色的金属，它具有很好的延展性，其导电性和导热性在所有的金属中都是最高的。银常用来制作灵敏度极高的物理仪器元件，各种自动化装置、火箭、潜水艇、计算机、核装置以及通信系统，所有这些设备中的大量的接触点都是用银制作的。在使用期间，每个接触点要工作上百万次，必须耐磨且性能可靠，能承受严格的工作要求，银完全能满足各种要求。如果在银中加入稀土元素，性能便更加优良。用这种加入稀土元素的银制作的接触点，寿命可以延长好几倍。

（2）电子电器材料

电子电器是用银量最大的行业，其使用分为电接触材料、复合材料和焊接材料。银和银基电接触材料可以分为纯银类、银合金类、银—氧化物类、烧结合金类。全世界银和银基电接触材料年产量2900～3000吨。复合材料是利用复合技术制备的材料，银复合材料分为银合金复合材料和银基复合材料。从节银技术来看，银复合材料是一类大有发展前途的新材料。银的焊接材料如纯银焊料、银—铜焊料等。在化学电源中，有银—镉电池、银—铁电池、银—镁电池及银—锌电池。目前主要应用的是银—锌电池，即锌—氧化银电池。银—锌电池在飞机、潜水艇、浮标、导弹、空间飞行器和地面电子仪表等军事及特殊用途中，始终保持长盛不衰的态势。

（3）化学化工材料

银在这方面有两个主要的应用，一是用作催化剂，如广泛用于氧化还原反应和聚合反应，以处理含硫化物的工业废气等。二是电子电镀工业制剂，如银浆、氰化银钾等。银的最重要的化合物是硝酸银。在医疗上，常用硝酸银的水溶液作眼药水。

（4）工艺饰品

银具有诱人的白色光泽，具有较高的化学稳定性和收藏观赏价值，深受人们的青睐，因此有“女人的金属”的美称，广泛用作首饰、装饰品、银器、餐具、敬贺礼品、奖章和纪念币。银首饰在发展中国家有广阔的市场，银餐具备受家庭欢迎。银质纪念币设计精美，发行量少，具有保值增值功能，深受钱币收藏家和钱币投资者的青睐。20世纪90年代仅造币用银每年为1000～1500吨，占银的消费量的5%左右。

（5）感光材料方面

卤化银感光材料是用银量最大的领域之一。目前生产和销售量最大的几种感光材料是摄影胶卷、相纸、X－光胶片、荧光信息记录片、电子显微镜照相软片和印刷胶片等。20世纪90年代，世界照相业用银量为6000～6500吨。由于电子成像、数字化成像技术的发展，使卤化银感光材料用量有所减少，但卤化银感光材料的应用在某些方面尚不可替代，仍有很大的市场空间。

（6）太阳能的利用

利用银的高反射率可用于制作太阳能聚光镜。太阳能电池用银浆、银铝浆等。

（7）医疗卫生行业

银系列抗菌材料是一类无机抗菌材料。无机载银抗菌材料具有持续性、持久性、广谱性，耐热性好、安全性高、不易产生耐药性等特点。银系列抗菌材料主要有载银羟基磷灰石、磷酸锆钠银、载银沸石、硅硼酸钠银、二氧化钛二氧化硅银铜等。载银抗菌材料应用范围很广，可开发出许多的实用制品。银系列抗菌材料可形成一个大产业。

（三）铂族金属的自然属性及用途

铂族金属包括铂（Pt）、钯（Pd）、锇（Os）、铱（Ir）、钌（Ru）、铑（Rh）6种金属。

铂族金属以其特别可贵的性能和资源珍稀而著称，与金、银合称“贵金属”，但其发现与利用相对于金、银要晚得多。

金、银饰品在人类纪元之前的墓葬中就有发现，而人类对铂族金属的了解和利用只有200多年的历史。

虽然发现得较晚，但科学家很快就了解到它们具有一些可贵的功能，并广泛应用于现代工业和尖端技术中，称为“现代贵金属”。

铂族金属的世界产量从1969年开始超过100吨，20世纪80年代末便翻了一番，达到200吨，20世纪90年代初年产接近300吨。

铂族金属既具有相似的物理化学性质，又有各自的特性。它们的共同特性是：除了锇和钌为钢灰色外，其余均为银白色；熔点高、强度大、电热性稳定、抗电火花蚀耗性高、抗腐蚀性优良、高温抗氧化性能强、催化活性良好。

铂族金属各自的特性又决定了其不同的用途。例如，铂有良好的塑性和稳定的电阻与电阻温度系数，可锻造成铂丝、铂箔等；它不与氧直接化合，不被酸、碱侵蚀，只溶于热的王水中。钯可溶于浓硝酸，室温下能吸收其体积350～850倍的氢气。铑和铱不溶于王水，能与熔融氢氧化钠和过氧化钠反应，生成溶解于酸的化合物。锇与钌不溶于王水，却易氧化成四氧化物。它们的主要物理和机械属性见表2－1。

表 2－1　铂族金属的物理和机械属性

性质 \ 元素	钌（Ru）	铑（Rh）	钯（Pd）	锇（Os）	铱（Ir）	铂（Pt）
密度（g/cm^3，20℃）	12.45	12.41	12.02	22.61	22.65	21.45
熔点（℃）	2310	1963	1554	3045	247	1772
沸点（℃）	4080	3700	2900	5020	4500	3800
比热［J/（kg·K），20℃］	230.5	246.4	244.3	129.3	128.4	131.2
延伸率（%）		5	40			40
导热率［W/（m·K），0～100℃］	105	150	76	87	148	73
线膨胀系数（$K^{-1} \times 10^{-4}$）	9.1	8.3	11.1	6.1	6.8	9.1
电阻率［μΩ·cm（0℃）］	6.80	4.33	9.93	8.12	4.71	9.85
电阻温度系数（0～100/℃）	0.0042	0.0046	0.0038	0.0042	0.0043	0.0039
磁化系数（$cm^3 \cdot g^{-1} \times 10^6$）	0.427	0.9903	5.231	0.052	0.133	0.9712
逸出功（eV）	74.54	4.90	4.99	4.8	5.40	5.27
维氏硬度（退火态）	200～350	100～102	40～42	300～670	200～400	40～42
抗拉强度（退火态，N/mm^2）	496	688	172		1090	125
弹性模量（N/mm^2）	4.17×10^5	3.16×10^5	1.17×10^5	5.56×10^5	5.16×10^5	1.72×10^5

目前已发现200余种铂族元素矿物，可分为4大类：①自然金属，如自然铂、自然钯、自然铑、自然锇等；②金属互化物，如钯铂矿、锇铱矿、钌锇铱矿，以及铂族金属与铁、镍、铜、金、银、铅、锡等以金属键结合的金属互化物；③半金属互化物，如铂、钯、铱、锇等与铋、碲、硒、锑等以金属键或具有相当金属键成分的共价键型化合物；④硫化物与砷化物。铂族元素的主要矿物及其组成见表2－2。工业矿物主要有砷铂矿、自然铂、等轴铋碲钯矿、碲钯矿、砷铂锇矿、碲钯铱矿及铋碲钯镍矿，砷铂矿和等轴铋碲钯矿多见于原生铂矿床，自然铂多产于砂铂矿。

表 2－2　　　　　　铂族元素的主要矿物及其组成

类别	矿物名称	化学式	主要化学组分（%）
自然元素及金属互化物	自然钯	Pd	Pd 8.6~100.0
	自然铂	Pt	Pt 83.2~100.0
	铁自然铂	Pt，Fe	Pt 74.8~90.2，Fe 8.8~18.5
	自然铱	Ir	Ir 78.8~95.0
	自然锇	Os	Os 78.0~99.8
	自然钌	Ru	Ru 64.4~1.1
	铂自然铑	Rh，Pt	Rh 41.7，Pt 59.6
	钯自然金	Au，Pd	Au 85.2，Pd 12.3
	铂自然铜	Cu，Pt	Cu 28.5~31.0，Pt 68.5~73.8
	正方铁铂矿	Pr，Fe	Pt 60.9~82.0，Fe 14.9~26.6
	红石矿	Cu，Pt	Cu 24.4~24.7，Pt 73.8~76
	等轴锇铱矿	Ir，Os	Ir 54.1~82.2，Os 16.3~40.9
	铱锇矿	Os，Ir	Os 47.3~80.3，Ir 15.2~49.7
	汞钯矿	PdHg	Pd 34.8~35.9，Hg 64.1~65.2
	铅钯矿	Pd_2Pb_2	Pd 37.2~44.6，Pb 49.2~58.7
	锡钯矿	Pd_3Sn_2	Pd 58，Sn 38
各种化合物	砷铂矿	PtAs	Pt 46.6~59.3，As 37.6~46.8
	砷钯矿	$Pd_8(As, Sb)_3$	Pd 76.8~78.5，As 16.1~17.1
	峨眉矿	$OsAs_2$	Os 46.5~51.2，As 42.3~45.0
	锑钯矿	Pd_5Sb_2	Pd 66.9~70.8，Sb 27.7~32.5
	硫钌矿	RuS_2	Ru 46.7~67.0，S 31.8~41.4
	硫锇矿	OsS_2	Os 64.3~72.4，S 25.0~26.6
	硫铂矿	PtS	Pt 75.7~86.2，S 12.4~17.6
	硫钯矿	PtSs	Pd 52.4~73.5，S 20.0~25.2
	硫镍钯铂矿	(Pt，Pd，Ni) S	Pt 31.5~68.8，Pd 8.5~38.5，Ni 3.5~8.3
	硫砷铑矿	RhAsS	Rh 41.3，As 33.3，S 16.4
	硫砷铱矿	IrAsS	Ir 55.3~66.5，As 21.5~36.4，S 6.6~14.3
	碲钯矿	$PdTe_2$	Pd 21.7~33.2，Te 50.8~67.8
	碲铂矿	$PtTe_2$	Pt 31.0~46.3，Te 44.2~61.4
	等轴碲铋钯矿	PdTeBi	Pd 18.0~25.5，Te 27.7~33.0，Bi 36.6~48.0
含铂族元素矿物	含铂钯自然金	Au	Au 84.6~95.6
	含铂钯银金矿	Au，Ag	Au 58.4~80.1，Ag 9.0~29.2
	含铂钯自然银	Ag	Ag 67.3~97.5
	含铂自然铋	Bi	Bi 大量
	含钌铑镍黄铁矿	$(Fe, Ni)_9S_3$	Fe 15.4，Ni 37.6，S 30.7

铂族金属矿物在矿石中的含量一般甚微，以每吨几克（g/t）计，矿物颗粒小，6 个元素在不同的矿床中含量各异。如南非的布什维尔德杂岩中铂是主要元素，以铂为100 的话，钯为40，钌为10，铑为6，铱为1，锇不及1。俄罗斯的诺里尔斯克则以钯为主（是铂的3 倍）。加拿大的萨德伯里矿石中铂、钯比率接近。

铂族金属在矿石中常以有色金属的硫化物、砷化物和硫砷化物为其主要的载体矿物，特别是自然金、自然银、黄铜矿、磁黄铁矿、镍黄铁矿、辉砷镍矿与斑铜矿等。

1. 铂的自然属性及其应用

(1) 铂的自然属性

铂俗称白金，色泽纯白，化学符号 Pt，是化学元素周期表中第六周期Ⅷ族成员，原子序数 78。

铂的密度很大，达21.45 克/立方厘米。一个 6 英寸（15 厘米）见方的铂金立方体的重量为165 英磅（75 千克），相当于一个普通男性的体重。

铂金耐热耐酸，熔点很高，为1768℃（华氏3223 度）。足铂金比较柔软，容易拉丝，1 克铂金就可以拉成超过1 英里（近2000 米）长的细丝。

在铂族金属中，铂被发现得最早。

1735 年，法国和西班牙政府曾联合派遣科学考察团赴秘鲁和厄瓜多尔两处，测量赤道附近基多的子午线。该考察团中有一位西班牙的海军军官——青年数学家德·乌罗阿（D. A. De Ulloa，1716～1795）。他在秘鲁平托河附近看到了被废弃的金矿。因为矿石内有含量很高的铂，所以当时的西班牙人把混在天然金块里的白色的铂块，看成是尚未成熟的黄金，将它从黄金块里剔除，又仿效当时印第安人的做法，将白金块扔回河里，妄图使它们在水中慢慢成熟起来，增添黄色，变成金子。

德·乌罗阿第一个注意到这种金属具有非常高的熔点，其外观虽然像银，但不溶于硝酸，很难从矿石中提取出来。1744 年，德·乌罗阿将这种金属带回欧洲，在1748 年发表的航海日记中，记述了在秘鲁见到铂金属的经过。这种金属称为“platinadel pinto”，即“平托地方的银”，“platina”在西班牙文中是“银”的意思，现在铂的英文名称“Platinum”正是从西班牙文“platina”一词而来，它的元素符号因此被定为 Pt。我国的名称“铂”既从音译，又有表示白色金属之意，因此铂又有白金之称。

后来，英国化学家瓦特森（W. Watson）和布朗利格（W. Brownrigg）开始研究这种金属。有文献记载，1748 年经瓦特森鉴定，铂被确认是一种新的元素。也有文献记载，1750 年，布朗利格把研究铂矿的结果写成简短论文，叙述了铂的性质，连同标本送交伦敦皇家学会。究竟是谁在哪一年首先发现了铂，目前尚有争议。不过这种金属在有自己的名称之前就已经被使用很久了。1750 年是铂历史上一个重要的里程碑，这一年它被研究，并被详细描述。

在自然界里，铂金是世界上稀有的贵金属之一。铂金比黄金稀有 30 倍，在全球，只有在极少的地方才能开采到。如果把世界上所有的铂金倒入一个奥运会标准游泳池内，它的深度都不足以覆盖脚背，然而黄金却能填满 3 个游泳池。铂金的稀有使它越显高贵和与众不同，所以其价格较黄金更加昂贵。

（2）铂的用途

铂金可使以白为贵的钻石保持原有的色泽，并且很牢固，是镶嵌钻石的最优材料。如果要镶嵌钻石就必须组成合金，即使只加入 5% 的合金也能使铂变硬，从而达到加工要求，所加入的合金成分中有一部分必须是铂族金属。

铂及其合金，在石油化学工业中主要用作催化剂。另外，还用来制作耐腐蚀的仪表、仪器的零部件，如铂器皿、铂电极、电阻温度计、铂铱合金陀螺仪导电环、笔尖、钟表仪器、轴承等。在电子工业上，用来制作电阻、继电器、火花塞电极、电触头、热电偶及印刷线路。铂—铁和铂—钴合金有高的磁性，可制作永久磁体。铂铑合金可制作高温发热元件，还是生产玻璃纤维的喷嘴和拉模的良好材料。在生产优质光学玻璃和化合物单晶拉制时，为了不受玷污，必须用铂制作容器内衬或高温反应坩埚。

铂及铂合金可制作首饰（如镶宝石戒掉）和表壳，也可掺入金中作牙科材料。

铂虽不是人体不可缺少的金属元素，但它却有一种奇特的功能。铂在某种溶液中通过化学反应生成一种化合物——顺氯氨铂，习惯上称为“顺铂”。试验证明，顺铂具有很强的抗癌能力，对抑制癌症发展和缓解癌情有良好效果。

2. 钯的自然属性及其应用

钯属于铂族金属，化学符号 Pd，是化学元素周期表第五周期Ⅷ族铂系元素的成员，原子序数 46。

1803 年，英国化学家和物理学家威廉·沃拉斯顿（W. H. Wollaston）从铂矿中发现了一个新元素。他将天然铂矿溶解在王水中，除去酸后，滴加氰化汞［$Hg(CN)_2$］溶液，获得黄色沉淀。将硫黄、硼砂和这个沉淀物共同加热，得到光亮的金属颗粒，他称它为 palladium（钯），元素符号定为 Pd。这一词来自当时发现的小行星 Pallas，源自希腊神话中司智慧的女神巴拉斯（Pallas）。沃拉斯顿能够发现钯，重要的一步是选用了氰化汞。尽管氰化汞溶液中几乎不含有氰离子（CN^-），但是当钯离子（Pd^{2+}）与它相遇时，却会立即生成淡黄色的氰化钯［$Pd(CN)_2$］沉淀，而其他铂系元素是不会形成这种氰化物沉淀的。

钯一般可由铂金属的自然合金分出。钯在地球上的储量稀少，采掘冶炼较为困难，属稀贵金属系列金、银、铂、钯、钌、铱的范畴。钯在地壳中的含量为 1×10^{-6}，常与其他铂系元素一起分散在冲积矿床和砂积矿床的多种矿物（如原铂矿、硫化镍铜矿、镍黄铁矿等）中。独立矿物有六方钯矿、钯铂矿引、一铅四钯矿、锑钯矿、铋铅钯矿、锡钯矿等，还以游离状态形成自然钯。钯的熔点是铂族金属中最低的。

钯呈银白色。熔点为1552℃，密度为12克/立方厘米。铂族金属中，以钯的抗腐蚀性能最差。硝酸、王水、300℃的浓硫酸及熔融的硫酸氢钾均能溶解钯。在350～790℃的空气中，钯表面会生成一层氧化物，但高于此温度时，氧化物又分解成金属和氧。

自然界中钯常与其他铂族金属共生在一起。钯的产量仅次于铂，价格和黄金相近。

钯具有吸氢和透氢的特性：一定体积的钯在常温下，能吸收相当于它本身体积800～2800倍的氢气。钯及钯黑（粒度很细）对气体有很强的吸附能力，因而具有优良的催化特性。钯因此被广泛地用于气体反应，特别是氢化或脱氢催化剂。

钯有良好的延展性，可锻造、轧制拉拔成棒、片和线。其加工成的首饰外表和铂金一样高贵典雅、耀眼夺目。还可制作电阻线、钟表用合金等。

钯是航天、航空、航海、兵器和核能等高科技领域以及汽车制造业不可缺少的关键材料，也是国际贵金属投资市场上的不容忽略的投资品种。

氯化钯还用于电镀；氯化钯及其有关的氯化物用于循环精炼并作为热分解法制造纯海绵钯的来源。一氧化钯（PdO）和氢氧化钯［$Pd(OH)_2$］可作为钯催化剂的来源。四硝基钯酸钠［$Na_2Pd(NO_3)_4$］和其他络盐用作电镀液的主要成分。

钯在化学中主要用作催化剂。钯与钌、铱、银、金、铜等熔成合金，可提高钯的电阻率、硬度和强度，用于制造精密电阻、珠宝饰物等。最常见和最有市场价值的钯金首饰的合金是钯金。

钯及其合金在石油化学工业上被广泛地用于气体反应，特别是氢化或脱氢的催化剂。钯可作电镀层，在电子电器工业上应用。在玻璃工业上，钯金属不会使熔化的玻璃着色，可作为制造光学玻璃的容器内衬。钯及其合金可掺于金中作牙科材料，钯合金还是提纯氢气的净化材料，还可制造高温钎焊焊料等。

3. 锇的自然属性及其应用

锇是铂族金属之一。元素周期表第六周期Ⅷ族元素，是元素周期表中ⅧB族中能生成8价化合物的两个元素之一。元素符号Os，原子序数76，属重铂族金属。

1803年，英国化学家台奈特（Smithson Tennant）、法国化学家德士戈蒂等人研究了铂系矿石溶于王水后的残渣。他们宣布残渣中有两种不同于铂的新金属存在，它们不溶于王水。1804年，台奈特发现并命名了它们。其中一个曾被命名为ptenium，后来改为osmium（锇），元素符号定为Os。ptenium来自希腊文中的“易挥发”，osmium来自希腊文osme，原意是“臭味”，这是由于四氧化锇（OsO_4）的熔点只有41℃，易挥发，有刺激性气味。

锇是已知金属单质中密度最大的，达到22.59克/立方厘米，熔点3045℃，沸点在5300℃以上。六方密集晶格。灰蓝色金属，质硬而脆。

金属锇呈灰蓝色，极脆，放在铁臼里捣，会很容易地变成粉末，锇粉呈蓝黑色。金属锇在空气中十分稳定，不溶于普通的酸，甚至在王水里也不会被腐蚀。但粉末状的锇在常温下会逐渐被氧化，并且生成黄色的四氧化锇。四氧化锇在48℃时会融化，到130℃时就会沸腾。锇的蒸气有剧毒，会强烈地刺激人眼的黏膜，严重时会造成失明。

锇在工业中可以用作催化剂。合成氨时用锇做催化剂，可以在不太高的温度下获得较高的转化率。如果在铂里掺进一点锇，就可做成又硬又锋利的手术刀。在电子电器工业上，用于制作电阻、继电器、火花塞电极、电触头、热电偶及印刷电路等。在玻璃工业上，锇不会使融化的玻璃污染，可作为制造光学玻璃时的容器内衬。锇铱合金可以制作钟表和仪器中的轴承，制造笔尖和唱针。传统上锇用于制作钢笔尖，现在用于生产靶材。

锇即使在高温下也不易加工，通常只用作合金元素。锇的抗氧化性很差，在空气中，室温下锇表面就生成蓝色的二氧化锇薄膜。硝酸与锇作用也会生成四氧化锇。自然界中，锇与铂族金属常共生在一起。

锇属铂系元素。铂系元素几乎完全呈单质状态存在，高度分散在各种矿石中，如原铂矿、硫化镍铜矿、磁铁矿等。铂系元素几乎无一例外地共同存在，形成天然合金。在含铂系元素矿石中，通常以铂为主要成分，而其余铂系元素则因含量较小，必须经过化学分析才能被发现。由于锇、铱、钯、铑和钌都与铂共同组成矿石，因此它们都是从提取铂的残渣中被发现的。

4. 铱的自然属性及其应用

铱，原子序数77，元素周期表第六周期Ⅷ族元素，化学符号Ir。

1803年，英国化学家台奈特，法国化学家德士戈蒂等用王水溶解粗铂时，从残留在器皿底部的黑色粉末中发现了两种新元素。其中一个命名为irdium（铱），元素符号定为Ir，这一词来自希腊文iris，原意是“虹”。这可能是由于二氧化铱的水合物$IrO_2 \cdot 2H_2O$或$Ir(OH)_4$从溶液中析出沉淀时，颜色或青、或紫、或深蓝、或黑，随着沉淀的情况而改变。

铱在地壳中的含量为千万分之一，常与铂系元素一起分散于冲积矿床和砂积矿床的各种矿石中。自然界存在两种同位素：铱191、铱193。

纯铱专门用在飞机火花塞中，多用于制作科学仪器、热电偶、电阻线等。做合金用，可以增强其他金属的硬度。它与铂形成的合金（10%的Ir和90%的Pt），因膨胀系数极小，常用来制造国际标准米尺。

铱的高熔点、高稳定性使其在很多特殊场合具有重要用途，但铱的脆性和高温损耗在一定程度上限制了它的应用。铱最早的应用是作笔尖材料，后来又有了注射针头、天平刀刃、罗盘支架、电触头等方面的用途。铱坩埚可用于生长难熔氧化物晶体，该坩埚能在2100~2200℃工作几千小时，是重要的贵金属器皿材料。铱的高温抗氧化性和热电性能使铱/铱铑热电偶成为唯一能在大气中测量达2100℃高温的贵金属测温材料；可用做放射性热源的容器材料；阳极氧化铱膜是一种有前途的电显色材料。铱192是γ射线源，可用于无损探伤和放射化学治疗。同时，铱是一个很重要的合金化元素，一些铱合金用在某些关键部门；铱化合物也有其特有用途。铱在高温时可压成薄片或拉成丝。它的合金用来制作坩埚和金笔笔尖等。自然界中铱主要存在于锇铱矿中，可用锌与在提炼铂时所得的锇铱合金分离制得。

铱的化学性质很稳定，是最耐腐蚀的金属。铱对酸的化学稳定性极高，不溶于酸，只有海绵状的铱才会缓慢地溶于热王水中，如果是致密状态的铱，即使是沸腾的王水，也不能腐蚀铱。

5. 钌的自然属性及其应用

钌，原子序数44，元素周期表第五周期Ⅷ族元素，化学符号Ru。

钌是铂系元素中在地壳中含量最少的，也是铂系元素中最后被发现的。它在铂被发现100多年后才被人所认识，甚至比其余铂系元素晚40年才被发现。

不过，钌的名字早在1828年就被提出来了。当时俄国人在乌拉尔发现了铂的矿藏，塔尔图大学化学教授奥桑首先研究了它，认为其中除了铂外，还有三个新元素。

1844年，喀山大学化学教授克劳斯（К. Клаус）重新研究了奥桑的分析工作，肯定了铂矿在残渣中确实有一种新金属存在，就用奥桑为纪念他的祖国俄罗斯而命名的ruthenium命名它，元素符号定为Ru，我们译成钌。

钌是硬质的白色金属，密度12.30克/立方厘米。熔点2310℃，沸点4080℃。化合价有2、3、4和8。钌在中等温度下，化学性质稳定，100℃的王水、硫酸、盐酸和磷酸均不能腐蚀钌，但在同样温度下，氰化钾溶液和氯化汞溶液能显著地腐蚀钌。但在300℃时，氟与钌作用生成 RuF_5。钌对氢氟酸和磷酸也有抗御力。在空气中温度升到450℃以上时，钌会发生缓慢氧化，生成具有挥发性的氧化钌，它是与氧化锇一样的有毒物质。在室温时，氯水、溴水和醇中的碘能轻微地腐蚀钌。对很多熔融金属包括铅、锂、钾、钠、铜、银和金有抗御力。钌能与熔融的碱性氢氧化物、碳酸盐和氰化物起作用。

钌是极好的催化剂，用于氢化、异构化、氧化和重整反应中。纯金属钌用途很少。它是铂和钯的有效硬化剂，用于制造电接触合金，以及耐磨硬质合金等。

钌性硬而脆，很难加工。钌及其合金在石油化学工业上主要用作催化剂。在电子电器工业上可作阳极涂层。涂钌和铂的钛阳极已代替了电解槽中的石墨阳极，可提高效率，延长电极寿命。铂钌合金可用于制造飞机发动机的火花塞着色，可作为制造光学玻璃时的容器内衬。

6. 铑的自然属性及其应用

铑，原子序数45。元素周期表第五周期Ⅷ族元素。化学符号Rh。

1804年，在沃拉斯顿发现钯不久，他将天然铂矿溶解在王水中，加入氢氧化钠溶液，中和过剩的酸，再加入氯化铵（NH_4Cl），使铂沉淀为铂氯化铵（$(NH_4)_2[PtCl_4]$），再加入氰化汞，使钯沉淀为氰化钯，滤去沉淀后，往滤液中加入盐酸，除去过量的氰化汞，并把溶液蒸发至干，会出现一种暗红色沉淀，分析证明这种沉淀是由一种新金属和钠的氯化物形成的盐 $Na_3RhCl_6 \cdot 18H_2O$。由于这种新金属具有玫瑰的艳红色，就以希腊文中玫瑰rhodon命名它为rhodium。

铑在地壳中的含量为十亿分之一。铑存在于铂矿中，在精炼过程中可以集取而制得。常与其他铂系元素一起分散于冲积矿床和砂积矿床中。天然稳定同位素只有铑103。

铑是银白色金属，质极硬，耐磨，也有相当的延展性。密度为12.4克/立方厘米。熔点1966±3℃，沸点3727±100℃。化合价有2、4和6。

在中等温度下，铑也能抵抗大多数普通酸（包括王水在内）。在200～600℃，可与热浓硫酸、热氢溴酸、次氯酸钠和游离卤素起化学反应。不与许多熔融金属，如金、银、钠和钾以及熔融的碱起反应。

铑的高温强度很好，但冷塑性加工性能稍差。铑由镍生产的副产品获得，也可在铂矿中发现，在一些铂合金中用做催化剂。

铑的主要用途是用作高质量科学仪器的防磨涂料和催化剂。铑铂合金用于生产热电偶，也用于镀在车前灯反射镜、电话中继器、钢笔尖等。

汽车制造业是铑的最大用户。目前，汽车制造业中铑的主要用途是汽车尾气催化剂。其他消耗铑的工业部门是玻璃制造业、镶牙合金制造业、珠宝制品业。随着燃料电池技术的不断发展和燃料电池汽车技术的逐步成熟，汽车工业的用铑量将持续增加。铂铑合金对熔融的玻璃具有特别的抗蚀性，可用于制造生产玻璃纤维的坩埚。

二、贵金属的货币属性

（一）黄金的货币属性

黄金饥不能食、寒不能衣，千百年来却作为财富的代名词植入人类的基因。马克思说过“金银天然不是货币，但货币天然是金银”，这句名言深刻地说明了黄金的货币属性。黄金作为货币有一个漫长的变迁过程。

综观世界货币史，黄金不仅有出色的表现，而且历史悠久，根据古希腊史学家希罗多德的记载，吕底亚人“是我们所知当中第一个铸造、使用金币和银币的民族，他们可以说是最早的零售商”。吕底亚是公元前700 年位于小亚细亚西部的一个富庶的古王国，距离希腊爱琴海大约 200 英里。吕底亚处于不同文明地区的东西交通要道上，繁荣的贸易和商业活动对简易兑换流通的金币产生了自然要求，而且吕底亚位于盛产冲积沙金的佩克托勒斯河岸，黄金供应的基本面良好。由于其地理位置特别重要，在希罗多德的文献里，吕底亚人“拥有大量金钱”。考古工作者在公元前 600 年的遗址中发现了几枚吕底亚国王克列兹时代的金币，这也证明了希罗多德没有说错，吕底亚人在这个时期流行货币，金币铸造得非常精美。

小亚细亚吕底亚王国（今土耳其西部）金币是目前世界上发现最早的金币。币质材用流经吕底亚王国首府萨迪斯河中的自然金银矿粒打制而成，这种矿粒的成分约为 3 金 1 银，呈黄白色，俗称琥珀金。

中国在商代就已经掌握了黄金的冶铸技术。最早的金币铸于何年，目前尚无定论。但中国古代早有金币，最早在公元前 22 世纪的夏代，中国就将黄金作为货币使用了，司马迁的《史记・卷三十・平准书第八》（蒋非非译）中记载：“虞夏之币，金为三品，或黄（黄金）或白或赤”。虽然考古发掘迄今未见夏代以前的黄金货币，但史籍中有关使用黄金货币的记载，至少能够证明黄金的货币职能已在当时发挥作用。

殷商及西周时期，珍贵的装饰品黄金很早就作为贵金属为人们所喜爱。到了春秋战国时期，根据《春秋》、《管子》 等文献记载，黄金已经具有了以下职能：第一，交换手段；第二，价值尺度；第三，国际货币，“国际”是指诸侯国；第四，大量用于赏赐、送礼、贿赂。《管子》中有“黄金刀币，民之通货也”的记录。

到了秦朝至西汉时期，黄金货币开始盛行。秦始皇统一全国以后，颁布了中国最早的货币立法，规定黄金为“上币”。西汉交易中盛行使用黄金，小宗买卖都使用铜钱，价值大的均以黄金计算，关系重大的活动都使用黄金。在此阶段，黄金充分履行着赏赐、储藏财富以及价值尺度的职能。东汉至隋，黄金的流通作用减退，黄金越加贵重，人们对黄金的使用有了很大的改变，用于大额支付和商品交易的情况锐减。

黄金主要用于储藏和装饰。第一，黄金充分发挥了价值保值的作用。第二，奢侈的黄金饰品成为时尚。南北朝时期，黄金制的钱币开始出现。唐宋时期黄金的金融货币属性有所上升，黄金被视为财富宝藏，用于赏赐、馈赠、贿赂等。元朝以后，随着黄金货币作用的消失，纸币逐渐流行，黄金进一步退出流通领域。尤其是明朝，曾明令禁止民间用金银交易，结果黄金的货币地位正式被取消，黄金主要起到储藏作用。

总之，在中国古代历史上，不同时期黄金的主要作用也在不断发生变化。就其金融属性作用而言，盛行于战国中后期和西汉，削弱于东汉魏晋南北朝，唐宋时期随着经济的发展而又有所上升，只是民间使用逐渐消失，明朝时黄金的货币作用正式被取消，但黄金仍具有金融属性。从世界历史上看，各国情况各异，但黄金在古代具有广泛的金融属性。

春秋战国时期的货币形态，由实物货币、金属称量货币进入金属铸币阶段。青铜铸币一直是多元化货币中的主流。周、晋铸行铲币，齐、燕铸行刀币，秦国铸行圆钱，而吴、越、宋等国直至灭亡时仍在使用实物货币和称量货币。由于境内盛产黄金，楚国成为春秋战国时期唯一盛行黄金铸币的国家，现存最早的金币就是楚国的“郢爰”。

“郢”乃是楚国国都，“爰”则是重量单位或楚国金币的专有名称。其铸造于公元前241～公元前223年，目前所见均为考古出土文物。此币呈板形，币面铸有供分割成小块的印痕，使用时凿下小块支付，每小块重约15克。其含金量一般在90%以上，有的甚至高达99%，也有少数含量仅为80%。

“郢爰”的出土范围较大。据统计，1950年以来，在安徽、河南、江苏、湖北、山东、浙江、陕西等地，发现“郢爰”金币700多块，总重量达4万多克，其中95%以上出土于原来的楚国疆域之内。1982年江苏盱眙南窖庄出土的窖藏金版中，有一块“郢爰”呈长方形，重610克，正面钤印54个，加上6个上半印，钤印总数为 60 个，是迄今发现的最大的“郢爰”金版。从安徽寿县等地出土实物上保留的刻画数字连文来看，有百位数、千位数直至万位数，应是金币铸造时的数字编号，加上秦汉以来，历代熔毁、改铸及至今尚埋藏地下未被发现等原因，楚国金币铸造和流通的总量应该是相当大的。

黄金成为一种世界公认的国际性货币是在 19 世纪出现的“金本位”时期。“金本位制”即黄金可以作为国内支付手段，用于流通结算，也可以作为外贸结算的国际硬通货。虽然早在 1717 年英国就首先施行了金本位制，但直到 1816 年才正式在制度上给予确定。之后，德国、瑞典、挪威、荷兰、美国、法国、俄国、日本等国先后宣布施行金本位制。金本位制是黄金货币属性表现的高峰。世界各国实行金本位制长者二百余年，短者数十年，而中国一直没有施行过金本位制。由于世界大战的爆发，各国纷纷进行黄金管制，金本位制难以维持。第二次世界大战结束前夕，在美国的主导下，召开了布雷顿森林会议，通过了相关决议，并决定建立以美元为中心的国际货币体系，但美元与黄金挂钩，美国承诺担负起以 35 美元兑换一盎司黄金的国际义务。但 20 世纪 60 年代相继发生了数次黄金抢购风潮，美国为了维护自身利益，先是放弃了黄金固定官价，而后又宣布不再承担兑换黄金义务，因此布雷顿森林货币体系瓦解，于是开始了黄金非货币化改革。这一改革从 20 世纪 70 年代初开始，到 1978 年修改后的《国际货币基金协定》获得批准，可以说制度层面上的黄金非货币化进程已经完成。

经济学家凯恩斯曾经这样评价黄金的作用：“黄金在我们的制度中具有重要的作用。它作为最后的卫兵和紧急需要时的储备金，还没有任何其他的东西可以取代它。”现在黄金可视为一种准货币。

（二）白银的货币属性

白银，具有特殊的化学性质，其价值早在公元前 700 年的美索不达米亚时期就开始为人们所认识。白银在历史上曾经与黄金一样，作为许多国家的法定货币，具有金融储备职能，也曾作为国际间重要的支付手段。中国把白银作为货币历史悠久，早在战国时期，白银就已作为货币使用。自唐宋始，银本位制得到逐步确立，明朝起成为正式货币。中国的银本位制一直持续到 1935 年发行法币、取消银本位为止。

银元是我国历史上白银的主要存在形式，在国外，货币也一直是白银最主要的用途。新中国成立后，对白银的管理经历了一个漫长的探索阶段。从开始的“统购统销”政策到 2000 年白银市场放开，短短几年间，中国白银产量和需求成倍增长，成为世界上最主要的白银生产、消费和出口国之一。

银币曾经作为银本位制国家的法定货币，盛行一时。但随着货币制度改革、信用货币的产生，银币逐渐退出了流通领域。目前，铸造的银币主要是投资银币和纪念银币。

三、贵金属的金融属性

贵金属的金融属性体现在财富贮藏职能。

由于贵金属的稀缺性，加上化学性质稳定，储藏千年不变质，而且具有高贵的美丽光泽，质地柔软，易加工。这就使贵金属自然成为人们需要的贮藏品。例如，在2010年全球的黄金产量中（矿产金供给为2543吨，回收再加工黄金1653吨），有一半是以黄金饰品的形式沉淀下来（约2060吨），另外有1333吨作为投资需求储存了起来。黄金在美化人们生活的同时，也变成了财富储藏的一部分。黄金的财富贮藏作用在前资本主义社会最突出，在现代社会持有黄金的人中，大多将其当作资产保值增值的形式。

1. 特殊的资产保值增值形式

黄金以其特殊属性，成为唯一不以国家或公司信誉和承诺为条件而变现的资产。

2. 防范金融风险和预防支付危机的保障

对国家和地区而言，贵金属作为稀缺而用途广泛的高价值载体，如黄金，是各国政府和中央银行防范金融风险和处置支付危机的最后保障。

3. 分散和降低风险

对投资者而言，贵金属价格运动与其他资产价格运动之间一般具有负相关关系。因此在货币市场、证券市场和商品（期货）市场投资面临风险的时候，贵金属与其他投资组合具有分散和降低风险的作用。对于机构和一般居民而言，贵金属仍然是不可或缺的投资和避险工具。

（1）贵金属作为金融资产，相对其他金融资产而言，不是任何人的负债，所以不存在信用风险；研究表明，在长期内，无论是通货膨胀时期还是通货紧缩时期，贵金属的价值都具有很好的稳定性。贵金属还可以抵御系统性的政治、经济和金融风险。比如由于国际上普遍存在的对新千年电子和通信危机的预期，1999年的贵金属需求曾出现大幅增长。2000年美国新经济泡沫破裂和2001年“9·11”事件，激发了贵金属价格的持续上升。

（2）因为贵金属收益与其他金融资产收益之间的相关性很低甚至是负相关，并且其收益具有很好的稳定性，所以贵金属自然是多样化资产组合的组成部分。研究表明，在出现金融危机时，许多原本并不相关的传统金融资产之间的收益和收益波动的相关性开始增强，但是贵金属和传统金融资产之间的相关性开始减弱。把贵金属放在资产组合中，确实可以在给定的风险水平下获取更高的收益，或者在给定的收益水平下减少资产组合的风险。因此，无论是对于机构还是对于个人投资者，贵金属都是不可或缺的投资工具。

4. 市场筹资功能

贵金属是一种优质资产，具有广泛的可接受性，可以成为很好的抵押品，其所有者以之作抵押向银行贷款（抵押贷款），从而筹措到所需资金；筹资者还可以通过借金还金方式，以所借之金筹借资金。

第二节　贵金属的开采和生产

考古发掘成果表明，人类发现和使用黄金迄今已有7000年的历史。我国黄金的开采和使用至少有4000年的历史，大约在新石器时代就已经认识了黄金。

从世界采金史来看，大多数国家都是从采淘砂金开始的。我国的采金活动始于奴隶社会早期，淘洗的砂金是从含金的砂砾层中得到的，古称“河金”或“麸金”，后来又根据砂金赋存地质条件的差异，分为“水砂”中淘洗的砂金和“平地掘井”开采的砂金两种。脉金的开采时代远远晚于砂金，大约起于唐代、宋代之间。

一、各类贵金属在自然界中的储量

（一）黄金的储量和分布

截至2014年末，全球已开采黄金共计183600吨。现查明的地球上拥有的黄金资源量约为10万吨，储量基础为7.7万吨，储量为4.8万吨。

南非占世界查明黄金资源量和储量基础的50%，占世界黄金储量的38%；美国占世界查明黄金资源量的12%，占世界黄金储量基础的8%，占世界黄金储量的12%。除南非和美国外，世界上主要的黄金资源国还有俄罗斯、乌兹别克斯坦、澳大利亚、加拿大、巴西等。在世界80多个黄金生产国中，美洲的产量占33%（其中拉美占12%，加拿大占7%，美国占14%）；非洲占28%（其中南非占22%）；亚太地区占29%（其中澳大利亚占13%，中国占7%）。全球每年的黄金产量在2500吨左右。2014年，中国的黄金产量位列世界第一，约占总产量的15%。亚洲地区黄金产量占世界新开采总量的22%。中美和南美地区约占总量的17%，北美则约占15%。约20%的黄金产量来自非洲，14%来自独联体国家。

据科学家预测，地球上的黄金（这里指的是金单质）总的含量，大约是48亿吨，但是很不幸，这48亿吨的黄金中，大约有99.7083%深藏于地壳与地幔中，是人类即使在无限遥远的将来也不可能开采得到的。蕴藏在地壳和海水中的1400万吨黄金，因埋藏过深和品位过低，大约有90%也是可望而不可即的。因此，金在地壳中的丰度值很低，在贵金属中丰度值是最低的，相当于铜的1/18000，银的1/21，铂的1/13。

根据元素的地球化学分布规律，通过一系列的地质变化，金可以构成一些有固定结构的矿物，在地壳中不规则分布时便使这些矿物的含金量超出地壳平均含量的千万倍，这才使人们能够发现和利用金。

人类从自然界中得到的黄金是极小一部分。但在现有的技术经济条件下，可开采的黄金资源也并不是很多。据统计，目前世界上黄金储量和储量基础分别为6.8万吨和10万吨。其中，我国在2015年底查明储量11123.2吨（国土资源部数据）。按照目前黄金产量约为2500吨的开采水平计算，全球现有黄金资源储量和基础储量静态保证年限分别为19年和40年。黄金的全球人均储量为6.91克，而中国人均储量为0.9克，不足世界人均储量的1/7。

国外主要产金国家的黄金储量见表2-3。

表2-3　　国外主要产金国家黄金储量

国家	南非	俄罗斯	加拿大	美国	澳大利亚	加纳	
储量/吨	15000	6620	5000~6000	3000~4000	200~300	70	
品位/$g \cdot t^{-1}$	12~15	5~8	12	10~12	36~69	9~12	
国家	菲律宾	日本	墨西哥	巴西	尼加拉瓜	其他	总计
储量/吨	400	200	1000	40	20	25000	51550~58650
品位/$g \cdot t^{-1}$	3~6	5.7	7~20	10	6~7	8~10	

在海水中，金以胶状溶液存在，混浊的海水中含金量比澄清的海水中略高。据分析，海水的含金量一般为0.00001~0.00004g/m^3。如果平均按$2 \times 10^{-5} g/m^3$计算，全部海水（约14亿km^3的体积）中含金总量近3000万吨。但是，世界各海域海水中的含金量均不一样，有的海域高达20mg/m^3。那些含金量高的海域将成为贵金属生产的后备资源。

近年来，美国和瑞典在印度洋、红海的高盐分水域发现海底沉积了大量金属泥，并查明了富含金、银等贵金属的海底热液矿床。

（二）白银的储量和分布

全球白银矿物主要以硫化物的形式存在，常与铜、铅、锌、金等元素共生或伴生。

根据美国地质调查局公布的“Mineral Commodity Summaries 2015”中的数据统计，全球银矿产资源储量约为530000吨（金属吨），主要分布在秘鲁、波兰、智利、澳大利亚等国家。中国的银矿产资源储量居全球第五位，储量约为43000吨（金属吨），占全球储量的8.11%。全球银矿产资源储量具体分布见表2－4。

表2－4　　全球银矿产资源储量表

国家	储量（金属量，吨）	占比（%）
秘鲁	98900	18.66
澳大利亚	85000	16.04
波兰	85000	16.04
智利	77000	14.53
中国	43000	8.11
墨西哥	37000	6.98
美国	25000	4.72
玻利维亚	22000	4.15
其他	57100	10.77
全球合计	530000	100.00

注：美国地质调查局所使用的“储量”（Reserve）是指在“储量基础”（Reserve Base）内可以经济开采部分。“储量基础”包括从现在探明资源量和控制资源量中被证实的资源量，也包含超过现有经济和技术水准所能证实但有潜力具备经济开采价值的资源。

资料来源：Minerals Commodity Summaries，2015。

世界白银协会（The Silver Institute）和汤森路透GFMS发布的2015年白银报告称，2014年全球的白银产量增长了5%至8.775亿盎司，这是连续第十二年的增长，并且创下了纪录。2015年后产量有所下降。见表2－5、表2－6。

表2－5　　世界各国矿山银产量　　单位；吨

国家或地区	2007年	2008年	2009年	2010年	2011年
墨西哥	3135.40	3241.40	3360.87	3999.85	4331.88
秘鲁	3493.90	3797.43	3977.19	3635.94	3112.83
中国	2563	3195	2860.11	3194.30	2945.57
澳大利亚	1880	1926	1688.46	1850.63	1564.92
俄罗斯	400	400	1354.62	1452.51	1134
智利	1936.50	1403.90	1341.78	1275.20	1193.54
玻利维亚	525	1114	1367.46	1200.60	1105.65
美国	1260	1232.70	1277.58	1181.90	1020.60
波兰	1240	1216.20	1258.32	1160.10	1134
加拿大	860.50	727.70	629.16	597.20	541.49

续表

国家或地区	2007 年	2008 年	2009 年	2010 年	2011 年
哈萨克斯坦	721.80	681.80	696.57	547.70	498.96
阿根廷	255.60	237.60	548.91	415.20	640.71
瑞典	323.20	293.10	279.27	304.90	257.99
摩洛哥	246	246	266.43	201.60	206.96
乌兹别克斯坦	150	150	64.20	150	150
巴西	130	130	12.84	130	130
商非	70.10	75.20	83.46	77.50	77.50
印度尼西亚	204.60	201.20	247.17	63.50	170.10
朝鲜	50	50	25.68	50	50
日本	13.90	12.90	12.84	3.10	3.10
其他	902	880.30			
世界总计	19784.30	21100.90	22778.16	21491.73	23689

表 2－6　　世界矿山银产量构成　　单位；吨

年份	独立矿产银		铅锌矿伴生产量		铜矿伴生产量		黄金伴生产量		其他产量	
2003	5569	28%	6395	33%	5106	26%	2431	12%	106	1%
2004	5588	28%	6562	33%	5141	26%	2505	13%	151	1%
2005	5755	28%	6543	32%	5398	26%	2614	13%	447	2%
2006	5716	27%	6655	32%	5887	28%	2071	10%	482	2%
2007	6241	29%	7552	35%	5507	26%	1952	9%	106	1%
2008	6408	29%	8035	36%	5167	23%	2296	10%	109	2%
2009	6839	30%	8105	35%	5298	23%	2271	12%	80	0
2010	7183	30%	8481	36%	5234	22%	2656	11%	106	1%

（三）铂族金属的储量与分布

全世界目前开采的铂矿资源主要分为两大类：砂铂矿与共生矿。砂铂矿曾在 50 多个国家的 100 多个地区广泛分布，是 20 世纪 20 年代前的 100 多年中主要的生产资源。砂铂矿只要简单重选就能提取出密度很大（约 $20g/cm^3$）的以粗铂矿和锇铱矿为主要组分的铂族金属精矿，可以直接用化学方法分离、精炼为铂、铱、锇 3 种纯金属产品。共生矿的情况较复杂，矿石中含有铂、钯、锇、铱、钌、铑、金、银、镍、铜、钴、铁、硫等多种有价元素，是必须全面综合利用的宝贵资源。

铂族金属在世界上的储量不是很多。早期铂矿来源于哥伦比亚。现已探明储量较大的国家有：南非，总储量 5 万吨；俄罗斯，总储量 5900 吨；加拿大，总储量 250 吨；美国，总储量 250 吨。把铂族金属从矿石中提取出来是相当困难的，因此铂族金属的产量不大，通常以盎司计量。

目前世界有 60 多个国家找到了含铂族金属的矿床或有远景的岩体。南非、俄罗斯、加拿大、津巴布韦、美国和澳大利亚等国在储量和远景上占最大的优势。南非的铂矿主要产于德兰士瓦省布什维尔德杂岩中，远景储量达 6000 多吨。俄罗斯的铂矿集中于西伯利亚地区，估计远景储量有 10000 吨。加拿大的铂矿主要在安大略省的萨德伯里，远景储量为 500～1000 吨。津巴布韦铂矿的储量加资源量有 3000 多吨，主要产于著名的大岩墙岩体中。美国的铂矿资源集中在斯提尔沃特基性或超基性杂岩的铬铁矿床中。

铂族金属矿床是近年国外矿产勘查的一个新热点。2003 年，世界铂族金属勘查投资占世界非燃料固体矿产投资的比例达 6.0%，世界投入铂族金属的勘查投资达 1.31 亿美元，比 2002 年增长 26%。

截至 2003 年底，世界铂族金属的储量和储量基础分别为 71000 吨和 80000 吨。南非铂族金属储量居世界首位，其次为俄罗斯、美国和加拿大，四国储量合计占世界总储量的 99%（见表 2－7）。世界铂族金属资源量估计在 10 万吨以上，主要产于南非的布什维尔德杂岩体中。中国的铂族金属仅占世界储量的 3/10000，2014 年中国查明铂族资源储量 372.3 吨（国土资源部数据）。中国的铂族金属产量仅占世界储量的 3/10000。

表 2－7　2002 年世界铂族金属储量和储量基础

国家	储量（吨）	储量基础（吨）
南非	63000	70000
俄罗斯	6200	6600
美国	900	2000
加拿大	310	390
其他	800	850
世界合计	71000	80000

目前，世界铂族金属产量主要来自 5 个矿区：南非布什维尔德、俄罗斯诺里尔斯克、美国斯提尔沃特、加拿大萨德伯里和津巴布韦大岩墙。

2008 年，世界铂产量约为 200 吨，钯为 205 吨。最大铂族金属生产国——南非矿山的铂产量为 144.37 吨，占世界铂总产量的 72.2%；钯产量 77.56 吨，约占世界总产量的 37.8%。第二大铂族生产国——俄罗斯矿山的铂产量为 19.5 吨，占世界铂总产量的 9.8%；钯产量 84 吨，约占世界总量的 41%。这两个国家生产的铂和钯分别占世界总产量的 82% 和 78.8%（见表 2－8）。2008 年世界铂族矿山平均经营成本为622美元/盎司。

表2-8　　世界各国铂和钯产量

国家	2007年产量/t		2008年产量/t	
	铂	钯	铂	钯
澳大利亚	0.20	0.85	0.00	0.00
博兹瓦纳	0.20	2.00	0.00	0.00
加拿大	6.21	16.85	5.78	15.78
哥伦比亚	1.10	—	0.00	—
俄罗斯	29.20	98.00	19.50	84.00
南非	158.08	82.40	144.37	77.56
美国	3.85	14.06	3.55	11.85
津巴布韦	5.30	4.17	5.64	4.39
矿山总产量	204.14	218.33	178.84	193.58
其他	10.86	6.67	21.16	11.42
世界总产量（估计数）	215.00	225.00	200.00	205.00

资料来源：RMG，2009。

世界铂族金属矿床主要有3种类型：①与基性—超基性岩有关的硫化铜—镍矿型铂族金属矿床，是世界铂族金属储量和产量的最主要来源，著名矿床有南非布什维尔德杂岩体铜—镍硫化物铂族金属矿床、俄罗斯诺里尔斯克含铂族金属铜—镍硫化物矿床和加拿大萨德伯里含铂族金属铜—镍硫化物矿床等；②与基性—超基性岩有关的铬铁矿型铂族金属矿床，如南非布什维尔德杂岩体中与UG-2铬铁矿层有关的铂族金属矿床和俄罗斯的与纯橄榄岩中巢状铬铁矿矿体有关的铂族金属矿床等；③砂铂矿床，主要分布于哥伦比亚、美国、加拿大和俄罗斯。与上述传统类型不同，近年俄罗斯在伊尔库茨克州发现产在黑色页岩系中的苏霍伊洛克（“干谷”）矿床有金储量1550吨，铂储量约250吨。俄地质学家认为，这一新类型的发现将改变世界铂族资源来源的格局。

二、贵金属的勘探、开采和供应

（一）贵金属地质勘查

1. 黄金

重砂法和传统方法直接找矿是20世纪50年代以前世界找金的主要方法。这一时期是直接找矿、就矿找矿阶段，这种方法简单、经济，对于寻找地表矿、易识别矿是有效的；20 世纪 50 ~ 70 年代，是方法找矿阶段，是物化探方法找矿广泛运用的时期；20 世纪 70 年代以后，趋向地质理论找矿、综合方法找矿，找矿的主要对象已从找地表矿、易识别矿转向难识别矿、隐伏矿。尤其是地质工作程度较高的国家和地区找矿难度增大了，传统方法找矿效果越来越差。在这种新形势下，世界上重要产金国和地质工作先进的国家和地区，已从直接找矿转向地质理论找矿、综合方法找矿，强调建立矿床模式，加强综合信息研究。

2. 白银

我国在 20 世纪 80 年代以前，独立银矿床发现得不多，大部分银作为有色贱金属矿的伴（共）生组分，在勘查主矿产时顺带进行评价，但一般只是根据组合样品分析的结果，当银含量大于 10g/t 时，就计算储量。若银的选冶性能较优，在铜和金矿中有时降低至 1g/t，铅锌矿中为 2g/t，均不要求圈出单独矿体，采用有多少算多少的办法。

在《银矿地质勘探规范（试行）》中，将银矿的勘探类型划分为四类：

第Ⅰ勘探类型：目前暂缺实例。

第Ⅱ勘探类型：主矿体规模大到巨大，形态较简单，呈似层状、规则透镜状，厚度较稳定，主要有用组分分布较均匀到不均匀，个别有夹石、天窗和分支复合，断层、脉岩对矿体基本无破坏。属于本类型的有破山银矿。

第Ⅲ勘探类型：主矿体规模中等到大，形态复杂，呈脉状、不规则透镜状，个别较简单，厚度不稳定，主要有用组分分布不均匀到很不均匀，矿体有分支复合，断层、脉岩对矿体破坏不大。属本类型的有皇城山银矿、银路岭银矿。

第Ⅳ勘探类型：主矿体规模小到中等，形态很复杂，呈脉状、柱状、豆荚状，厚度很不稳定，主要有用组分分布不均匀到很不均匀，矿体中常见分支复合，断层、脉岩对矿体破坏较大。属本类型的有十里堡银矿。

银矿床第Ⅱ勘探类型 B、C 级储量用钻探求得，B 级储量应以坑道验证；第Ⅲ勘探类型较简单者用坑钻结合探求 B、C 级储量，复杂类型用坑钻结合只探求 C 级储量；第Ⅳ勘探类型 C 级储量以坑探为主探求。

3. 铂钯

我国目前主要利用铜镍硫化矿床中共生与伴生的铂族金属，因此尚未有正式的铂族金属勘探规范。由于原生矿床中铂族金属常与铜、镍、钴、铬、金、硒、碲等矿产共生，有的围岩（基性—超基性岩）可制钙镁磷肥或作建筑材料；在砂矿床中，铂族金属常与金共生，因此对铂族金属矿床都要注意综合评价。另外，在评价与基性岩、超基性岩有关的矿产，如硫化铜镍矿床、铬铁矿矿床、钒钛磁铁矿矿床，或在评价与热液型、夕卡岩型多金属矿床及斑岩型铜钼矿床的主矿时，要注意铂族金属的综合评价。

（二）贵金属的开采和供应

1. 黄金的开采与供应

（1）黄金的开采

在 19 世纪之前数千年的历史中，人类总共生产的黄金不到 1 万吨，18 世纪的 100 年间仅生产了黄金 200 吨。到 19 世纪，黄金生产跃上了新台阶，100 年的时间，生产的黄金达到了 1.15 万吨，是 18 世纪的 57.5 倍。其中 1850 ~ 1900 年就生产了 1 万吨黄金。

进入 20 世纪后，全球黄金产量总体呈上升趋势，出现过几次产量大增的现象。

20 世纪初期，世界黄金产量每年约 300 吨，产量最高年份达到 700 吨；20 世纪 30 年代，黄金产量最高年份达到每年 1300 吨；20 世纪 60 年代，黄金产量最高年份接近 1500 吨；20 世纪 80 年代，黄金年产量突破 2000 吨；20 世纪 90 年代至今，黄金产量总体趋势在增长，但在 2001 年达到最高峰 2600 吨之后逐渐回落，尽管在 2007 年以来的国际经济危机中黄金价格大幅跃升，但 2009 年全球黄金产量仅为 2350 吨，比 2001 年的黄金产量最高峰下降了近 100%。

涨势迅猛的金价也极大地刺激了非官方和小规模采矿业的发展。据《黄金年鉴 2012》，2011 年全球矿产黄金产量增长了 28%，即 78 吨。连续第三年实现增长。全球黄金总产量增至 2818 吨，连续第二年刷新历史新高。

30 多年来，我国的黄金工业发展速度非常快，平均年递增率在 10% 左右，1978 年中国黄金产量仅为 19.67 吨，2007 年黄金产量达到 270.5 吨，首次超过南非，成为全球第一产金大国，此后连续蝉联全球第一。2012 年，中国黄金产量达到 403.047 吨，比 2011 年增加 42.090 吨，增幅 11.66%，再创历史新高，连续六年位居世界第一。

（2）再生金的供应

再生金是通过重新提炼和熔铸而还原重用的实物黄金。黄金废弃制成品的回收是再生金的主要来源（见表 2 - 9）。黄金回收，就是对黄金制品或者含金物品进行回收，其回收的基本目的是或变现或再利用。黄金回收不同于一般物品回收，无论是重量、成色或价格，都形成了一个独特的体系。

再生金的供应量往往受金价和其他因素共同影响，其中对金价变动的预期对再生金供给意义重大，当人们预期金价仍会继续上涨时，即使金价已经处于相当高的位置，人们也不会立刻抛售再生金，而是希望在更好的价位抛售。如果人们预期金价将会下跌，则会选择立即抛售。

2009 年全球再生金供应量达到 1735 吨，2010 年为 1719 吨，2011 年为 1661 吨。

表 2－9　　全球再生金供应

国家和地区＼年份	2002	2003	2004	2005	2006	2007	2008	2009	2010	2011
中东										
土耳其	60.0	64.0	62.0	67.7	82.5	71.5	199.0	217.2	122.0	74.0
阿拉伯联合酋长国	15.3	16.3	12.9	28.2	34.0	43.8	59.4	70.6	110.0	71.4
埃及	105.0	98.0	71.3	72.7	77.5	56.5	35.8	65.0	48.0	47.6
沙特阿拉伯与也门	88.0	94.0	84.0	92.5	133.7	56.4	69.4	57.3	44.1	37.1
伊拉克和叙利亚	7.5	11.5	11.5	14.4	23.9	19.0	21.9	35.6	36.7	35.7
伊朗	15.0	15.8	13.4	16.1	21.9	23.1	26.0	32.2	32.7	32.9
黎巴嫩	5.6	7.5	6.0	6.6	9.9	4.9	6.2	15.1	19.7	14.9
约旦	6.0	7.5	5.5	4.6	8.7	7.0	5.6	9.2	19.7	14.9
科威特	13.5	14.4	11.9	12.4	21.8	9.8	10.2	10.4	8.5	7.7
以色列	3.3	7.6	7.1	5.2	11.4	5.0	6.1	6.6	8.3	7.0
阿曼与卡塔尔	3.4	3.6	2.3	3.1	6.1	5.7	6.4	7.3	6.7	5.4
巴林	1.5	1.7	1.9	1.8	3.8	3.8	3.8	4.7	4.5	4.0
合计	324.1	341.9	289.8	325.3	435.2	306.3	449.8	531.1	453.8	348.4
印度次大陆										
印度	112.0	132.0	107.0	94.0	80.0	73.0	89.5	115.5	81.0	58.5
巴基斯坦	28.4	34.3	32.5	30.9	33.4	31.7	35.5	53.9	50.4	43.2
孟加拉国和尼泊尔	3.7	3.9	3.3	3.2	5.1	4.2	4.5	4.9	4.5	4.3
其他	1.2	1.8	1.8	1.8	2.3	2.8	3.0	2.7	2.4	2.3
合计	145.3	172.0	144.7	129.9	120.8	111.7	132.5	176.9	133.3	108.3
东亚										
中国	27.4	28.5	34.7	41.7	44.6	41.6	70.3	116.3	133.2	124 7
印度尼西亚	40.7	71.8	63.8	67.0	71.9	68.0	72.5	79.9	64.9	58.3
日本	22.0	24.6	28.6	24.5	27.0	25.9	53.6	35.3	43.9	55.1
泰国	30.9	50.1	19.0	12.4	19.1	37.4	51.7	66.0	44.7	53.2
越南	6.0	6.6	5.9	7.8	8.3	9.0	12.2	51.5	49.8	41.1
中国台湾	11.3	10.9	16.1	13.0	18.4	18.5	33.6	34.9	27.5	19.5
马来西亚	6.1	9.9	11.5	11.0	19.1	16.4	18.4	19.3	22.2	19.2
韩国	27.5	22.3	26.2	17.5	30.7	13.7	20.5	21.3	18.1	17.4
新加坡	4.3	4.1	3.5	3.3	4.2	5.0	5.4	6.1	5.8	9.2
中国香港	10.4	8.3	7.8	6.5	7.1	7.5	8.0	8.4	8.0	7.6
菲律宾	1.7	1.8	1.2	1.1	1.1	1.1	1.4	2.2	1.9	1.7
其他	1.2	1.8	1.7	2.0	2.4	2.2	2.3	2.5	3.3	3.1
合计	189.5	240.6	219.9	207.8	253.8	246.3	349.7	443.7	423.1	410.0

续表

国家和地区＼年份	2002	2003	2004	2005	2006	2007	2008	2009	2010	2011
非洲										
利比亚	2.9	3.7	4.0	4.6	9.7	9.5	10.4	13.4	15.8	16.6
摩洛哥	5.3	6.3	5.3	5.9	6.3	6.3	6.4	9.7	9.3	12.0
阿尔及利亚	2.5	2.5	2.5	2.7	2.8	3.4	3.6	5.8	6.1	7.9
其他	3.4	4.0	4.5	4.5	11.0	8.5	8.9	12.2	12.7	14.7
合计	14.1	16.5	16.3	17.7	29.8	27.6	29.2	41.1	43.8	51.2
大洋洲										
澳大利亚	2.6	2.6	2.4	1.9	1.5	1.5	2.0	3.1	7.1	13.9
合计	2.6	2.6	2.4	1.9	1.5	1.5	2.0	3.1	7.1	13.9
独联体										
俄罗斯	14.8	18.6	18.1	18.9	19.3	20.7	21.4	28.7	26.4	23.5
其他	4.3	4.8	4.6	4.6	4.8	4.7	5.3	6.6	6.4	6.6
合计	19.1	23.4	22.7	23.5	24.0	25.4	26.7	35.3	32.8	30.1
世界合计	873.5	991.0	881.4	902.4	1132.8	1004.8	1350.1	1735.1	1718.9	1660.9

2. 白银的生产和供应

银矿主要的矿床类型有：与陆相、海相火山作用有关的矿床（陆相火山岩型，海相火山—沉积型）；与岩浆侵入活动有关的矿床（斑岩型，碳酸盐岩、矽卡岩容矿的热液交代型，前寒武纪变质岩中的“五元素”——Ag、Co、Ni、Bi、As矿床）；与沉积作用有关的矿床（沉积岩容矿的喷气沉积型，变质岩、碎屑沉积岩、页岩容矿的脉型、浸染型和层状型矿床）。

（1）世界白银的主产地

全球重要的银资源集中分布在环太平洋构造成矿带、古亚洲构造成矿带、特提斯—喜马拉雅构造成矿带以及北美地块、中欧地块、南非地块、印度地块和澳大利亚地块中年代相对老的成矿区等，其中以环太平洋成矿带最为重要。

2013年全球产量前十以白银为主产品的项目有：

①坎宁顿（Cannington）

澳大利亚昆士兰州的坎宁顿矿由必和必拓（BHP Billiton）控股，是全球最大的、成本最低的银—铅矿项目。该项目发现于1990年，于1997年投入运营，1999年开始满负荷生产。2013年该矿银产量达966吨。坎宁顿项目目前有900名雇员，同时采用露天开采和台阶开采法。

②弗雷斯尼洛（Fresnillo）

位于墨西哥萨卡特卡斯（Zacatecas）的弗雷斯尼洛公司（LSE：FRES）成立于

1554 年，多年来致力于银矿、金矿、铅矿和锌矿的生产。弗雷斯尼洛项目包括一个浮选厂和一个地下矿，该矿预计开采年限为 11.8 年。该项目目前有 1600 名员工，产能达 8000 吨/日。2013 年，弗雷斯尼洛项目银矿产量达 708 吨。

③杜卡特（Dukat）

国际多金属公司（Polymetal International，LSE：POLY）旗下的杜卡特项目位于俄罗斯马加丹（Magadan）地区东北部，距奥穆苏克昌镇（Omsukchan）38 里。

杜卡特项目自 2000 年起开始生产金、银矿，预计可继续开采至 2023 年。杜卡特项目所在的矿区是全球第三大白银矿藏地。该矿区包括杜卡特、Goltsovoye、Lunnoye 和阿雷拉赫（Arylakh）四座矿，2013 年该矿区白银产量为 687 吨。

④绍西托（Saucito）

绍西托银矿也属弗雷斯尼洛公司旗下，位于弗雷斯尼洛项目西南方。绍西托银矿和弗雷斯尼洛矿一样，拥有一个浮选厂和一个地下矿，主要生产铅、锌、金和银矿。

绍西托项目自 2011 年投入运营，预计开采年限为 8.8 年。2013 年，该矿白银产量为 360 吨。

⑤乌丘查夸（Uchucchacua）

乌丘查夸项目位于秘鲁利马，该项目由布埃纳文图拉矿业公司（Compania de Minas Buenaventura，NYSE：BVN）100% 控股。乌丘查夸项目地势较高，矿区海拔 4000 ~ 5000 米。2013 年该矿白银产量为 356 吨。

⑥皮奎塔斯（Pirquitas）

白银标准资源公司（Silver Standard Resources，TSX：SSO）旗下皮奎塔斯项目位于阿根廷胡胡伊（Jujuy），矿区海拔约 4100 米。

皮奎塔斯是一处露天矿，自 2009 年开始满负荷生产。该项目已探明资源量（proven reserves）为白银 4810 万盎司，锌矿 9300 万磅。2013 年，该项目白银产量为 256 吨。

⑦帕兰卡塔（Pallancata）

帕兰卡塔银—金矿位于秘鲁南部，为 Hochschild 矿业（LSE：HOC）控股所有。该项目矿脉发现于 1980 年，于 2007 年才开始投入生产。2013 年，该项目产出白银 237 吨。出产的矿石被运到 22 公里外的处理厂进行加工，并以银—金精矿的形式出售。

⑧帕尔玛雷霍（Palmarejo）

位于墨西哥奇瓦瓦（Chihuahua）的帕尔玛雷霍项目为圣心矿业公司（Coeur

Mining，TSX：CDM，NYSE：CDE）控股所有。该项目同时拥有露天矿及地下矿，主要生产银矿与金矿，目前拥有909名雇员。

帕尔玛雷霍矿已探明及控制资源量（proven and probable reserve）为银矿4170万盎司，测定及指示储量（measured and indicated resource）约为5720万盎司。2013年，该矿白银产量为236吨。

⑨格林溪（Greens Creek）

赫克拉矿业公司（Hecla Mining，NYSE：HL）旗下格林溪矿项目位于阿拉斯加金钟岛国家纪念碑公园（Admiralty Island National Monument）范围内，是一个对环境影响十分敏感的项目。该矿区还拥有一座选矿厂和营地设施。

格林溪项目是一座地下矿，由当地公司提供水力发电支持。2013年，该矿白银产量为232吨。

⑩圣何塞（San Jose）

圣克鲁斯矿业公司（Minera Santa Cruz）是一家由麦克尤恩矿业（McEwen Mining，TSX：MUX，NYSE：MUX）和阿根廷Hochschild矿业合资成立的矿业公司。该公司负责阿根廷圣何塞项目的开发及运营。

圣何塞项目于2007年投入运营，利用充填采矿法进行开采。2013年，该矿出产白银198吨。

表2-10　全球十大银矿项目（2013年）

排名	项目名称	控股公司	2013年白银产量（吨）
1	坎宁顿	必和必拓	966
2	弗雷斯尼洛	弗雷斯尼洛公司	708
3	杜卡特	国际多金属公司	687
4	绍西托	弗雷斯尼洛公司	360
5	乌丘查夸	布埃纳文图拉矿业公司	356
6	皮奎塔斯	白银标准资源公司	256
7	帕兰卡塔	Hochschild矿业	237
8	帕尔玛雷霍	圣心矿业公司	236
9	格林溪	赫克拉矿业公司	232
10	圣何塞	圣克鲁斯矿业公司	198

（2）世界白银供应的类型

2012年全球白银供应总量为10.48亿盎司（32596吨），比2011年增加890万盎司（277吨）。其中矿产量增长至7.87亿盎司（24478吨），比2011年上升3.8%，产量增长主要来自铅锌矿副产品输出。主要银矿供应量同比增长1%，占全球银矿产量的 28%。墨西哥是 2012 年全球白银生产量之首，其次是中国、秘鲁、澳大利亚和俄罗斯。由于上升的人工、电力和维护成本，主要银矿现金成本上升至每盎司 8.88 美元。此外，2012 年废银回收量为 2.54 亿盎司（7900 吨），同比下降 420 万盎司（131 吨）。

全球矿产银一直处于白银供给的显著位置，其比例自 2001 年以来一直都稳定在 70% 左右；居第二位的是再生银供给，其占比为 20% 左右；政府出售白银在全球白银供给中的比例较低。

表 2-11　白银供给来源（2011~2012 年）　单位：百万盎司

	2011 年	2012 年
矿山生产	757.0	787.0
政府销售净额	12.0	7.4
废旧白银	258.1	253.9
生产商对冲	12.2	
总供应量	1039.3	1048.3

① 全球伴生矿产银

世界白银产量中，独立银矿供给的白银仅占矿产白银的 30%，大部分白银是通过铅锌矿、铜精矿及黄金矿等开采过程中以伴生矿形式生产出来的。其中铅锌矿中冶炼出来的白银产量在所有伴生银产量中居第一位，且在矿产银中的比重逐步提高。2003 年铅锌矿伴生银产量为 6395 吨，占比为 33%。到 2010 年铅锌矿伴生银产量为 8481 吨，占比提高到 36%。作为铜伴生产出的白银，在此期间产量并未有提高。2003 年，铜矿伴生白银产量为 5106 吨，占比为 26%。而到 2010 年，铜矿伴生白银产量为 5298 吨，8 年时间仅增加了 192 吨，而占比却降到 23%。其间作为黄金伴生产量的白银产量波动较大。2003 年黄金伴生的白银产量为 2431 吨，而 2007 年产量仅为 1953 吨，产量相对减少了 480 吨。随着近几年黄金价格高涨，黄金产量增加，伴生白银产量也逐步回升，到 2010 年，产量快速回升到 2656 吨。

总部位于纽约的大宗商品研究顾问 CPM 集团发布的《白银年鉴 2013》显示，2012 年，新精炼银总供应量达到创纪录的高位 98160 万盎司（30531 吨），比 2011 年增长 1.5%。市场经济矿山供应的增加是这一增长的主要驱动力，在回收市场供应的增加也有助于提高精炼白银供应总量。2012 年，市场经济矿山产量达到 69830 万盎司，比 2011 年增加 1240 万盎司。银矿产量增长强劲的国家包括：墨西哥、中国、秘鲁、澳大利亚、玻利维亚，2012 年来自这些国家的矿山供应共增加 1688 万盎司（525 吨）。仅墨西哥一国便开采了创纪录的 13660 万盎司（4249 吨）。

根据《白银年鉴 2013》，2012 年白银大生产商开采了 19260 万盎司（5990.5 吨），占银矿总产量的 24.4%。全球生产白银最大的生产商是墨西哥的 Fresnillo 白银矿山，其次是俄罗斯的多金属杜卡特银/金矿山，然后是秘鲁布埃纳文图拉的 Uchucchacua 白银矿、秘鲁白银标准公司的 Pirquitas 矿和秘鲁 Coeur D'Alene 公司的帕尔马雷霍金矿。

全球最大的白银生产矿是必和必拓在澳大利亚的坎宁顿银/铅/锌矿山，其次是墨西哥的 Fresnillo 矿、Goldcorp 公司在墨西哥的 Penasquito 金银矿山、波兰 KGHM 的鲁德纳铜矿、俄罗斯的杜卡特矿（见表 2－12）。

表 2－12　　全球最大白银生产矿排名

排名	国家	产量	排名	国家	产量
1	墨西哥	162.0	11	加拿大	21.3
2	中国	117.0	12	哈萨克斯坦	17.5
3	秘鲁	111.3	13	印度	12.7
4	澳大利亚	56.9	14	瑞典	9.8
5	俄罗斯	45.0	15	土耳其	7.6
6	波兰	41.2	16	摩洛哥	7.4
7	玻利维亚	39.7	17	危地马拉	6.6
8	智利	37.0	18	印度尼西亚	4.4
9	美国	32.6	19	伊朗	3.2
10	阿根廷	24.1	20	南非	2.9

②全球再生银的回收

在以白银为原材料的相关产品的生产过程、深加工过程、使用过程和淘汰过程中，会产生一定的废液和废渣、报废或淘汰的工业和民用电子产品等。而这些废物中的白银含量一般均高于原矿，其再生利用过程中单位质量白银的能源消耗及其他成本均大大低于原矿开采，同时产生的“三废”排放量远远少于原矿开采过程。因此，在白银矿产资源品位降低，采选冶炼过程中冶炼、治污成本不断增加的情况下，越来越多的企业加入到再生银的回收生产之中。

近 20 年来，全球再生银产量呈现稳步增长之势。从 1992 年的 4613 吨，增长到 2010 年的 6687 吨。但从 2001 年到 2010 年再生银仅增加 1067 吨，增幅为 18.9%，小于同期矿产银 24.5% 的增速。按照世界白银协会与中国国家统计局的数据推算，我国 2009 年矿产银产量为 2771 吨，而同期非矿产银为 9724 吨。

（3）我国白银生产状况

自 1999 年 11 月 25 日我国完全取消国家对白银的收购、配售政策后，白银生产呈现快速增长态势。市场中涌现出一大批重要的白银生产企业，这些企业充分利用国内外白银矿资源，使我国白银产量快速攀升。2005 年到 2011 年，白银月均产量增速达到 13.02%。2011 年我国共生产白银 12446 吨，成为全球白银产量增速最快、产量最高的国家。2012 年，国内白银产量仍保持缓慢增长势头。2012 年上半年，白银累计产量为 5950 吨，同比增速为 7.4%。

（4）全球白银贸易格局

全球白银贸易主要发生在美国、英国、日本、印度、意大利、中国和中国香港等国家和地区，目前全球白银贸易与交易的两大中心是英国伦敦和美国纽约，包括全球最大的白银现货交易市场——伦敦金银协会（LBMA）和全球最主要的黄金白银期货交易所之一的纽约商品交易所（COMEX）。欧洲是世界最主要的白银供应短缺地区之一，造成这种结构性短缺的主要原因是欧洲国家矿产银和再生银产量都比较小，而 LBMA 等市场的存在促使白银流通贸易频繁。此外，欧洲国家意大利等白银珠宝首饰业发达，每年消费大量白银。2009 年，世界最大白银进口国——英国，当年进口白银（银锭）4638 吨，第二大进口国——美国，当年进口白银 3775 吨。而中国香港是世界最大的白银贸易转出口基地之一，中国内地出口的白银多数经香港转出口。

（5）中国白银进出口贸易

白银市场开放前，国内对白银进出口管理十分严格，白银进出口量每年不超过 100 吨，1999 年以前基本没有白银出口。白银市场开放后，对外贸易经济合作部于 1999 年 11 月发布了《白银出口管理暂行办法》，对白银出口实行出口配额管理制，涉及品种有银粉、未锻造银及银的半制成品。此后，我国又出台了《白银国营贸易出口企业资格标准》，每年公布白银国营贸易出口企业名单。

统计数据显示，我国白银出口配额逐年递增，2000 年为 200 吨，2010 年已达 5100 吨，增长 24.5 倍。2001～2009 年，银锭（未锻造银）出口量增长了 1.96 倍，由 1199 吨增长到 2009 年的 3554 吨。

我国白银出口主要是初级产品——银锭，而像电子工业所需的银粉等高端产品，需要大量进口，且呈逐年增长之势，2001 年进口 50 吨，2004 年为 159 吨，2009 年达到 1412 吨。

2008 年 7 月 30 日，财政部、国家税务总局发布《关于调整纺织品服装等部分出口商品出口退税率的通知》，宣布自 2008 年 8 月 1 日起，取消银锭及半制成银的出口退税。自从取消出口退税后，我国白银进出口开始呈现净进口逐年增加的趋势。由于受欧债危机的冲击，国内白银净进口从 2010 年的高峰出现回落。

2010 年 7 月白银净进口达到 419 吨，到 2012 年同期则下滑到 235 吨。受白银国内外价格倒挂影响，2010 年国内白银（未锻造银）出口不畅，白银出口大幅下滑。2010 年国内白银行业进出口贸易的一个标准性事件是从净出口逆转为净进口，银锭（未锻造银）2010 年出口较 2009 年大幅下降 2132 吨，这是造成进出口出现逆转的根本原因。2010 年，中国成为白银净进口国，净进口白银量达到 2230 吨。

根据海关总署统计，2010 年中国出口银锭（未锻造银）1422 吨，比 2009 年下降 60%；由于同期国内铅锌铜冶炼产能扩建，国内冶炼行业原料短缺加剧，当年进口银精矿 19.14 万吨，同比大增 206.30%；进口银粉基本维持稳定，当年进口 1395 吨，同比下降 1.20%；进口银粉主要来源于德国、日本等地，国内太阳能等新兴产业对银粉、银浆需求强劲，国内产品由于研发和生产产品不稳定，不能满足消费企业的要求，每年必须大量进口（见表 2－13）。

表 2－13　　　　2010 年我国白银进出口数据

产品	进口量		出口量	
	2010 年	±4%	2010 年	±4%
银精矿（万吨）	19.14	±206.30	0	
银锭（未锻造银）（吨）	590	－20.05	1422	－60.00
银粉（吨）	1395	－1.20	16	－75.38
半制成银（实物量）（吨）	3174	－8.79	138	+26.61
其他银制首饰及其零件（吨）	28.28	+15.76	411.96	+2.18
银制器皿及其零件（吨）	4.66	+1361.26	7.05	+125.48

中国消费与贸易白银市场表现为：一方面，初级产品供应严重过剩，需要大量出口；另一方面，需要花大量外汇进口电子工业所需的银粉、银浆料等高科技产品。此外，还大量进口银精矿冶炼成银锭再出口，不仅消耗了我国大量能源，而且把污染也留在国内。

3. 铂钯的生产与供应

铂钯的供给主要分为矿山供给、催化剂回收与首饰回收。

世界铂资源开发主要集中在南非和俄罗斯，特别是南非，近几年占世界的比重基本维持在 75% 左右，核心主导地位作用非常明显。俄罗斯占世界的比重总体维持在 13% 左右。

与铂类似，钯的生产虽然也集中在南非和俄罗斯，但是聚敛度没有铂那么高。2011 年，这两个国家钯金产量占全球的 82%，其中南非约占总量的 35%，俄罗斯占总量的 47%。我国铂族金属主要产于铜镍硫化物矿床中，属伴生矿产，有少量砂矿床。主要矿床有甘肃金川白家嘴子、云南弥渡金宝山、新疆富蕴喀拉通克等。

无论是国外还是国内，铂族金属矿产的开采都以砂铂矿为先。国外最早是 1778

年哥伦比亚开采砂铂矿，随后俄罗斯于1817年在乌拉尔发现砂铂矿；开采原生铂矿最早的是南非（1908年）与加拿大（1909年）。20世纪20年代、60年代和70年代先后在南非、苏联与美国发现大型原生铂矿；至今，这些国家的铂矿开采与生产始终居世界前列。我国砂铂矿开采最早可追溯到19世纪初叶的清朝晚期；原生铂矿的开采则是1949年之后的事。

中国没有以单独开采铂为对象的矿床。铂族金属都是在开采铜镍矿或制作钙镁磷肥的过程中顺便回收的。因此铂矿的开采受到主金属矿床开采的制约。

（1）铂钯的生产

矿山生产一直是铂金供给的主力，全球矿山生产约占总供给的76.1%（2011年）。近几年，铂矿山供给在200吨/年徘徊。限制矿山产量进一步扩大的主要原因有三个：第一，主要产区的成本上升，一些大矿山的生产成本已经高于铂金的价格；第二，近年来的金融危机造成南非等产铂大国社会稳定程度降低、罢工浪潮此起彼伏，导致矿山产量下降；第三，铂金价格的上涨推升了回收金属的增加。此外，国际金融危机以来下游需求不振等也限制了矿山生产的扩大。

从供给的国别来看，南非是铂金矿产的主力，占矿山生产的七成多。由于近几年南非主要矿山成本不断上升，加上国内罢工不断，导致其矿山的产量增长缓慢。而第二大生产国俄罗斯的产量十分稳定。第三大生产国津巴布韦的产量在最近几年增长较快，但由于规模较小，所以仍然难以取代南非的霸主地位。

与铂金类似，钯金的供给主要由矿山生产与催化剂回收组成，分别占到钯金总供给的75.8%与17.1%。钯金的供给概括为：矿山供给维持稳定，催化剂回收受价格上涨而增加。

钯金的矿山供给主要来自俄罗斯、南非与北美（主要是加拿大）。根据2011年的数据，俄罗斯、南非与加拿大供给的占比分别达到了47.3%、34.8%与12.2%。从近年来各地区矿山的供给情况来看，俄罗斯与南非的矿产量走势平稳，而北美矿山供给的波动性较大，但总体来说，近年来矿山的供给相对稳定。

全球最大的铂族金属制造商和经销商英国庄信万丰（Johnson Matthey）发布的《铂金年鉴2013》显示，受南非产量大幅减少影响，2012年铂金市场供应短缺11.7吨。铂金初级供应量减少13%，至175.4吨，为12年来最低水平（见表2－14）。相比之下，其他地区的供应量变化相对不大。

2012年南非铂金的产量减少16%，至127.4吨，其中，至少有23.3吨的铂金产量减少因劳工的罢工、安全问题造成的停工以及部分小型矿开采业务的关闭所致。

钯金市场同样出现了供应短缺。2012年，全球钯金市场供应短缺33.3吨，而

2011 年供应量比需求量多 36.9 吨。主要原因是初级矿产量和回收量供应减少，汽车尾气净化催化剂对钯金的需求创纪录高位以及投资需求发生重大逆转，从 2011 年的极度疲软转变为 2012 年的非常旺盛。

表 2-14　　全球历年铂金供应一览　　单位：吨

年份 地区	2003	2004	2005	2006	2007	2008	2009	2010	2011	2012
南非	144	155.8	159.1	164.7	157.7	140.4	144.2	144.2	151.2	127.4
俄罗斯	32.7	26.3	27.7	28.6	28.5	25.1	24.4	25.7	26	24.9
北美洲	9.2	12	11.3	10.7	10.1	10.1	8.1	6.2	10.9	9.2
津巴布韦	—	—	4.8	5.1	5.3	5.6	7.2	8.7	10.6	10.6
其他	7	7.8	3.6	3.3	3.7	3.6	3.6	3.4	3.1	3.4
总供应量	192.8	201.9	206.5	212.4	205.3	184.8	187.4	188.2	201.7	175.4

资料来源：英国庄信万丰《铂金年鉴 2013》。

表 2-15　　全球历年钯金供应一览　　单位：吨

年份 地区		2003	2004	2005	2006	2007	2008	2009	2010	2011	2012
南非		72.2	77.1	81	86.3	86	75.6	73.7	144.2	151.2	72.5
俄罗斯	主要	91.8	149.3	97.5	100.2	94.9	84	83.2	84.6	84.1	81.8
	现货销售	—	—	46.2	21.7	46.3	29.9	29.9	31.1	24.1	7.8
北美		29.1	32.2	28.3	30.6	30.8	28.3	23.5	18.4	28	28.1
津巴布韦		—	—	4.8	4.2	4.2	4.4	5.6	6.8	8.2	8.2
其他		7.6	8.2	4.5	4.2	4.7	5.3	5	5.8	4.8	5.1
总供应量		200.6	266.9	261.4	247.2	266.9	227.4	220.8	228.8	201.7	203.6

资料来源：英国庄信万丰《铂金年鉴 2013》。

（2）铂钯的回收

从回收铂金而言，主要分为催化剂回收与首饰回收，两者近年来都有所增加，特别是催化剂的回收。对于回收厂商而言，由于成本相对稳定，价格的上涨极大地刺激了他们的生产意愿。另外，废旧汽车的增加也拉动了回收企业产量的上升。

与铂金类似，由于成本相对稳定，钯金价格的上涨极大地刺激了回收企业的生产意愿。废旧汽车的增加也拉动回收企业产量的上升。

①首饰回收

2010 年首饰回收供应对铂金和钯金价格上涨做出了正面的回应，全球回收量分别增长了 30% 和 40%。2010 年铂金首饰回收了 603000 盎司（18.8 吨），在英国黄金矿业服务公司（CIFMS）有统计数据的12年中排第二位。不过仍大大低于2008年的最高水平，当时铂金价格接近了每盎司2300美元大关，导致日本和中国消费者都做出了强烈的反应。

2010年日本回收的铂金首饰增长了20%，达到357000盎司（11.1吨），继续超过本国国内铂金首饰的制造总量。不过该数量仍大大低于2008年达到的历史最高水平。

2010年中国铂金首饰回收激增175%，达225000盎司（7.0吨），主要是因为价格上涨以及公众持有的首饰存量加大。然而尽管数量大增，但2010年的数量仍比最高的2008年数量低18%，因为铂金价格仍明显低于历史最高价。

2010年钯金旧首饰的回收在连续3年下降之后，回收数量大增了59%，达到16.3万盎司（5.1吨）。与铂金相比，中国是唯一对价格敏感的市场，对纯钯金首饰有强烈需求，这也可以解释其在这些产品的回收市场上所占的巨大份额（2010年占全球总量的69%）。

与铂金不同，钯金价格上涨并非是推动回收量大幅增加的主要因素。由于零售商买卖间的巨大差价，使消费者缺乏动力去出售他们的钯金首饰。实际上，大量回收来自首饰零售商的库存。由于首饰零售商们在2010年不看好钯金首饰，导致其停止营销钯金首饰，而回售给制造商。

②催化剂的回收

2000年后，用于汽车尾气净化催化剂的铂族金属用量增长很快，促使催化剂中铂族金属的回收快速增长。

2010年，从废旧汽车催化剂中回收的铂、铝分别增长了15%和21%，使铂金总回收量达到89.8万盎司（27.9吨），钯金总回收量达到129万盎司（40.1吨）。

在过去的10~15年里，仅北美的废旧汽车催化剂中的铂、钯回收量分别增长了9%和19%。2010年欧洲铂金和钯金回收量分别增长了27%和21%。2010年日本从废弃汽车催化剂中回收的铂、钯分别增长了16%和27%。

第三节　贵金属的加工、检测和度量

一、选矿与加工技术

黄金在矿石中的含量极低，为了提取黄金，需要将矿石破碎和磨细，并采用选矿方法预先富集或从矿石中将金分离出来。黄金选矿中使用较多的是重选和浮选，重选法在砂金生产中占有十分重要的地位，浮选法是岩金矿山广为运用的选矿方法，目前我国80%左右的岩金矿山采用此法选金，选矿技术和装备水平有了较大的提高。

我国以生产银为主的独立银矿基本都采用浮选法，而共伴生银矿采用了单一浮选法和浮—重选法、浮选—氰化法的联合流程，其中以浮选最为重要。

目前我国已在选冶过程中综合回收与铜镍硫化物伴生的铂族金属。铂矿物和含铂的矿物有砷铂矿、自然铂与金属互化物（铂金矿、铂金钯矿）等，钯矿物和含钯的矿物有钯金矿、单斜铋钯矿、铋碲钯矿与含钯自然铋等。以矿物形态存在的铂在铜镍富矿中占92%～99%，在贫矿中占83%～94%。钯也以矿物的形式存在为主。铑、铱、锇、钌主要含在磁黄铁矿、镍黄铁矿、紫硫镍铁矿与黄铜矿中（为原矿的10余倍）。铜镍富矿的选矿流程采用一段粗选直接产出部分合格精矿。

二、贵金属含金量的计算

黄金条块、金币或首饰的黄金纯度叫作成色。成色一般用千分比表示，也可以用百分比表示，有时也以“K”或“开”表示。黄金的成色分为24分，1分为1K（开），K数越高表示黄金纯度越高，如纯金即为24K（开）金。K金是指银、铜按一定的比例，按照足金为24K的公式配制成的黄金。一般来说，K金含银比例越大，色泽越青；含铜比例大，则色泽为紫红。我国的K金在新中国成立初期是按每K4.15%的标准计算的，24K金即纯度为99.6%；1982年以后与国际标准统一，以每K标准为4.1666%，即24K含金在99.99%以上。

按含金量的不同，K金可以分为12K、14K、18K、20K、22K和24K六种规格。

K金的计算公式为：成色＝K数×4.1666%。

表2－16　　K金换算表

K金	含金量	国家标准
8K	33.33%	333‰
9K	37.49%	375‰
10K	41.66%	417‰
12K	49.99%	500‰
14K	58.32%	583‰
18K	75.00%	750‰
20K	83.32%	833‰
21K	87.49%	875‰
22K	91.65%	916‰
24K	99.98%	999‰

国际上通常用于衡量黄金、白金、白银等贵金属重量的基本单位是金衡盎司，也叫“特洛伊”盎司。盎司源于英国，本是英制度量衡中的容量、重量和质量的计算单位，又称“英两”或“唡”。表2－17是国际常用金衡的换算表。

表2－17　　国际常用金衡换算表

金衡盎司 Ounce	市两	司马两	克 Gram	格令 Grain	托拉 Tola	打兰 Dram	公斤 Kilogram	日本两
1	0.9953	0.831047	31.1035	480	2.6667	10	0.0311035	82.94
1.0047	1	0.8349	31.25	482.256	2.6792	10.047	0.03125	8.333
1.2033	1.1976	1	37.4269	577.5847	3.2088	12.033	0.03743	9.9802
0.03215	0.032	0.02672	1	15.4323	0.08574	0.3125	0.001	0.26666
0.002083	0.002074	0.00173	0.0648	1	0.00556	0.02083	0.000648	0.01728
0.375	0.3732	0.31164	11.6637	180	1	3.75	0.01166	3.11021
0.1	0.09953	0.0831	3.11035	48	0.26667	1	0.0031104	0.8294
32.15	32	26.7183	1000	15432.1	85.73495	321.5	1	266.66
0.12057	0.12	0.1002	3.75	5.7873	0.3215	1.2057	0.0035	1

三、贵金属的鉴别

鉴别贵金属是其交易中经常涉及的问题，有必要简单介绍一下。以黄金为例：

1. 看标记。在国际或国内正式商店里出售的黄金首饰，一般都打有含金量的印记，如24K、18K、14K或999（即含金99.9%，相当于24K）、750、583等，具有这样的印记，一般来说是货真价实的。

2. 掂重量。真黄金托在手里应感觉到沉重，假黄金则感觉较轻，这是因为黄金的密度较大，比银、铜、铅、铁等金属大1倍至1.5倍。

3. 听声音。把黄金扔在坚硬的地上，落地时听其响声，真黄金发出的声音低闷、厚实、沉重，一般是叶嗒嗒的响声，而且声无余音；假黄金的声音脆而无沉闷之感，一般是铛铛的响声，而且声有余音，真金落地时跳动不超过三次，也不如假黄金剧烈。

4. 试硬度。真黄金用手工艺弯时应感觉较软，假黄金则手感硬。

5. 用火烧。把首饰放在火中烧烤，待饰品微红后取出冷却之后，纯黄金首饰依旧色泽如新，K金首饰则表面呈一种烟灰色的氧化层，而且成色越低越黑，而镀金首饰经火烧之后，镀层即会不翼而飞，其材质就原形毕露了。

6. 用试金石。选择一种质地细腻的黑色试金石，用含金量不等（已知的）的试金片在试金石上划出痕迹，再将所要测定的首饰在同一试金石上划痕，滴上浓硝酸去掉杂物（黄金以外的其他金属），与所划的样品痕迹对比，划出痕迹一样的色度，即为所需测定饰品的准确含金量。

7. 用仪器测：

a. 比重法。此法采用分析天平为测量仪器，根据饰品在空气中和纯水中的不同重量，由阿基米德定律计算比重和成色，比重 = 在空气中的重量 ÷ （空气中的重量 – 纯水中的重量）。

b. X 射线荧光光谱法。此法通过计算机控制的精密仪器（X 射线荧光光谱代）发射的一束 X 射线对饰品进行照射，然后由计算机根据记录的 X 射线光谱和强度，计算出黄金饰品的成色和杂质元素的含量。

第三章　贵金属市场

第一节　贵金属市场概况

一、贵金属市场发展的历史背景

（一）黄金市场发展的历史背景

从某种意义上来说，世界黄金市场的发展历史就是一部国际货币本位制度变迁的历史。

1. 金本位制出现前

金本位制出现前，虽然黄金充当交易媒介的历史已有3000多年，但由于其稀缺性，在交易中白银和其他金属更多地承担了支付手段的角色，只有大额交易才采用黄金计价。同时大多数黄金基本被帝王或宗教神权独占，作为权力和财富的象征而储藏着，很难进入流通。在这种情况下，自由交易的市场交换方式难以发展，即使存在规模也非常小。因此，在金本位制出现以前，并不存在大规模的世界黄金市场。

2. 金本位时期

到19世纪末，世界上主要的国家基本都实行了金本位①。金本位制是以黄金为本位货币的货币制度。同时黄金也是国际贸易的支付手段，可自由进出口，当国际贸易出现赤字时，可以用黄金支付；在一国之内，黄金可以作为货币进行流通。金本位制具有自由铸造、自由兑换、自由输出三大特点。

在金本位的货币体制下，黄金作为商品交换的一般等价物，成为商品交换过程中的媒介，黄金的社会流动性增加。黄金市场的发展有了客观的社会条件和经济需求。金本位时期，各国中央银行通过市场吞吐黄金，黄金市场得到了一定程度的发展，但仍然受到严格控制，不能得到自由发展。直到第一次世界大战之前，世界上

① 中国由于特殊的历史背景，从来没有实行过真正的金本位制。

只有英国伦敦黄金市场是国际性市场。

第一次世界大战的爆发严重地冲击了金本位制。20 世纪 30 年代又爆发了世界性的经济危机，使“金本位制”彻底崩溃，各国纷纷加强了贸易管制，禁止黄金自由买卖和进出口，公开的黄金市场失去了存在的基础，伦敦黄金市场关闭。黄金也只保留着最后的支付手段、充当世界货币的职能，加之黄金的流动性很差，市场机制被严重抑制，黄金市场的发育受到了严重阻碍。

3. 金砖本位制时期

英国在 1919 年停止使用金本位制度，于 1926 年恢复使用金砖本位制度；在这个制度下，纸币只能兑换 400 盎司国际认许的金条。同期欧美其他国家纷纷加强了贸易管制，禁止黄金自由买卖和进出口。第一次世界大战以后，许多欧美资本主义国家的经济受到通货膨胀、物价飞速上涨的影响，加之黄金分配极不均衡，已经难以恢复金币本位制。1922 年，在意大利热那亚城召开的世界货币会议决定采用“节约黄金”的原则，实行金砖本位制和金汇兑本位制。

实行金砖本位制的国家主要有英国、法国、美国等。在金砖本位制度下，各国中央银行发行的纸币货币单位仍然规定含金量，但黄金只作为货币发行的准备金集中于中央银行，而不再铸造金币和实行金币流通，流通中的货币完全由银行发行的纸币货币单位所代替，人们持有的银行发行的纸币在一定数额以上可以按纸币规定的含金量与黄金兑换。英国以银行发行的纸币兑换黄金的最低限额为相等于 400 盎司黄金的银行发行的纸币（约合 1700 英镑），低于限额不予兑换。法国规定银行发行的纸币兑换黄金的最低限额为 21500 法郎，等于 12 公斤的黄金。用这种办法压制了市场对黄金的需求，达到了节约流通中的黄金的目的，由各国中央银行掌管和控制黄金的输出和输入，禁止私人买卖黄金。中央银行保持一定数量的黄金储备，以维持黄金与货币之间的联系。

4. 金汇兑本位制时期

金汇兑本位制又称“虚金本位制”，是指某国货币一般与另一个实行金本位制或金块本位制国家的货币保持固定的比价，并在后者存放外汇或黄金作为平准基金，从而间接实行了金本位制。实行金汇兑本位制的国家，对货币只规定法定含金量，禁止金币的铸造和流通。国内实行纸币流通，纸币不能与黄金兑换，而只能兑换外汇，外汇可以在国外兑换黄金。本国货币与某一实行金块本位制或金本位制国家的货币保持固定汇价，以存放外汇资产作为准备金，以备随时出售外汇。

在金汇兑本位制度下，国家虽规定了货币的含金量，但流通中的货币是不能与黄金保持兑换的纸币，黄金已不能发挥自发地调节货币流通的作用，使货币流通失去了调节机制和稳定的基础，从而削弱了货币制度的稳定性。因为，如果纸币流通量超过了流通对货币的需要量，就会发生货币贬值。假如国家为弥补财政赤字而大量发行纸币，就会引起通货膨胀，导致物价上涨，影响经济的发展。而实行金汇兑本位制度的国家，其货币与某大国货币保持固定比价，其对外贸易和金融政策又必然受到与之相联系国家的货币政策的影响与控制。因此，金汇兑本位制度，是一种削弱了的极不稳定的金本位制度。

在该制度下，国内只流通银行券，银行券不能兑换黄金，只能兑换实行金块或金本位制国家的货币，国际储备除黄金外，还有一定比重的外汇，外汇在国外才可兑换黄金，黄金是最后的支付手段。

实行金汇兑本位制的国家，要使其货币与另一实行金块或金币本位制国家的货币保持固定比率，通过无限制地买卖外汇来维持本国货币币值的稳定。金块本位制和金汇兑本位制是在金本位制的稳定性因素受到破坏后出现的两种不健全的金本位制。第一次世界大战前的印度、菲律宾、一些拉美国家和地区，以及 20 世纪 20 年代的德国、意大利、丹麦、挪威等国，均实行过这种制度。

5. 布雷顿森林体系时期

1944 年 7 月 1 日，44 个国家或政府的经济特使聚集在美国新罕布什尔州的布雷顿森林召开了联合国货币金融会议（以下简称布雷顿森林会议），商讨“二战”后的世界贸易格局。经过 3 周的讨论，会议通过了以“怀特计划”为基础制定的《国际货币基金协定》和《国际复兴开发银行协定》，确立了以美元为中心的国际货币体系，即布雷顿森林体系。

“布雷顿森林体系”建立了国际货币基金组织和世界银行两大国际金融机构。前者负责向成员国提供短期资金借贷，目的是为了保障国际货币体系的稳定；后者则提供中长期信贷来促进成员国经济复苏。

“布雷顿森林体系”的核心内容包括以下几点：

第一，美元与黄金挂钩。各国确认 1944 年 1 月美国规定的 35 美元一盎司的黄金官价，每一美元的含金量为 0. 888671 克黄金。各国政府或中央银行可按官价用美元向美国兑换黄金。为使黄金官价不受自由市场金价冲击，各国政府须协同美国政府在国际金融市场上维持这一黄金官价。

第二，其他国家货币与美元挂钩。其他国家政府规定各自货币的含金量，通过含金量的比例确定同美元的汇率。

第三，实行可调整的固定汇率。《国际货币基金协定》规定，各国货币对美元的汇率，只能在法定汇率上下各 1% 的幅度内波动。若市场汇率超过法定汇率 1% 的波动幅度，各国政府有义务在外汇市场上进行干预，以维持汇率的稳定。若会员国法定汇率的变动超过10%，就必须得到国际货币基金组织的批准。1971 年 12 月，这种即期汇率变动的幅度扩大为上下 2. 25% 的范围，决定“平价”的标准由黄金改为特别提款权。布雷顿森林体系的这种汇率制度被称为“可调整的钉住汇率制度”。

第四，各国货币兑换性与国际支付结算原则。《国际货币基金协定》规定了各国货币自由兑换的原则：任何会员国对其他会员国在经常项目往来中积存的本国货币，若对方为支付经常项货币换回本国货币。考虑到各国的实际情况，《国际货币基金协定》作了“过渡期”的规定。

在这种制度下，美元作为国际支付手段和国际储备手段，发挥着世界货币的职能。

1971 年，由于美元危机的发生，黄金储备大量流失，黄金步入了双价制阶段，随着黄金的进一步流失，尼克松政府宣布停止履行对外国政府或中央银行以美元向美国兑换黄金的义务。随后各国经过磋商决定实行浮动汇率，至此布雷顿森林体系完全崩溃，从此开始了黄金非货币化的改革进程。

国际货币基金组织（IMF）在 1978 年以多数票通过批准了修改后的《国际货币基金协定》，即《牙买加协议》。该协议删除了以前有关黄金的所有规定，宣布：黄金不再作为货币定值标准，废除黄金官价，可在市场上自由买卖黄金；取消对 IMF 必须用黄金支付的规定；出售 IMF 1/6 的黄金，所得利润用于建立帮助低收入国家优惠贷款基金；设立特别提款权代替黄金用于会员国与 IMF 之间的某些支付等。

在这一时期，黄金价格一直受到各国的严格控制，政府对黄金市场的介入干预时有发生。黄金市场仅是国家进行黄金管制的一种调节工具，难以发挥市场资源配置作用。

6. 信用本位时期

为了彻底废除金本位制，1975 年 1 月 1 日，美国政府宣布居民可以持有黄金，从而解除了长达 40 年的黄金持有禁令。同年，纽约商品交易所（COMEX）推出了黄金期货交易。黄金市场朝着国际化的方向发展，逐渐形成了以伦敦为黄金交易中心，苏黎世为转运中心，连接香港、东京、纽约等地的全球市场运作模式。1993 年以后，黄金市场推出了多样化黄金衍生工具及融资工具，各国中央银行在管理黄金时更加积极地利用世界黄金市场。

与这一过程相对应的黄金价格从牛市转入了漫漫的二十年熊市，金价从 1980 年初的 850 美元/盎司，至 1999 年 8 月曾一度逼近 250 美元/盎司。2001 年初美国经济结束了长达 10 年以“新经济”为特征的持续增长，美元开始对主要货币贬值，金价才重整升势。随后发生了“9·11”事件，受此影响美国实行先发制人的反恐战略，国际政治关系从此步入了动荡的新纪元。随着一系列政治经济事件的发生，国际政治、经济和金融风险逐步显现，金价持续上扬，世界黄金市场进一步得到发展。

7. “9·11”事件后的黄金市场发展

2001 年：

震惊世界的“9·11”事件推动国际金价走出底部、震荡上扬，同时也揭开了美国的反恐战争和黄金新一轮牛市的序幕。10 月 7 日，阿富汗战争正式开始。阿富汗战争是以美国为首的联军对阿富汗基地组织和塔利班的一场战争，同时标志着世界反恐战争的开始。黄金在短暂下挫之后便开始了加速上涨。

2002 年：

欧元现钞于 2002 年 1 月 1 日起正式投入流通。欧元正式流通标志着布雷顿森林体系解体后建立起来的美元—华尔街体系出现了真正强有力的竞争者，黄金市场出现了新的重要影响因素。

2003 年：

伊拉克战争关于大规模杀伤性武器的报道见诸报端，人们对战争预期是战是停左右着黄金或涨或跌。2003 年 3 月 20 日，以美国和英国为主的联合部队正式宣布对伊拉克开战，黄金价格应声上涨，牛市继续前行。

2004 年：

伊拉克境内连续不断的冲突、莫斯科市中心发生的炸弹爆炸事件和后来发生在俄罗斯境内的车臣恐怖分子绑架学生等多起恐怖袭击引起了人们的恐慌，使人们对黄金避险功能得以进一步认识，并引发避险基金不断进入黄金市场，从而推动国际金价不断走高。

2005 年：

2005 年 11 月，现货金升至 502. 25 美元/盎司，这是自 1987 年 12 月以来的最高位；2005 年 12 月 12 日，现货金触及 25 年高位 540. 90 美元/盎司。

2006 年：

美联储公开市场委员会于 1 月 31 日、3 月 28 日和 5 月 10 日分别加息 25 个基点，联邦基金目标利率现已达到 5%，黄金市场出现 M 形态震荡。从 3 月下旬开始，由于伊朗宣布已经提炼出纯度更高的浓缩铀，并不顾国际社会的反对，执意发展核武器，导致美国和伊朗之间爆发了非常严重的对峙。黄金价格持续上涨，连创新高。美国联邦储备委员会官员于 5 月 31 日发布的 5 月 10 日会议纪要显示，当局认为目前存在通货膨胀加剧以及经济增长放缓的双重风险，会议记录指出，美联储立场最强硬的官员主张加息50个基点。同时，新任美联储主席伯南克6月5日也对美元加息发表了措辞强硬的讲话。他指出：过去3～6个月核心通货膨胀数据结果已达到一定水平，如果持续下去，将达到甚至超过包括他在内的许多经济学家认为与物价稳定和推动经济长期快速发展相协调的范围的高端。基于此，黄金向下寻找支撑。从6月中下旬起，美国情报机构不断向新闻界报料说，朝鲜正在准备试射射程能抵达美国本土的洲际导弹，在一定程度上吸引了黄金市场的避险需求，金价出现上扬。美联储于6月29日进行了第17次加息，美国联邦储备委员会决定：将联邦基金利率再提高0.25个百分点，从5%提高到5.25%，但此前有关进一步加息的立场有所缓和，黄金价格触底反弹，逐步回稳。

2007年：

2007年2月美国次贷危机开始浮出水面，一场影响全球的灾难蔓延开来，各国中央银行史无前例地携手降息，世界各地的避险资金纷纷涌向黄金。此后用在黄金身上最多的词汇就是“又创新高”。2007年3月13日，美国第二大次级抵押贷款机构——新世纪金融公司，因濒临破产被纽约证券交易所停牌，标志着次贷危机的正式爆发。

2008年：

黄金价格创下历史新高：2008年1月22日，基于次贷危机的破坏性之强，影响范围之广，美联储极度担心美国经济陷入衰退，紧急降息75个基点。这是自1980年以来降息幅度最大的一次，同时也是自“9·11”事件之后，美联储首次在两次议息会议之间做出的降息决定。2008年3月17日，黄金价格创下历史新高1032美元/盎司。

期油创下147美元的历史新高：2008年7月11日，纽约期油创下147美元的历史新高，带领黄金价格在往后的7月15日最高见988美元/盎司。

黄金价格出现历史性波幅：2008年9月17日至9月19日，黄金价格出现一天波动接近100美元/盎司的历史性波幅。当天开市783.0美元/盎司，最低见777.2美元/盎司，最高见869.3美元/盎司，收市869.2美元/盎司，上升86.5美元/盎司。

美国投资银行雷曼兄弟宣布破产：2008年9月15日美国投资银行雷曼兄弟宣布破产，随后受国际对冲基金拆仓影响，黄金出现二十多年都没有出现过的大幅波幅。

7000亿美元救市方案：2008年10月1日布什政府所提出7000亿美元救市方案，国会参议院宣布表决通过7000亿美元救市方案，主要是挽救金融企业。此举令市场气氛暂时好转。股市气氛暂时好转，黄金价格开始在900美元/盎司的水平受到压力。

对抗金融海啸各国中央银行联手减息：2008 年 10 月 8 日，为对抗金融海啸，各国中央银行联手减息，当天美联储由 2% 减半厘到 1. 50%，中国中央银行由 7. 20% 减 2. 7 厘到 6. 93%，欧洲中央银行由 4. 25% 减半厘到 3. 75%，加拿大中央银行由 3% 减半厘到 2. 50%，英国中央银行由 5% 减半厘到 4. 50%，瑞典中央银行由 4. 75% 减半厘到 4. 25%。当天开始，黄金价格从 10 月 8 日的 920 美元/盎司跌到 10 月 24 日的 681 美元/盎司。

奥巴马当选为美国第 44 任总统：2008 年 11 月 4 日美国东部时间晚间 11 时，美国总统大选计票结果显示奥巴马以 349 比 163 选举人票当选为美国第 44 任总统。黄金价格在 700 美元/盎司到 750 美元/盎司中间波动。

纳斯达克股票市场公司前董事会主席伯纳德麦道夫因涉嫌欺诈被捕：2008 年 12 月 13 日，美国纳斯达克股票市场公司前董事会主席伯纳德麦道夫因涉嫌欺诈被捕。美国《华尔街日报》13 日报道，麦道夫欺诈案的受害者包括美国多家公司和欧洲、日本众多投资者，其中不乏响当当的大人物和大公司。基金再次令人失望及害怕。此举令黄金再次成为资金避难所，随后数天一度令金价从 800 美元/盎司上升至 880 美元/盎司。

美联储宣布减息 75 点到 0 ~ 0. 25%：2008 年 12 月 17 日，美联储宣布减息 75 点到 0 ~ 0. 25%，创下历史性低息年代，也标志着全球中央银行踏入历史性的低息年代。

美国三大车厂同时出现财政危机：2008 年 12 月，美国三大车厂同时出现财政危机，此事还在影响当中。三大车厂分别是：克莱斯勒（CHRYLSER）、福特（FORD）及通用汽车（GM），克莱斯勒（CHRYLSER）车厂更宣布 2009 年 1 月开始停产 1 个月，这使金价受到明确性的支持。

2009 年：

2009 年 1 月 15 日，黄金迫不及待地冲开了牛年的牛市大门，金价奋起“牛蹄”狂奔一程，短短一个多月时间里，由 800 美元/盎司涨至 1007 美元/盎司。

迪拜财政部 2009 年 11 月 25 日突然宣布，由政府持有的迪拜世界公司及旗下的房地产分支棕榈岛集团将推迟偿付数十亿美元的债务最少六个月，以便进行债务重组。当日现货黄金价格上涨 23. 57 美金/盎司，随后震荡加剧出现了一波调整。

2009 年源于希腊的债务危机，在整个欧洲大陆蔓延，整个欧盟都受到债务危机困扰。世界的目光聚集到了欧洲，从希腊到西班牙再到爱尔兰，债务危机的阴霾一直萦绕在欧元区上空。

2010 年：

2010 年 3 月 3 日，希腊政府通过预算削减方案，引发希腊大规模罢工事件，金价突破 1140 美元/盎司关口。在欧盟公布希腊债务问题解决方案的同一天（3 月 26 日），美国传出韩国军舰被朝鲜鱼雷击沉的消息。避险需求在此突发事件的影响下带动金价瞬间上扬 10 美元/盎司，突破 1100 美元/盎司整数关口，此后金价开始启动。

5 月 27 日，迪拜国际资本（Dubai International Capital）和一个银行委员会周四要求贷款商将某些债务的到期时间延长 3 个月至 9 月 30 日。

6 月 21 日金价创下历史新高，到达 1264.9 美元/盎司。后又在 1240 附近持稳。由于市场整体避险情绪浓重，多个机构做多黄金，金价在此阶段上涨动力强劲，其间也有突发事件偶尔出现金价大幅波动。

2010 年欧洲各中央银行黄金净出售基本停止。从欧盟中央银行售金协议 III（CBGA3）开始执行到 2010 年 3 月底的期间内，欧洲各国中央银行累计售金仅 1.6 吨。

2011 年：

5 月 3 日，本·拉登死讯引发抛售，黄金冲高回落。

5 月 17 日，索罗斯清仓近 8 亿美元黄金资产。受索罗斯事件影响，黄金价格出现深度波幅，一度从 1495 美元/盎司附近跌至 1475 美元/盎司下方，跌幅达 23 美元/盎司以上。

7 月 14 日，美 AAA 评级恐不保，黄金昂首迈向 1600 美元/盎司大关。由于美联储（FED）对进一步放松货币政策做出暗示，且穆迪对美国主权评级发出警告，令美元遭受重创，并提振市场避险情绪，国际现货黄金当日欧洲午盘时段再度刷新历史纪录，逼近 1600 美元/盎司大关。

8 月 22 日，利比亚局势渐趋明朗，现货白银高位盘整。利比亚反对派武装已控制首都的黎波里，利比亚领导人卡扎菲的两个儿子落入反对派手中，反对派目前正在市内清除卡扎菲残余部队。市场避险情绪有所缓和。但也受到近日美联储 QE3 预期热情不减和欧债问题支撑。

8 月 23 日，QE3 预期愈演愈烈，黄金价格勇破 1900 美元/盎司大关再创新高。QE3 预期不断升温，委内瑞拉从英国中央银行提取其黄金储备以及穆迪暗示近期调降日本评级均使金价持续上涨。

11 月 2 日，伯南克讲话打压美元，现货黄金温和走高。美联储主席伯南克指出，美联储仍会在需要时采取措施推动经济增长，欧美股市探底回升，美元指数冲高回落，当日现货黄金最终温和收高。

11 月 7 日，希腊、意大利债务风险持续，黄金重获避险地位。在市场消化了诸多新闻后，希腊拟公投、欧元区成员国地位或不保、意大利预算问题、G20 拟推流动性，这些不稳定因素促使投资者转向美元和黄金寻求避险。

11 月 28 日，叙利亚遭军事制裁，黄金价格有理由飙升。欧盟决定对叙利亚进行制裁，IMF 可能对意大利进行援助。中东局势紧张，美国、俄罗斯都已经将航母开往叙利亚附近海域，黄金作为避险品种再次受到市场关注，1671 美元/盎司一线止跌企稳，已经快步攀升 35 美金/盎司左右，欧元得到暂时缓解。日本受到标普降级，美日已经开始缓步攀升，市场无形之中发生转变。

11 月 30 日，六大中央银行联手救市，黄金价格触及 1750 美元/盎司。六大中央银行联手为市场提供流动性，中国人民银行三年来首次下调存款准备金率，市场风险偏好大获改善，美指承压走低，现货黄金当日大幅收高，盘中触及 1750 美元/盎司的高位。

12 月 12 日，欧盟峰会结束，金价持稳或酝酿突破。备受关注的欧盟峰会 12 月 9 日闭幕，与会领导人就加强欧元区预算监管规定以及恢复市场信心达成协议。领导人也同意借助国际货币基金组织（IMF）管理的资金来支持欧元区金融系统，金价持稳。

可以看到在信用本位时期，金价更多地受到货币市场、外汇市场、政治环境等宏观经济变量的影响，进一步体现了其内在的商品属性。

（二）白银市场发展的历史背景

白银生产的重要分水岭是在 1492 年哥伦布发现了新大陆，从而发现了墨西哥、玻利维亚和秘鲁的银矿，因此带来了世界白银生产快速增长的巅峰时期。这段巅峰同时伴随着白银提炼技术的升级，从质和量上提高了开采银矿的利用率。随后的技术革新，尤其是在 19 世纪晚期和 20 世纪初期，主要是加强了白银生产的基础，并且提高了银矿开采的速度。

1. 世界白银发展的历史

（1）旧世界的白银（公元前 3000 年至公元 1500 年）

银矿集中开采大约是从公元前 3000 年开始的。首次成熟的银矿石加工是在公元前 2500 年，占星家使用“灰吹法”从铅银矿中提取出白银。

西班牙在近一千年的时间内都是非常重要的白银来源地。西班牙银矿不仅满足了罗马帝国大部分的内在需求，还是展开亚洲香料贸易的重要白银资源。为了满足尚在萌芽的贸易需求，希腊、小亚细亚、意大利也是除西班牙以外的白银重要产区。

摩尔人入侵西班牙，让白银开采在更多的国家普遍起来，这些国家主要位于欧洲中部。

白银产量的实际扩张是在公元 1000 至 1500 年的 500 年以内，那时矿产地数量增加，采矿和加工技术也开始提高。

（2）新世界的白银（1500～1875 年）

技术上的巨大变革以及 1492 年“新大陆”的发现，引发了白银产量数量级式的增长，尤其是在汞齐化加工方法发展后。

1500～1800 年，玻利维亚、秘鲁和墨西哥占世界白银生产和贸易的份额超过 85%。其余份额主要来源于德国、匈牙利和俄罗斯等欧洲国家，以及智利和日本。1850 年以后，其他国家白银产量上升，尤其是美国发现了内华达州的康斯托克矿。全球白银产量持续扩大，到 17 世纪 70 年代，已经从每年 4000 万盎司增加至 8000 万盎司。

（3）北美崛起（1876～1920 年）

1876～1920 年，全球产银技术创新和新产地开发呈现爆炸式增长。19 世纪最后 25 年内白银年产量是前 75 年平均产量的 4 倍，达到近 1.2 亿盎司。

技术方面的升级包括蒸汽钻井、采矿、脱水，拖运技术的改善也是一个重大突破。采矿技术的进一步升级增强了矿石处理的能力，能够同时处理更多含有银的矿石。

（4）当代（1921 年至今）

20 世纪早期的许多进步让世界各地白银产量都有所提高。到 18 世纪末期，世界上许多高等级矿石都已经被耗尽，所以这些进步显得格外有意义。这些进步包括：批量采矿方法、提炼技术、改进矿石分离技术、改进电解精炼技术等。

2. 中国白银的发展史

白银，在历史上曾经与黄金一样，作为世界上很多国家的法定货币（货币原料），具有金融储备职能，也曾作为国际间支付的重要手段。中国先民对白银的认识和利用有着悠久的历史，白银很早就被制作成工艺品和货币。中国古代把白银用作货币大量使用，是在唐宋以后。到了元代，银本位制得到进一步强化，政府把白银作为一种主要货币，银锭“元宝”出现。到明清，银本位制不断巩固加强，银币在明朝成为正式货币，元宝、碎银和银元成为清朝的法定货币，白银在明清的经济发展中至关重要。一直到 1935 年中国国民政府宣布发行法币、取消银本位，白银作为货币的使用才受到限制，但银元在民间一直流通到 1949 年。

明朝：明代初期，由于禁止商人及金银铜锡出海，国内使用铜钱，禁止私铸极严，对银矿并不重视。永乐晚年，锐意通四夷，奉使多用中贵宦官，出使西洋的有郑和、景弘，西域有李达，北有海童，西番有侯显。朝廷为了应付开支，开始重视开采银矿。先后遣官开采陕西、福建等地的矿产，设立葛容溪银场局、云南大理银冶。宣德以后，金银开采时停时续，民采、官采及所谓“奸民”私采，不断发生纠纷，政府军与“盗矿者”常发生武力战斗。各银场有朝廷派驻的官员督办税课。此后，采银潮开始，其高峰在嘉靖、万历年间。明代至嘉靖时，银两已成为全国流通货币，价值大的交易均用银计价，民间也普遍使用白银。嘉靖、万历年间，河南、云南、山东、四川等地开始开采银矿。直至明末，各地私矿徒结聚甚多，与农民起义军汇成历史大洪流。

清朝：清代货币制度基本沿袭明代，使用铜钱和银两，短时期局部使用过户部官票和大清宝钞。一般大额交易使用银，小额及零星交易使用铜钱。由于社会经济的发展，使用白银更为普遍，白银的地位显得更加重要。清代中期以后，市场上通行使用白银铸币，向外国购买机器铸造银元，与当时流行的西班牙、墨西哥银元和其他外国铸币，以及新铸的铜元并行流通。光绪十四年，张之洞任粤督，用机器仿照外国的铸币样式铸造银币，李鸿章继任粤督，续成正式开铸名为“光绪元宝”（俗称龙洋）的银元，自此中国开始自行铸造银元本位币。清代晚期通行的货币则以银元和银行兑换券为主，这是中西贸易、经济交往扩大的结果。

民国：北洋政府时期，国币流通日广，各种旧银元并没有完全退出市场流通，通商贸易也仍以银两为标准，银元要折合成银两计算。南京国民政府成立后，统一币制成为巩固政权的要务之一。1933 年 3 月，国民政府财政部决定先在上海试行“废两改元”。根据规定，自 3 月 10 日起，上海各业的交易往来，一律改用银币计算。随后国民政府财政部又颁布了相应的铸造条例，规定由中央造币厂统一铸造银本位币，银本位币定名为“元”，每枚重 26.6971 克，成色 0.88，即含银量为 88%，含铜量为 12%，公差不超过 3‰。“废两改元”确立了银本位制度，统一了全国货币；白银货币由计重改为计数，有利于发挥其价值尺度和流通手段的功能，削弱了钱庄和外国银行的势力，有利于国内银行的加速发展。

银本位制的确立也有一定的不足。由于大量的白银被用作币材，原本白银产量不丰的中国更显白银短缺，白银不得不依赖进口，世界银市的波动直接影响到中国货币币值的稳定，进而影响到中国社会经济的各个方面。

1933 年 7 月 22 日，由澳大利亚、加拿大、中国、美国、印度、墨西哥、秘鲁、西班牙八国参加的《国际白银协定》在伦敦货币经济会议上正式签订。协定的有效期为 4 年，即从 1934 年 1 月 1 日起至 1937 年 12 月 31 日止。签订《国际白银协定》

的目的在于缓和国际银价的波动，规定各缔约国政府出售白银的限度。澳大利亚、加拿大、美国、墨西哥、秘鲁5个产银国家同意在协定期间不再售限，并每年从市面收回3500万盎司白银。中国保证在协定期间不将熔毁货币所得的生银售出。

1934年6月19日，美国国会通过《白银购买法案》，规定总统有权将全国白银收归国有，财政部部长可酌情随时收买国外白银，使银储备达到法定货币储备的1/4，并将国内存银的价格限于每盎司50美分。美国实行白银政策的目的在于刺激银本位国家，尤其是中国的购买力，以利于倾销美国过剩商品转嫁危机。该法案出台后，美国政府便开始在世界市场大量收购白银，国际银价扶摇直上。国际银价飞涨，在中国的直接后果是中国国内白银大量外流，引发“白银风潮”，并直接导致了1934～1935年的金融危机。1934年，中国的白银出口量为以往最高纪录的5倍，而其中的5/6（约2.14亿元）是《白银购买法案》通过后不到4个月的时间内运出的。中国国内银根畸紧，信用萎缩，物价跌落，工商业衰退，财政金融和国民经济遭到沉重打击。银本位制已难以为继。

为了制止白银继续巨量流出，国民政府决定提高白银出口税税率，并加征平衡税。1934年12月8日，国民政府财政部又公布了《缉获私运白银出口奖励办法》，对缉获私运出口的银币或银类，除全部充公外，按偷运银数量加倍处罚。1935年2月，国民政府应中华全国商会联合会、上海银行业同业公会、上海市商会、上海钱业同业公会等合词呈请，颁布《奖励白银输入办法》，规定以后凡由国外输入白银，应向海关登记，由海关开发凭证，将来出口时，可执证换取原额白银的出口免税护照。

1935年11月3日，国民政府颁布《金融紧急处分令》，实施币制改革。其主要内容为：①统一货币发行。从11月4日起，以中央、中国、交通三家银行（1936年增加农行）发行的纸币为法币。②白银国有，禁止流通。各地银钱行号，商店及其他公私团体、机关或个人，持有的银本位币或其他银币、生银等，应自11月4日起，交由发行准备管理委员会或其指定银行兑换法币。③实行汇兑本位制。确定法币对外汇率（1法币元=1先令2.5便士，此汇价是根据1930～1934年5年平均数确定的），由中央、中国、交通三家银行无限制买卖外汇。自此银本位被废除，白银的货币角色淡出。

1935年11月15日，国民政府财政部公布《兑换法币办法》，规定除用作工业艺术原料、古稀币、银质文物及此前已制成或存有的银质器具和装饰品外，所有银币、厂条、生银、银锭、银块及其他银类，应在3个月以内，就近交各地兑换机关换取法币。具体兑换机关包括中央、中国、交通三家银行及其分支行或代理处，三家银行委托的银行、钱庄、典当、邮政、铁路、轮船、电报各局及其他公共机关或公共团体，各处内地税收机关，各县政府等。银本位币、厂条按照面额兑换，其他银币、银类按其成色估定兑换。

截至1936年9月25日，中央、中国、交通、农业4家银行收兑的银币已达3亿元以上。

新中国成立后：1949年新中国成立，国内百废待兴，为了稳定人民币，中国人民银行于1950年4月制定下发了《金银管理办法（草案）》，冻结民间金银买卖，由中国人民银行经营管理，实行统购统配政策，严厉打击银元投机倒把和走私活动。这一政策的实施增加了国家储备，巩固了人民币的本币地位。新中国的白银工业，随着中国经济的不断发展和管理体制的变革蓬勃发展，国内白银也从过去的供应不足，一跃成为世界主要的白银生产国之一，每年还大量出口。中国的白银工业目前已经在全球具有重要的地位，白银消费也不断增加，成为全球白银市场最具发展潜力的新兴市场之一。

新中国白银工业的发展大概可以分为以下三个阶段：

第一阶段（1949~1983年）：新中国是在满目疮痍的基础上成立的，政府金融储备有限，中央人民政府金银库存多数是在接管国民政府的基础上建立的。基于金银储备有限，一方面，中国政府通过加强管理，保障国家金融稳定；另一方面，通过加强国内铅锌铜锡金企业的副产，充实政府储备。在此期间，国内白银基本上是供不应求的，还需要从海外大量进口。此时白银供销采取统销统购，优先定点保证少数民族和国防等工业之需。

第二阶段（1983~1999年）：1983年，国家对有色工业的管理加强，有色工业的管理从冶金工业部剥离，中国有色金属工业总公司（1998年改为国家有色金属工业局）宣布成立，全国白银和伴生金的生产也归中国有色金属工业总公司管理。为了加强白银工业的领导与管理，原中国有色金属工业总公司随后成立了金银工作领导小组，下设金银工作办公室，强化对全国金银生产建设的领导。在原中国有色金属工业总公司的领导下，相继争取到了有色系统伴生金银发展的一系列优惠政策——金银开发基金、外汇分成、专项贷款、地勘基金以及免缴部分税种等，使中国的白银生产和建设取得了较大成绩。

第三阶段（2000年至今）：2000年1月1日，中国人民银行宣布取消白银的“统销统购”政策，白银市场放开。白银放开后，允许白银生产企业与用银单位产销直接见面，白银征收17%的增值税；取消对白银制品加工、批发、零售业务的许可证管理制度（银币除外），对白银生产经营活动按照一般商品的有关规定管理；

国家对白银出口实行配额管理。白银放开促进了国内白银生产、流通、贸易、产品深加工的不断发展，促进中国白银工业进一步蓬勃发展。2003 年 3 月，经原国家经贸委批准和民政部登记注册，全国性社会中介组织——中国有色金属工业协会金银分会宣布成立，我国白银生产企业终于有了自己的行业管理组织。中国白银产量从以前的国有企业生产伴生副产、原生白银，变为国有民营外资企业、副产原生再生并存的局面，生产加工用银量连年扩大，供需市场得到不断培育，中国已经成为全球白银应用消费的一个新兴市场。

（三）铂族金属市场发展的历史背景

相比于黄金和白银市场的悠久历史，铂族金属市场的历史相对较短，铂在 1751 年才被纳入贵金属行列。

1828 年，俄国沙皇政府首先使用铂金属铸币，在随后的 18 年里，有近 500000 盎司的铂铸成硬币。然而在 1846 年，俄国停止了铂金卢布的铸造，并且收回流通中的铂金硬币。直到 130 年后，铂才被再次用于铸造法定货币，也就是 1977 年铸造的 Isle of Man Noble 铂金币。接着又出现了加拿大枫叶（1988）、澳大利亚考拉（1988）和美国鹰（1997）铂金币。1988 年加拿大和澳大利亚发行铂金货币时需求达到最高 66 万盎司。

铂族金属的抗磨损以及抗玷污特性使其非常适合用来制作首饰。1975 年以前，日本和北美是铂的主要消费国，但后来都被其他国家超越了。其中的主要原因是欧洲汽车催化剂消费量的增加，再者是柴油机汽车抢占了部分市场份额以及中国首饰需求的增加。

从 2001 年开始，中国就超过日本成为全球铂金饰品最大消费市场，目前中国市场占据全球铂金首饰需求量的 65%。

铂族金属的催化性质出众，所以从 1979 年汽车业兴起至今，处理尾气排放的氧化催化剂已成为铂族金属的重要使用点。铂族金属的其他特性有耐化学腐蚀，以及高温稳定性、导电性。这使其具有广泛的市场应用前景。

20 世纪 90 年代初，随着苏联解体，俄罗斯大量出售铂，同时钯开始进入汽车催化剂市场。铂市场陷入低迷时期，国际上大多数开采计划项目被搁置。直到 20 世纪末 21 世纪初，铂市场又出现良好前景，大规模扩产又进入各大公司的计划。

2002 年以来，汽车工业中铂族金属的消费整体呈现持续增长的态势。截至 2008 年，汽车工业铂、钯、铑金属的需求已分别占到各自市场总需求的 56%、55%、83%。

在过去 30 年里，南非主导着世界铂金属的供应。2008 年 1 月，铂族金属的最大供应商南非，因为电力问题导致所有的铂金矿停产5天；导致市场供应紧张。2008年上半年铂金价格冲至历史高点2275美元/盎司。钯金也创出7年新高585美元/盎司。接下来的半年，全球经济衰退导致汽车需求量下降，铂金钯金价格直落，甚至跌至南非矿山生产成本以下。

二、世界贵金属市场的类型

世界贵金属市场是国际上各类交易者进行贵金属交易的场所，是世界金融市场的重要组成部分，也是国际上最主要的投机性市场之一。

1. 从交易方式来看

贵金属市场可以划分为两种类型。一类是贵金属现货市场，也就是以贵金属的现货交易为主，交易双方一般只买卖现货贵金属，通常是在交易契约生效后的两个营业日内办理现货贵金属交割手续。另一类是贵金属期货市场，也就是以贵金属的远期契约交易为中心，交易双方达成协议并在未来的约定时间内进行交割买卖的一种贵金属交易方式，贵金属期货品种包含黄金、白银、铂和钯等。

2. 按照其各自的作用和具体特征来划分

（1）起主导作用的国际性贵金属市场。如伦敦、苏黎世、纽约、芝加哥、香港五大黄金市场，这些市场具有成交量大、价格具有领导性等特点。黄金和白银的交易场所一般都在相同的市场进行。

（2）区域性贵金属市场。这种市场具有交易量较大而有限、交易者的范围不宽、主要来自本地等特点。这些贵金属市场行情的变化对相邻同类市场行情有一定影响，但对其他贵金属市场的影响不大，如法兰克福、新加坡、东京、巴黎、布鲁塞尔、卢森堡等。

（3）自由交易市场。如瑞士的苏黎世、黎巴嫩的贝鲁特，这种类型的黄金市场通常没有黄金交易和拥有方面的政府限制，黄金可以自由进出口，无论是否本国公民都可以自由买卖黄金。

（4）限制交易市场。这种市场实际上有两种情况：一种是所在国对黄金的进出口都进行管制，只允许有关机构进行黄金交易，不允许居民（个人）进行黄金自由交易的市场；另一种是所在国政府不限制黄金的输入，而限制黄金的输出，本国居民可以进行黄金的自由交易，但仅限于国内市场交易的市场，如巴黎黄金市场。后一种类型的市场实际上同国际黄金市场有着不可分割的联系，黄金也是可以自由流进流出的。

3. 从贵金属交割的方式来看

（1）黄金交割。从黄金市场的交割形式来划分，可以将黄金市场分为实物交割市场、金币交割市场、账面划拨交割市场和黄金券交易市场。

（2）白银交割。从白银市场的交割形式来划分，可以将白银市场分为实物交割市场、账面划拨交割市场，后者以纸白银为媒介，由于银价相对于金价更易波动，这一交易的杠杆比率也较高。

（3）铂金交割。从白银市场的交割形式来划分，可以将铂金市场分为实物交割市场、铂金币交割市场、账面划拨交割市场。其中铂金币属于市场上的稀有品种，发行量非常少，所体现的主要是其收藏价值。

4. 其中黄金又可按有无固定交易场所分为欧式、美式和亚式三类黄金市场

（1）欧式黄金交易，是指没有固定交易场所的黄金市场，如伦敦黄金市场，是由各大金商及其下属公司相互联系组成的，通过金商与客户之间的电话、电传等进行交易；而苏黎世黄金市场，则由两大银行为客户代为买卖并负责结账结算。伦敦和苏黎世黄金市场上的买价和卖价基本上是保密的，其非会员交易量也都难以真实统计。

（2）美式黄金交易，是指建立在典型的期货市场基础上的黄金市场，黄金交易类似于在该市场上进行的其他商品交易。商品（期货）交易所作为一个非营利性机构本身不参加黄金交易，只是提供场地、设备，同时制定有关法规，依法确保交易公平、公正地进行，并对黄金交易进行严格监控。

（3）亚式黄金交易，是指有专门的黄金交易场所，同时进行黄金的期货和现货交易的黄金市场。交易所实行会员制，只有达到一定要求的公司和银行才可能成为会员，并对会员的数量配额有极为严格的控制。虽然进入交易场所内的会员数量较少，但是信誉极高。以香港金银业贸易场为例，场内会员采用公开叫价、口头拍板的形式进行交易，由于场内的金商严守信用，很少有违规事件发生。

三、贵金属市场的作用

正确认识贵金属市场的作用，要注意两个问题，一是要认识到贵金属市场的作用与贵金属的功能作用是两回事，不可混淆；二是市场是发展变化的，现代贵金属市场是在早期的市场基础上发展完善的。

（1）贵金属市场基本的或原生性功能或作用。就是为了满足贵金属供需双方的需要或达到他们的交易目的。

（2）提高贵金属资源配置效率。贵金属市场的一个重要作用就是加快信息传递，使市场价格充分反映相关信息；有利于提高黄金生产（采矿、冶炼、加工）企

业的投资决策效率和劳动生产率；有利于提高消费者的消费决策效率，这几方面合起来也就提高了全社会黄金资源的配置效率。

（3）为国家维护经济社会稳定提供了重要的政策操作平台。在现代社会，贵金属特别是黄金经济职能的有效发挥需要以完善的贵金属市场作为媒介，从而抵御经济政治风险，维护宏观经济的稳定。

贵金属市场作用发挥需要具备一系列包括政治、经济和法律在内的环境条件。主要包括贵金属交易对象的理性放开、货币的自由兑换、缜密健全的法律体系、合理的能促进市场规范发展的税收体系等。

四、贵金属市场参与者结构

贵金属市场和其他任何市场一样，由供方和需方组成。与其他商品不同的是，贵金属的产量依赖于地下的存储量，每年的产量变动有可能较大。前面我们详细讲述了贵金属的供应，以生产为主。在此重点讲述贵金属市场需求者。

（一）黄金市场参与者

黄金市场的参与者分为供应者和需求者，供应者我们前面讲到过主要有产金商、出售或出借黄金的中央银行、打算出售黄金的私人或集团。

黄金的需求者分为以下几类：

1. 金饰需求

以 2015 年数据为例：2015 年金饰需求维持坚挺，第四季度需求年同比略微下降（－6 吨）至 6714 吨。第三和第四季度金饰总需求量创 11 年来下半年新高：2015 年下半年需求量增长 2%，从 2014 年下半年的 1271.5 吨升至 1299.9 吨。上次 1410.7 吨的较高纪录还是在 2004 年下半年创下的。

综观 2015 全年数据，年度需求减少 66 吨（－3%），从 2014 年的 2480.8 吨降至 2414.9 吨。2015 年全年，经济及社会政治因素导致多个市场严重衰退，土耳其、中东和俄罗斯市场均深受其害，但仍有个别地区免受其苦，印度就是典型代表。印度经历了第二季度的磨难后，2015 年下半年印度金饰需求回弹复苏，年度需求量增至 654.3 吨（＋5%），创 2010 年以来最高水平，第三年历史新高。

2015 年中国金饰需求下滑，但基本稳定，尽管全球市场对中国经济前景仍表示担忧，第四季度国内零售业仍相对健康，面对经济增速放缓，金饰表现仍然强劲：第四季度需求量仅下滑 2.8 吨（－1%）至 202.6 吨，但年度下滑幅度略大，年同比下降 3%，从 2014 年的 8072 吨下降至 2015 年的 783.5 吨，造成这一局面的主要原因在于2015年上半年的经济放缓以及中国股市的动荡，从而也进一步影响了消费者的情绪，金饰业继续面临逆势：在经济增长不断放缓时信贷限额的紧缩使行业竞争变得更加激烈，进一步对利润造成压力并鼓励行业整合，三四线城市的地区品牌受影响程度最为明显，大型零售商的情况则稍好些，源于某些大品牌产品类别广泛、实力雄厚，因此销售情况相对不错。24克拉金饰，尤其是新款式的推出更加吸引了消费者注意力，库存处理方式比较谨慎保守。押注于即将到来的中国新年销售季，而人们对新一年有实质性的增长需求仍缺乏信心。

亚洲市场较小，表现喜忧参半。日本、越南、印度尼西亚和韩国的金饰增长幅度超过了泰国、马来西亚、中国台湾和中国香港等地的需求下滑的总和，而后者更是2015年全年以及第四季度表现最差的地区，其损失主要是由于过度依赖中国大陆游客，而中国大陆游客的缩减则导致金饰需求大大降低，第四季度缩减23%，跌至13.6吨，香港旅游发展局数据显示，12月大陆赴港游客数已连续第七个月缩减至350万人次（-15.5%），而当地暗淡的零售情结也于事无补，与此同时，第四季度越南金的需求量年同比增长31%，攀升至3.9吨，年度需求量也因此提高25%，达到15.6吨，2015年当地金价的显著下滑，加之较低的通货膨胀和强劲的经济增长，提升了黄金消费人群的购买能力，季节促销活动（10月越南妇女节和圣配节）同样提升了需求量。

全球黄金需求的较小损失主要归因于土耳其市场的缩水，过去一年，土耳其市场始终在全力应对经济、政治和地区的纷争，邻国中东市场境遇略好，但伊朗除外，该地区第四季度黄金的需求减少5%，降至51.4吨，年度总量达224.1吨，创2012年以来新低，不出所料的油价持续下跌，以及该地区继续不断的矛盾冲突使金饰消费大大减少，而在阿联酋下滑的旅游收入也是另一因素。

表3-1　　2014年、2015年世界黄金需求

	2014年	2015年	2014年第一季度	2014年第二季度	2014年第三季度	2014年第四季度	2015年第一季度	2015年第二季度	2015年第三季度	2015年第四季度	2015年度第四季度与2014年度第四季度变化比较	
金饰	2480.8	2414.9	617.2	592.0	594.1	677.4	602.7	512.3	628.5	671.4	↓	-1
科技	346.4	330.7	82.2	86.3	87.6	90.3	81.2	83.1	81.9	84.5	↓	-7
电子产品	227.5	263.3	65.3	68.8	70.4	72.9	64.8	65.9	65.1	67.5	↓	-7
其他行业	49.0	48.6	11.5	12.6	12.3	12.6	11.7	12.4	12.1	12.3	↓	2
牙科	19.9	18.9	5.3	4.9	4.9	4.8	4.7	4.8	4.7	4.6	↓	-4

续表

	2014 年	2015 年	2014 年第一季度	2014 年第二季度	2014 年第三季度	2014 年第四季度	2015 年第一季度	2015 年第二季度	2015 年第三季度	2015 年第四季度	2015 年度第四季度与 2014 年度第四季度变化比较	
投资	815.4	878.3	266.2	198.4	181.5	169.3	276.7	177.6	229.4	194.6	↑	15
金条和金币总需求量	1000.5	1011.7	281.2	236.6	221.8	260.9	251.4	201.4	295.3	263.5	↑	1
实物金条需求量	725.2	731.6	201.7	170.3	166.2	187.0	186.6	148.5	200.4	196.1	↑	5
官方金币量	203.0	212.6	64.0	48.8	35.7	54.5	50.5	40.6	74.4	47.1	↓	-14
奖牌/仿制金币	72.2	67.4	15.5	17.5	19.9	19.3	14.3	12.4	20.5	20.3	↑	5
黄金 EIFs 及类似产品	-185.1	-133.4	-15.0	-38.3	-40.3	-91.5	25.2	-23.9	-65.9	-68.9	—	—
各国中央银行和其他机构	583.9	588.4	117.9	157.2	174.9	133.9	122.9	129.2	169.0	167.2	↑	25
黄金需求量	4226.4	4212.2	1083.5	1033.9	1038.0	1071.0	1083.5	902.2	1108.8	1117.7	↑	4
LBMA 黄金定价（美元/盎司）	1266.4	1160.1	1293.1	1288.4	1281.9	1201.4	1218.5	1192.4	1124.3	1106.5	↓	-8

资料来源：世界黄金协会。

2. 科技需求

现代电子行业飞速发展，对可靠性的要求越来越高，而黄金具有其他金属无法替代的高稳定性。电子工业用金一般会受到宏观经济、黄金价格以及应用技术进步等的影响。例如，由于科技领域 2015 年全年亏损加剧导致全年黄金需求量下降 5.2% 跌至 330.7 吨。其中电子产品工业用金 263.3 吨，此外金价高企会促使全球制造商努力降低生产成本，导致节约、替代和微型化等现象更多地出现。

3. 其他需求

黄金还可以用于日用品，如镀金钟表、皮带扣、打火机、钢笔等。钟表王国瑞士国土不大，但其饰品业每年用金量达 40 吨左右，其中 95% 都用在制表业上。日本仅一家手表厂一年消耗金盐达 1 吨，相当于消耗黄金 680 公斤。

2015 年牙科需求继续受到重创：黄金需求量达到新的季度低点和年度低点，分别为 4.6 吨（减少了 4%）和 18.9 吨（减少了 5%），由于使用陶瓷等黄金替代品的趋势依然坚挺，黄金市场处于长期且持续下降的状态。

市场的经济因素削弱了装饰行业的黄金需求，2015 年“其他行业和装饰的行业”全年黄金需求下降的趋势放缓，需求量相比 2014 年（48.6 吨）仅下降了 1%。然而，全年各季度需求量不断下降，于第四季度跌至谷底（12.3 吨），年同比下降 2%。

在其他开发方面有一成型的、基于黄金的催化剂于 2015 年中期投入了商业化生产，这种催化剂旨在取代用于聚氯乙烯（PVC）生产的汞基技术，聚氯乙烯是世界上应用第三广泛的合成聚合物，虽然这也不太可能改变全球的整体黄金需求，却可能抵消键合金丝行业的一些损失。

（二）白银市场参与者

白银的供应者主要是白银生产公司和净政府出售部分及全球再生银的回收；白银的需求者主要有：白银的加工商、制造业方面的需求以及进行投资或保值的购买者。

白银的消费需求：白银的传统用途是作为货币及制作工艺品和首饰。随着现代工业的兴起，白银的应用领域从首饰、器皿、制币业向照相、电子乃至国防、航天、医药等行业拓展，成为工业金属家族中的一个重要成员，在国民经济中占有举足轻重的地位。

近年来，随着数码技术的进步，白银最传统的工业应用——感光材料中白银的消费逐年减少；而随着电子工业的不断发展，白银深加工行业发展迅速。目前，我国白银消费结构大致为：电子电气 37%、银基合金及钎焊料 23%、银质工艺品与首饰银币 31%、感光材料 4%、抗菌等其他领域 5%。

（1）世界白银消费。其构成是：工业应用消费 56%、感光材料消费 13%、珠宝首饰银器消费 18%，特币印章 5%，总需求约 27340 吨。白银在工业中的需求最大，主要来自电器、电子生产领域对白银的需求的增长，德国、美国、日本、印度及中国在该领域的需求增长较快，日本工业用白银连续多年增长，美国消费量最大，占工业用银全球总消费量的 22%。

世界主要进口国也是全球主要的白银消费国，有日本、意大利、德国、瑞士、英国、印度等。美国是目前世界上最大的白银消费国，用银量约占全世界总消费量的 40%。

从 1998 年以来，世界白银总需求呈总体增长趋势，从具体需求看，制造业需求总体有下降趋势，其中工业应用、银币及印章稳步增长，而照相业和珠宝首饰、银器用银下滑幅度较大。印度、泰国、意大利和美国是全球重要的四个珠宝首饰银器消费国。过去4年，在投资需求的推动下，国际银价上涨很快，而过高的价格在一定程度上抑制了白银实物需求，未来白银的需求将主要来自投资和工业应用。2009年国际金融危机对白银产业产生了消极影响，钢铁、汽车、电子电器行业陷入低迷，白银在工业领域的需求下降。

据世界白银协会发布的《2013年世界白银研究》，2012年全球工业用银达到4.66亿盎司（14494吨）。全球珠宝首饰加工用银需求较2011年的1.86亿盎司无大变化，印度和中国不断增长的银饰品消费量，在一定程度上抵消了西方市场相对疲软的影响。

（2）我国白银的消费。随着我国经济高速发展，国内白银消费量迅速上升，1985年国内消费量仅为900吨左右，2011年已达到6080吨，成为全球最大的白银工业消费国之一。其中，国内太阳能和光伏产业的突飞猛进给国内白银需求增加提供了新的推动力。由于银浆是太阳能电池中厚膜制作中的关键原材料，国内银粉进口消费从2008年以来快速上扬。2006年国内银粉的月均进口量仅64吨，在2008年达到125吨的高峰值。欧债危机以来，作为太阳能消费的主要地区，欧洲消费市场出现回落，国内太阳能产业受到很大冲击，银粉进口逐年回落，2012年上半年月均进口下滑到102吨。

进入2013年，欧盟对中国光伏产品发起的反倾销调查，对后期国内光伏产业造成冲击，作为厚膜电池的原材料，国内白银消费需求进一步受到抑制。

（三）铂、钯市场参与者

铂、钯市场的供应者主要分为矿山供给、催化剂回收与首饰回收的相关企业。这里也是重点讲述铂、钯市场的需求者。

铂金的需求总体分为催化剂、其他工业金属、投资与首饰，根据2011年统计，以上几个需求的占比分别为38.36%、25.34%、5.68%和30.62%。自2007年以来，铂金的总体需求呈平稳略有下降态势。结构上，2007年之后，催化剂的需求明显下降，其他工业需求与首饰需求稳步上升，铂金的投资需求上升较大，催化剂需求的下降是由于2008年国际金融危机之后各国经济明显下滑，特别是欧洲经历了欧债危机，导致该地区社会消费能力大幅下降，而汽车消费下降导致对尾气催化剂的需求明显减弱，从铂金需求的国别上分析，2011年主要国家与地区对铂金需求的占比为：欧洲占27.11%，中国占24.93%，日本占16.44%，北美洲占11.87%以及其他占19.65%。

从近期各国对铂金的需求来看，发达国家对铂金的需求比例在明显下降，这主要来自欧洲对铂系金属需求的下降（由 2007 年的 33.8% 下降至 2011 年的 27.1%），北美洲和日本的比例相对稳定，而新兴市场国家，特别是中国对铂金的需求却不断增加，其占比由 2007 年的 18.6% 上升至 2011 年的 24.9%。中国需求的增加主要来自两个方面：第一，由于贵金属投资的热情高涨导致中国首饰消费稳步增长；第二，由于中国汽车消费相对其他国家仍处于快速发展阶段，对催化剂的需求不断扩大，预计未来铂金的需求增长来自新兴市场国家需求的不断增加以及欧洲需求的复苏。

（1）铂的工业与催化剂需求。铂金的工业需求（催化剂 + 其他工业需求）占总需求的 63.7%，所以工业需求的强弱直接影响铂金的价格，在 2009 年金融危机影响到实体经济时，铂金的工业需求大幅下降导致金属价格下跌，虽然在同年铂金的首饰与投资需求较上年有较大的涨幅，但总体上是下滑趋势。因此，工业需求是支撑铂金价格的基础。

全球最大的铂金制造商和经销商——英国庄信万丰发布的《铂金年鉴 2013》显示，工业行业铂金需求减少是导致总需求放缓的主要原因，受玻璃行业扩张放缓、电子行业硬盘产量下降以及这两个行业库存都在减少的影响，2012 年工业行业铂金需求下滑 21%，达 48.80 吨。

铂金需求中，汽车尾气催化剂地位显著。首先，其占铂金总需求的比例较大，在 30% 以上；其次，与其他工业需求和首饰相比，催化剂需求的波动较大；最后，从过去的 10 年来看，催化剂需求的复合增长要大于其他工业需求与首饰。催化剂需求可以概括为占比大、波动大、有增长。

汽车尾气催化剂的增长与经济周期密切相关，这是由于下游需求端的汽车行业是周期性较强的行业。自 2008 年国际金融危机到 2013 年，已是第五个年头了，全球经济开始出现弱复苏的迹象，各国逐渐地走出危机、经济重新扩张，所以铂金的催化剂需求也在经济复苏的背景下出现增长。

未来各国铂金催化剂需求有以下几个特点：第一，欧洲需求将恢复，2008 年欧洲提升了尾气排放的标准，但是恰逢国际金融危机打压经济也削弱了对催化剂的需求，未来在经济复苏的背景下，高尾气排放标准将出现“补涨”，这将导致铂金需求恢复；第二，中国在未来将提高尾气排放标准，铂金需求的大幅增长是可以预期的；第三，美国、日本的铂金催化剂需求将在经济复苏的背景下温和增长。

过去十几年中，中国汽车产量与铂金催化剂需求的相关性相对较低，这主要是因为中国尾气催化剂主要使用钯金而不是铂金，钯金的催化剂需求与汽车产量相关性高达 0.989。而近几年，中国的汽车销量不断上升，对于铂金的需求也稳步上涨，虽然中国催化剂的铂金需求与汽车产量相关性较低，但在汽车产量上涨的背景下，未来中国铂金需求必然稳步上升，同时在 2013 年及以后的几年中，中国将陆续提高各种车辆的尾气排放标准，这将极大地刺激尾气催化剂的需求，从而推升铂金的需求。

（2）铂金首饰需求。据英国庄信万丰发布的《铂金年鉴 2013》，2012 年全球铂金首饰总需求上升 12%，达到 86.5 吨，这主要得益于中国铂金首饰的零售网点扩大以及生产商的首饰成品库存有所增长。

全球铂金首饰需求最多的是中国。2011 年，中国占全球铂金首饰消费的 67.7%，其次是日本，占比 12.5%。2012 年中国铂金首饰消费 59.7 吨，较 2011 年增长 14%。中国消费者对铂金首饰的消费需求已占当年世界铂金首饰总需求量的 70%。

根据日本的经验，20 ~ 30 岁的人群对铂金首饰消费最大，从这个角度而言，目前中国 20 ~ 30 岁人群尚处于高峰，所以未来中国的铂金首饰需求仍将平稳增长。

国际铂金协会的消费市场调查结果显示：在受访的中国城市中，消费者对铂金的态度积极正面，且拥有铂金首饰的消费者数量大幅提升。其中，来自婚戒市场的快速增长无疑是重要的有力支持。同时，铂金手链、吊坠等其他产品类型的需求也仍然很高，这表明目前中国市场对铂金首饰的消费需求正呈多样化发展。随着中国经济的逐年持续增长，中产阶层群体不断扩大，城市富裕人群对首饰的欲望也与日俱增。

除了中国之外，铂金首饰需求的另一个亮点来自印度。虽然印度目前仍旧是黄金占压倒多数的市场，但铂金首饰在中产阶级中变得很流行，并从较低的份额基础上快速增长，同时在印度的主要城市新开的一些商店积极开展铂金系列产品的推广活动。2011 年印度首饰行业的铂金购买增长了 1/3，达到 2.5 吨。

（3）钯金需求。2012 年，钯金总需求上升 16%，达到 307.8 吨。汽车尾气净化催化剂的钯金购买量增长 7.5%，达到 205.7 吨的新高，主要原因包括：2011 年自然灾害后日本汽车产量逐渐复苏，中国汽车产量进一步增长，消费者信心恢复，经济状况持续改善以及北美新车登记量激增。

近年来，中国与其他发展中国家对钯金需求的增长较快，这得益于经济发展带动发展中国家工业的消费。未来中国与其他发展中国家的钯金消费将不断上涨，同时欧洲的钯金需求也可望在经济弱复苏的背景下增长。

据英国庄信万丰发布的《铂金年鉴 2013》，2012 年工业行业钯金需求下滑 4%，达 73.6 吨。受钯金使用的节省以及来自贱金属竞争的影响，钯金的主要电子应用领域——用于生产片式电容器的钯金减少。随着亚洲生产聚酯纤维和塑料所用化工中间体的产能扩大，钯金催化剂的需求上升。

从各国钯金的消费结构来看，主要消费国（地区）的占比相对均衡，其中欧洲与中国的消费较多，占总需求的21.8%与21.9%。

（4）金其他工业需求。钯金的其他工业需求包括化学需求、电子需求等。总体上钯金的其他工业需求占比少，而且近年来这部分需求增长平稳，没有像铂金价格一样大幅上涨，所以这部分需求不是决定钯价的主要因素。

钯金的其他工业需求有以下两个特点：第一，新兴市场国家的需求在2001年之后稳步上升，而发达国家的需求自2001年后大幅回落，目前处于平稳阶段；第二，2001年IT产业泡沫破裂打压了钯金的电子需求，同时钯价的大幅上涨（铂钯的价格倒挂）刺激发达国家寻求替代品。

与欧洲日本不同，中国消费者偏好纯钯首饰，以二三线城市为主。相比在一线城市拥有牢固消费者基础的铂金首饰，钯金首饰价格更低，又不乏铂系金属的一系列优点，因而颇受希望跟随潮流但收入水平有限的消费者欢迎。

近年来，由于钯金首饰缺乏市场定位，消费者对钯金首饰的认识受到营销手段不足的限制，同时受到来自白金饰品的竞争，中国市场的需求持续下滑，一时难以恢复到2004年、2005年的高峰水平，因此造成钯金首饰的产量和库存的数量减少。其他大多数地区的钯金需求大体平稳，受婚庆市场男款婚戒使用钯金的推动，欧洲的钯金需求则小幅上升。

第二节　国内贵金属市场概况

一、中国贵金属市场发展回顾

（一）黄金市场发展回顾

1. 近代中国的黄金市场

中国国内黄金市场的出现可以追溯到20世纪二三十年代。1917年上海建立了金业公会，1921年成立了上海金业交易所，之后在当时经济发达的北京、天津、武汉都建立了黄金交易机构，在一些证券交易市场内也设立了黄金交易部门。

由于当时社会动乱，内忧外患频生，民众纷纷买入黄金作为保值之用。而拥有实力的投资者则入市“炒金”牟利。在上海黄金市场交易最活跃的1926～1931年，年交易量最高时曾达到近2万吨，成为当时世界上的第三大黄金市场。

抗日战争全面爆发后，国民政府实行了黄金管制，黄金交易所停业，黄金市场也走向沉寂。

抗日战争胜利后，国内出现了一个相对稳定的时期，国民政府决定实现黄金自由兑换，并放开了黄金价格。但是好景不长，随着国民党发动内战，物价飞涨，人们纷纷抢购黄金，到1947年2月被迫停止了黄金自由兑换。

在新中国成立之前，为了树立新政权发行的货币的权威，使其成为社会上主要的支付流通手段，中国共产党领导下的人民政府在解放区颁布了《金银管理办法》，以切断黄金与货币的联系。

2. 现代中国的黄金市场

新中国成立至今，我国黄金生产和流通体制经历了四个阶段：第一阶段，1949年至1978年，国家对黄金实施严格管制，金矿归国家所有，实行黄金统一价格；第二阶段，1978年至1993年，黄金生产纳入统一的国家计划，黄金行业实行全国集中、统一管理的“统购统配”政策；第三阶段，1993年至2001年，黄金管理和经营体制进入改革阶段，黄金市场逐步建立；第四阶段，2001年至今，黄金生产、流通全面市场化，形成了黄金现货市场与黄金期货市场协调发展的新格局，2008年1月9日黄金期货正式在上海期货交易所挂牌交易。

从1993年起，我国大约用了10年的时间实现了商品黄金交易的市场化，在此基础上又用了2年的时间实现了金融黄金交易的市场化，其标志是2003年4月中国人民银行取消了有关黄金行业的26项行政审批项目，其中包括取消黄金收购许可，黄金制品生产、加工、批发业务审批，黄金供应，黄金制品零售业务核准4个项目。这些审批项目取消后，世界各地的公司只需在中国当地市场购买黄金，就可以自由在中国投资黄金珠宝生产、批发和零售，而无须得到中国政府的批准。但进出口黄金仍需要申请。2004年12月，中国银监会批准四大国有银行开展面向个人的黄金业务。至此，以国务院1993年下发的63号函为发端的黄金市场化改革进入新的阶段。

2010年8月，国家六部委联合出台的《关于促进黄金市场发展的若干意见》，为推进我国黄金市场化政策体系和工作体制建设奠定了新的理论平台，首次明确提出要促进形成多层次的黄金市场体系。

我国黄金市场化改革之初，只是着眼于黄金流通体制的改革，即实现黄金交易方式从计划分配到自由交易的转变。而今天我国已经将黄金市场化改革提升到国家发展战略的高度，与维护国家金融安全、拉动黄金产业发展、刺激国内市场消费、拓宽民众投资渠道、积极推进金融业改革和扩大开放紧密地联合在一起。从而促使我国在深化对黄金市场化改革意义认识的同时，也促使我国的黄金市场建设可以在一个更高和更大的视野中审视改革目标，丰富和深化了黄金市场化的内涵。

中国黄金市场的发展是一个循序渐进的过程。在经济全球化、金融国际化的大潮中，随着中国综合国力的不断增强，人民日益富裕，市场体系日趋完善发达，中国的黄金市场必将成为世界黄金市场的重要组成部分。目前，我国已经形成由上海黄金交易所和上海期货交易所、区域黄金（贵金属）交易市场以及银行柜台与首饰金店组成的三级交易体系。

（二）白银市场发展回顾

1. 近代中国的白银市场

白银在明清时代对经济发展起到了至关重要的作用，一直到1935年中国国民政府宣布发行法币、取消银本位，白银作为货币的使用才受到限制，但银元在民间一直流通到1949年。

北洋政府时期，银元流通日广，各种旧银元并没有完全退出市场流通，通商贸易也仍以银两为标准，银元要折合成银两计算。

南京国民政府成立后，统一币制成为巩固政权的要务之一。后试行的“废两改元”确立了银本位制度，统一了全国货币；白银货币由计重改为计数，有利于发挥其价值尺度和流通手段的功能，削弱了钱庄和外国银行的势力，有利于国内银行的加速发展。

1934年6月19日，美国国会通过《白银购买法案》，美国政府开始在世界市场大量收购白银，国际银价扶摇直上。国际银价飞涨，我国白银大量外流，引发“白银风潮”，并直接导致1934～1935年的金融危机。国内银根畸紧，信用萎缩，物价下跌，工商业衰退，财政金融和国民经济遭到沉重打击。银本位制已难以为继。

1935年11月3日，国民政府颁布《金融紧急处分令》，实施币制改革。自此，银本位被废除，白银的货币角色淡出。

2. 现代中国的白银市场

1949年新中国成立，国内百废待兴，为了稳定人民币，中国人民银行于1950年4月制定下发了《金银管理办法（草案）》，冻结民间金银买卖，由中国人民银行经营管理，实行统购统配政策，严厉打击银元投机倒把和走私活动。这一政策的实施增加了国家储备，巩固了人民币的本币地位。

新中国的白银工业，随着中国经济的不断发展和管理体制变革的蓬勃发展，国内白银也从过去的供应不足，一跃成为世界主要的白银生产国之一，每年还大量出口。中国的白银工业已经在全球具有重要的地位，白银消费也不断增加，成为全球白银市场最具发展潜力的新兴市场之一。

2006 年 10 月 30 日，上海黄金交易所正式挂牌交易两个白银品种：现货 Ag99.9 和 Ag（T+D）延期交收交易品种。2012 年 5 月 10 日，经中国证监会批准，白银期货合约在上海期货交易所上市交易。

10 多年来，中国白银市场的快速发展得益于市场化改革。从 2000 年至今，我国白银产业快速发展，白银交易市场初步形成。我国正式宣布放开白银市场后，我国白银工业取得了日新月异的发展。

（三）铂族金属市场发展回顾

我国铂族金属资源匮乏，储量仅占全球储量的 0.48%，一直以来铂族金属全靠进口。随着我国经济和科技的高速发展，铂族金属的需求量持续上升，依靠进口的局面仍无法改变。

1949 年以前国内没有任何关于铂族金属生产、加工应用的记载，直到 1958 年，沈阳冶炼厂从积存多年的金、银生产废渣中提取了首批铂、钯数千克，从此各冶炼厂分别开始从铜冶炼系统中综合回收少量铂、钯金属。

中国在 1965 年以前仅从有色金属冶炼的副产品中回收数量有限的铂、钯金属。此后，中国建立并扩大了综合回收铂族金属体系，其产量逐年增长。

2003 年 4 月底，经国务院批准，财政部、国家税务总局出台《关于铂金及其制品税收政策的通知》，对铂金及铂金制品的税收政策做出新规定：对进口铂金免征进口环节增值税；对通过上海黄金交易所销售的进口钯金实行增值税即征即退政策，国内铂金生产企业自产自销的铂金也实行增值税即征即退；对铂金制品加工企业和流通企业销售的铂金及其制品仍按现行规定征收增值税。铂金出口不退税；出口铂金制品，对铂金原料部分的进项增值税不实行出口退税，只对铂金制品加工环节的加工费按规定退税率退税。铂金首饰消费税的征收环节，由现行在生产环节和进口环节征收改为在零售环节征收，消费税税率由 10% 调整为 5%。

随着我国经济建设的发展，我国消费者对铂金的购买能力持续增长。2009 年，受铂价格较低及我国经济蓬勃发展的影响，我国用于珠宝方面的铂总需求量意外地创造了历史纪录，对比 2008 年，2009 年我国首饰领域的铂总需求量翻了一番，需求量从 32 吨增加到 65 吨。事实上，也可能是某些制造商、零售批发商及消费者的动机对此现象的出现起着重要作用。2010 年我国首饰领域的铂总需求量降低至 51 吨。由于 2008 年铂金首饰利润增加，许多钯金首饰制造商开始进军更加有利可图的铂金首饰市场，减少了钯金首饰的生产，甚至部分钯金首饰制造企业完全停产，减少了钯金原料库存，导致2009年与2010年我国钯金珠宝首饰的总需求量逐步下滑。

在投资市场建设方面，2003年8月13日，上海黄金交易所正式挂牌铂金交易，品种为铂金现货实盘合约Pt99.95，与黄金交易相比，铂金交易的时间少1个小时。受国内铂金资源稀少的影响，大部分的交易铂金都是舶来品。此外，交易方只限金交所的108个会员单位。也就是说，个人无缘在金交所进行铂金交易，投资者要想投资铂金只能购买铂金金条或饰品。

国内银行近年陆续推出“纸铂金”和“纸铝金”业务，实现了个人“纸黄金”“纸白银”和“纸铂金”同步交易，进一步丰富了个人账户贵金属投资品种。“纸铂金”和“纸钯金”也可双向交易。美元账户“纸铂金”和“纸钯金”的交易起点和最小递增单位均是0.01盎司；人民币账户“纸铂金”和“纸钯金”的交易起点均为1克，最小递增单位均为0.1克。

目前来看，中国市场上铂金市场的投资标的不多，适合普通投资者的投资品种主要有铂金金条、“纸铂金”以及一些铂金延期交收品种。其中铂金金条投资的手续费在15%左右，远远高于黄金的手续费。

从表面上看，钯金非常稀有，比黄金更稀有，似乎比黄金更有投资前途，但是黄金是作为储备形式出现的，而钯金最大的优势是制作首饰，并没有交易市场，只能依托于钯金首饰。

二、中国黄金市场的组织形式

目前，国内投资者既可以通过上海黄金交易所与上海期货交易所在场内投资黄金现货及期货，也可以通过全国主要商业银行进行账户黄金与实物黄金的投资。

1. 上海黄金交易所：场内有形现货市场

上海黄金交易所是经国务院批准，由中国人民银行组建，在国家工商行政管理总局登记注册的，中国唯一合法从事黄金交易的国家级市场，遵循公开、公平、公正和诚实信用的原则组织黄金交易，不以营利为目的，实行自律性管理的社团法人。上海黄金交易所的建立，使中国的黄金市场与货币市场、证券市场、外汇市场一起构筑成中国完整的金融市场体系，为中国黄金市场的参与

者提供了现货交易平台，使黄金生产与消费企业的产需供求实现了衔接，完成了黄金统购统配向市场交易的平稳过渡。

（1）组织形式

上海黄金交易所实行会员制组织形式，会员由在中华人民共和国境内注册登记，并经中国人民银行核准从事黄金业务的金融机构，从事黄金、白银、铂金等金属及其制品的生产、冶炼、加工、批发、进出口贸易的企业法人，并具有良好资信的单位组成。现有会员108家，其中商业银行13家、产金单位24家、用金单位61家、冶炼单位8家、造币单位2家，会员分散在全国26个省；交易所会员依其业务范围分为金融类会员、综合类会员和自营会员。会员中金融类14家、综合类77家、单项类17家；据初步统计，会员单位年产金量约占全国的75%；用金量占全国的80%；冶炼能力占全国的90%。

（2）基本职能

- 提供黄金、白银、铂等贵金属交易的场所、设施及相关服务；
- 制定并实施黄金交易所的业务规则，规范交易行为；
- 组织、监督黄金、白银、铂等贵金属交易、结算、交割和配送；
- 制定并实施风险管理制度，控制市场风险；
- 生成合理价格，发布市场信息；
- 监管会员黄金业务正常进行和交易合约按时履约，查处会员违反交易所有关规定的行为；
- 监管指定交割仓库的黄金业务；
- 沟通国际国内黄金市场，加强与国际黄金行业的交流；
- 中国人民银行规定的其他职能。

（3）交易品种、交易方式及交易时间

目前交易所的商品有黄金、白银和铂金。黄金有Au99.95、Au99.99、Au50g、Au100g四个现货实盘交易品种，和Au（T+5）与Au（T+D）两个延期交易品种及Au（T+N1）、Au（T+N2）两个中远期交易品种；白银有Ag99.9、Ag99.99两个现货实盘交易品种和Ag（T+D）现货保证金交易品种；铂金有Pt99.95现货实盘交易品种。

中国银行、中国农业银行、中国工商银行、中国建设银行、深圳发展银行、兴业银行和华夏银行等作为交易所指定的清算银行，实行集中、直接、净额的资金清算原则。交易所实物交割实行“一户一码制”的交割原则，在全国37个城市设立55家指定仓库，金锭和金条由交易所统一调运配送。标准黄金、铂金交易通过交易所的集中竞价方式进行，实行价格优先、时间优先撮合成交。非标准品种通过询价等方式进行，实行自主报价、协商成交。会员可自行选择通过现场或远程方式进行交易。交易所主要实行标准化撮合交易方式。

交易时间为每周一至周五（节假日除外）9:00~11:30、13:30~15:30、20:00~2:30。

上海黄金交易所会员单位可以直接在场内进行现货交易和现货延期交收业务，非黄金交易所会员的机构投资者尽管不能与银行或其他会员机构直接进行黄金交易，但可以委托方式通过黄金交易所的会员单位间接进入黄金交易所进行交易。

2. 商业银行：现货黄金交易代理商及做市商

在中国黄金管理当局的制度设计下，目前商业银行面向个人的黄金投资产品形式主要可以分为两类：一类是账户黄金，即俗称的“纸黄金”；另一类是实物黄金买卖。

2008年3月7日中国银监会发布《关于商业银行从事境内黄金期货交易有关问题的通知》以后，商业银行经申请后可以成为上海期货交易所的会员进行自营与套期保值交易，这样实力雄厚的商业银行将具备一定的条件在现货市场上扮演做市商的重要角色。

3. 期货交易所：场内有形期货市场

投资者除了通过上海黄金交易所或银行柜台进入黄金现货市场之外（部分投资者可以通过商业银行进入国外期货市场，但须经相关主管部门批准），还可以通过上海期货交易所购买期货合约，实现对黄金的间接投资。对于非个人的机构投资者，还可以进入交割程序取得实物黄金。

4. 零售市场与其他OTC市场

投资者还可以通过黄金交易中心、商场等黄金零售市场直接购买其他投资性黄金产品，如金条、金币或黄金首饰等。

三、中国黄金市场发展前景

中国黄金体制市场化以后，产金企业与用金企业的需求通过市场得到解决，大大提高了黄金行业的运行效率，可以在场内市场发展到一定程度之后，积极培养大型黄金经销商，以拓展黄金市场的深度与广度；抓住有利时机，进一步开放国内市场，提高国内黄金市场价格的有效性；鼓励券商等非银行金融机构试点参与黄金现货市场或期货市场，以提高黄金市场的产品及投融资方式的创新能力。

1. 现货市场与期货市场的建立，为黄金市场提供了合理的定价机制，下一步应拓展黄金市场的深度与广度，积极发展场外市场，培育商业银行或大型黄金经销商的定价与做市能力。

2. 随着黄金金融属性的增强及居民黄金投资意识的苏醒，中国黄金需求将得到释放，在人民币升值的大背景下，应抓住有利时机，逐步取消黄金的进出口限制，进一步开放黄金市场，加快与国际市场接轨的进程，以合理利用香港等其他国际黄金市场资源，增强中国因素对国际黄金市场价格的影响力。

3. 中国黄金市场对内的全面开放，使黄金价格实现了由中国人民银行的定期调整向完全市场定价的转变，随着中国黄金市场的投资与避险机制的完善与建立，黄金价格的有效性进一步增强。

4. 从其他市场的成功经验来看，黄金市场作为商品市场的一个子市场，同时也是一个重要的投资市场，未来一段时间内应鼓励券商等非银行金融机构试点参与，同时鼓励各类金融机构开发针对黄金作为投资标的的多样化投资产品，为投资者提供更多的投资与避险工具。

应该看到，目前我国黄金市场上的参与主体较为单一，即使是现货市场，也只有商业银行等金融机构得到核准进入，证券公司、证券投资基金尚不能进入该市场，而银行、证券类金融机构尚没有资格进入上海期货交易所。在此背景下，商品市场的发展与创新仍然处于发展初期的水平。

第三节　世界主要贵金属市场介绍

一、伦敦贵金属市场

伦敦贵金属市场交易现货黄金、白银、铂、钯。伦敦金银主要交易的市场是伦敦金银 OTC 市场，伦敦铂、钯主要在伦敦铂金、钯金市场交易。

（一）伦敦金银市场

伦敦黄金白银市场历史悠久，其发展可追溯到 300 多年前。1804 年，伦敦取代荷兰阿姆斯特丹成为世界黄金白银交易中心；1897 年引入伦敦银定盘价，每天中午一次白银定价；1919 年伦敦金市正式成立，引入伦敦金定盘价，每天进行上午和下午两次黄金定价，由五大金行定出当日的黄金市场价格，该价格一直影响着纽约和香港的交易；1982 年 4 月，伦敦期货黄金市场开业。目前，伦敦仍然是世界上最大的黄金白银现货市场。

1. 交易制度

伦敦黄金市场是无形交易场，没有固定的交易场所，市场以会员为基础，会员大多是世界级的黄金商或大银行，黄金交易主要是通过这些会员的购销网络来进行，市场监管主要以自律为主，伦敦金银市场协会（LBMA）建立在五大定价行和在场内交易的50家商号的基础上，协助英国金融服务局（FSA）等政府管理机构对伦敦黄金市场进行监管。

2. 清算制度

伦敦黄金白银清算系统受伦敦贵金属清算有限公司（LPMCL）的监管，伦敦黄金白银清算系统既提供双边清算服务，也提供第三方清算服务。其中黄金的清算通过未分配账户进行，白银的清算通过白银账户进行。参与伦敦市场的交易者会在伦敦市场6家清算银行开立黄金账户，清算彼此间的交易。6家清算银行又在英国中央银行开立黄金账户，完成彼此间的清算。伦敦市场6家清算银行分别是：加拿大丰业银行、巴克莱银行、德意志银行、汇丰银行、J. P. 摩根大通银行、瑞士银行。

3. 交割制度

一般来说，在收到支付或结算基金的两个工作日之内货物便可以进行正常交割。有些需要一周完成的支票结算交易，通常会缩短交割时间。如果需求量很大，交易所需要更多时间调配货物。如果需要紧急供货，交易所通常会收取一定的额外费用。在接受货物、检验、包装和发送订单的时候，可能发生交割延误。如果客户需要在某个特定的日期或时间之前交割，必须在达成合约之前说明，并且需要附加更高的交易价格或更为严格的支付条件。

伦敦金市具有很强的灵活性：黄金的纯度、重量等都可以选择，若客户要求在较远的地区交售，金商也会报出运费及保费等，也可按客户要求报出远期价格。

（二）伦敦金属交易所（LME）

伦敦金属交易所是世界首要的有色金属交易市场，同时也是世界上最大的有色金属交易所，成立于1877年。采用国际会员资格制，其中多于95%的交易来自海外市场。交易品种有铜、铝、铅、锌、镍和铝合金。伦敦金属交易所的价格和库存对世界范围的有色金属生产和销售有着重要的影响。从20世纪初起，伦敦金属交易所开始公开发布其成交价格并被广泛作为世界金属贸易的基准价格。

1. 交易方式

LME不实行涨跌停板制度。场内交易（ring）期间，每场交易，每个商品交替交易5分钟；kerb交易期间所有金属同时进行交易，同时进行指数交易；其余非交易时间（inter－office）为电子盘（24 小时交易）。

2. 风险控制

LME 所有的清算均通过伦敦清算公司（LCH）来完成。每一笔交易都以伦敦清算公司作为对手。伦敦清算公司没有净持仓，交易双方均要在伦敦清算公司存入足够的大致可代表合理预期的合约金额的每日最大变化值的保证金。LME 合约最主要的特点是不采用现金结算，换言之，当市场用户的合约产生损失时，不必提供、追加资金，在到期日之前产生盈利也不能取走。LME 合约直到到期日才结算，“逐日盯市”制度将会影响保证金的数量，但并不改变最终结算时的结算价值。

3. 交割

与国内交易所不同，LME 三个月期货合约是连续的合约，所以每日都有交割。但根据持仓不同有所区别：持仓在三个月内的，任何一个交易日均可要求交割；持仓在三个月至六个月的，合约交割日为每个星期三；六个月以上至十五个月的，为每个月第三个星期三。

（三）伦敦铂钯市场（LPPM）

伦敦铂钯市场（LPPM）成立于 1987 年 5 月，它是一家贸易协会，旨在促进伦敦地区铂和钯的专业交易。与金银有着始于早期文明的悠久历史不同的是，铂和钯的历史并不长。铂在 1751 年才被定义为贵金属，钯独立分离出来的时间还不到 200 年。尽管历史短、存量低，铂和钯仍然对现代科技进步做出了重大贡献。伦敦历来就是金属市场的重要中心，金属交易、通常是那些历史较长的金属交易在 20 世纪早期就已经开始。

1973 年第一次出现伦敦铂金报价，它是每日两次、由主要铂企业提供的现货铂金定盘价的前身。1979 年，伦敦和苏黎世主要交易商达成一致，同意统一铂金的规格和产地，并接受以此作为标准交割产品。1987 年，持续多年的铂金非正式交易形式正式被确立下来，并成立伦敦铂钯市场协会。1989 年，伦敦铂钯报价经扩大和升级，形成定盘价。

LPPM 由一名董事长和一个管理委员会管理，董事长和管理委员会由成员选举产生，每年一次。全球从事与铂、钯有关业务的主要组织在 LPPM 都有代表。

二、苏黎世黄金市场

苏黎世黄金市场是第二次世界大战后发展起来的，与伦敦市场一样，苏黎世黄金市场也是一个无形市场。苏黎世黄金市场是由瑞士三大银行（瑞士银行、瑞士信贷银行和瑞士联合银行）负责清算结账，三大银行不仅为客户代行交易，而且黄金交易也是这三家银行本身的主要业务。苏黎世黄金总库（Zurich Gold Pool）建立在瑞士三大银行非正式协商的基础上，不受政府管辖，作为交易商的联合体与清算系统混合体在市场上起中介作用。

瑞士特殊的银行体系和辅助性的黄金交易服务体系，为黄金买卖提供了一个既自由又保密的环境，加上瑞士与南非也有优惠协议，获得了80%的南非金，苏联的黄金也聚集于此，使瑞士不仅是世界上新增黄金的最大中转站，也是世界上最大的私人黄金存储中心。苏黎世黄金市场在世界黄金现货市场上的地位仅次于伦敦。标准金为400盎司的99.5%纯金。

（一）市场特点

（1）瑞士黄金市场的基础是瑞士的私人银行体系和辅助性黄金服务体系，为黄金经营提供了一个自由保密的环境。

（2）苏黎世黄金交易市场以三大银行为骨干，以民间私营黄金投资交易为基础，并且和私人银行业务结合运行。苏黎世黄金市场是现货无形市场，是世界上最大的金币市场和私人投资市场。

（3）瑞士黄金交易系统具有最大的包容性，是私人投资黄金及理财的主要场所，也是东西方黄金交融的场所。南非、苏联和社会主义阵营国家的大部分黄金都通过苏黎世黄金市场和西方交易。

（4）瑞士不仅是世界上新增黄金的最大中转站，也是世界上最大的私人黄金的存储与借贷中心。

（二）市场规模

1. 货币性黄金由瑞士中央银行管理，其保有规模为1200多吨（2009年）。

2. 苏黎世黄金交易所是兼容金融性黄金和商品性黄金交易的机构，并且是黄金金融投资，特别是世界私人黄金投资最大的市场。每年瑞士进口的黄金为1200～1400吨，同时每年出口黄金1000～1200吨。其黄金的主要来源为南非和俄罗斯等。

3. 瑞士的黄金制造业和工业需求量每年在150吨上下波动。

（三）管理模式

1. 瑞士的黄金体系是一种开放式自由交易的市场运行体系。由中央银行，即瑞士国民银行（SNB）行使管理职能，主要负责储备货币黄金的管理与运作，协助商业银行和钟表首饰业协会，管理黄金交易所和黄金产品制造业。

2. 瑞士国民银行管理储备货币黄金并负责经营管理，根据瑞士政府授权从事官方黄金的买卖。

3. 交易制度。苏黎世黄金交易所主要由瑞士三大商业私人银行，即瑞士银行、瑞士联合银行、瑞士信贷银行为主导，通过苏黎世黄金总库制定自律规则管理。其交易单位为99.5%金，交割日期为现货当日，期货合约为到期日后的几个交易日，交割地点为苏黎世的黄金库或其他指定保管库，交易价格无涨跌停板限制。交易时间为当地时间周一至周五的9:30～12:00和14:00～16:00，报价时间为3:30～11:00和13:00～15:00。

4. 结算制度。与其他黄金交易所不同，苏黎世黄金市场的黄金交易一概由三家商业银行代理、结算。它们不但代理客户交易，而且开展自营直接参与黄金交易，并提供优良安全的保险柜和黄金账户。投资者将所购买的黄金存入此账户后，账户所有人可提取金条或金币。投资者付款后，银行给顾客开具黄金购买证明单，注明黄金的数量、价格、成色、费用及价款，且免缴捐税。苏黎世黄金市场没有金价定盘制度。

5. 交割制度。由于苏黎世黄金市场是一个自由的离岸市场，其交割规则是由苏黎世黄金总库在自律的基础上制定的。黄金总库规定交割的黄金必须是经过三大银行或其指定专门机构认证并且盖上专门印章的99.5%的金币或金条，现货交易为当日交割，期货合约交易的交割日为到期日后的几个交易日，交割地点为苏黎世的黄金库或其他指定保管库。

6. 瑞士三大银行也是全球从事黄金业务的综合银行，具有从事贵金属交易系统配套设施和条件。以瑞士联合银行（UBS）为例，UBS 1996年合并时曾是世界上最大的银行。它在稀贵金属方面有6个方面的业务：稀贵金属储备，交易结算，医疗器械（牙、心脏起搏器等），钟表（瑞士85%的金表壳）、珠宝，电器元件，稀贵金属提纯。它能为客户提供一条龙服务。有自己的年处理500吨金的大型冶炼精炼厂，有装甲车和密封非装甲车提供运输，有销售、结算、加工（表壳、珠宝、医疗器械、电子元件），有高水平的回收提纯和雄厚的资产实力保证一条龙服务。UBS实施会员制交易管理，会员按相应的章程和规则从事交易。

7. 对于黄金加工制造业，其管理由行业协会和商会自律管理，直接与黄金交易所挂钩。黄金交易方面按会员制由三大商业银行代理、结算。钟表、首饰、电子元件等按照商品规律经营管理。

三、美国的黄金市场

美国的黄金市场在国际黄金市场中占有十分重要的地位，是以黄金期货交易为中心的。

2006 年 10 月 17 日，美国芝加哥城内的两大交易所——芝加哥商品交易所与芝加哥期货交易所——正式合并，由此诞生了迄今为止全球最大的交易所——芝加哥交易所集团（CME Group）。2008 年 3 月 17 日，芝加哥商业交易所集团收购纽约商品交易所。

目前芝加哥商业交易所集团包括以下四大交易所：

芝加哥商品交易所（CME）

芝加哥期货交易所（CBOT）

纽约商业交易所（NYMEX）

纽约商品交易所（COMEX）

其中纽约商品交易所（COMEX）是世界上最大的黄金期货和期权交易场所，它的交易量占到世界上黄金期货交易的绝大部分。

美国的黄金市场主要进行黄金期货交易，这种交易方式不同于黄金现货交易，主要是以交易契约方式进行的。由于远期交易很容易造成投机，为了尽可能避免投机现象出现，美国政府制定了一系列限制性措施。

纽约商品交易所成立于 1933 年，1974 年 12 月 31 日开始黄金期货交易，1984 年开始期权交易。根据纽约商品交易所的界定，它的期货交易分为 NYMEX 及 COMEX 两大部分，NYMEX 负责铂金及钯金等交易，COMEX 负责黄金、白银等的期货和期权合约。

COMEX 交易的黄金主合约单位是 100 盎司，规格为 99.5 金，以每盎司美元美分为价格单位。白银合约单位是 5000 盎司，交易规格为 99.9 银，价格变动单位是每盎司 0.005 美元。铂金期货合约单位是 50 盎司，交易规格为 99.95% 纯度，以每盎司 0.10 美元作为价格波动单位。钯金合约单位是 100 盎司，交易规格为 99.95% 纯度，以每盎司 0.05 美元作为价格波动单位。

交易方式包括交易所的公开竞价交易和通过芝加哥商业交易所全球电子交易系统（CME Globex）提供的电子交易。前者的交易时间为纽约时间 8:20 ~ 13:30；后者的交易时间为从周日至周五的 18:00 到次日 17:15，17:15 ~ 18:00 为电子盘停盘结算时间。

1. 结算制度。交易所根据交易者的交易方式和信用等级对持有的敞口期货头寸收取保证金。非会员投资者的初始保证金比率为 1.35，初始保证金和维持保证金均为每张合约 3375 美元。结算会员、一般会员和套期保值者的初始保证金比率为 1，初始保证金和维持保证金均为每张合约 2500 美元。对于黄金信托交易，当信用度低于 90% 后，每张合约结算会员需要追加维持保证金 150 美元，一般会员和套期保值者需要追加 165 美元，非会员需要追加 203 美元。

2. 交割制度。根据期货合约进行的交割必须具有由交易所核准认可，并列入名单内的炼金者的序列号和认证章。第一个交割日是交割月的第一个工作日，最后一个交割日是交割月的最后一个工作日。买方或卖方可以将期货头寸交换成等量的实物头寸，也可以用来发起或结算一个期货头寸。

3. 期权交易。除了贵金属期货外，贵金属期权也是 NYMEX 重要的贵金属衍生产品，而且 COMEX 是世界上最大的黄金期权市场。

（1）交易单位和时间。贵金属期权的交易单位为一份贵金属期货合约，以美元/盎司报价。交易时间和期货交易时间一样，即从周日到周五的 18:00 到次日 17:15。17:15 ~ 18:00 的 45 分钟为停盘结算时间。

（2）交易月份。所有偶数合约月份的最近六个月，以及所有奇数合约月份的最近两个月。对于所有的 6 月和 12 月到期的期货合约，交易所提供六个月交易期限的期权合约。

所有的期权合约为美式期权，即在到期前的任何一个交易日，合约的持有人都可以执行期权。

（3）最后交易日。期权的最后交易日为标的期货合约到期月之前的第四个工作日，如果该到期日正好是周五，或者正好是交易所假日的头一天，那么到期日将提前一天。

（4）行权。在期权交易日，持有人可以随时行权，直到当天期货停盘后一个小时。而在期权到期日当天，持有人客体在 16:30（纽约时间）之前行权。

（5）保证金要求。期权的空头（卖出期权一方）需要对其敞口头寸缴纳足够的保证金，即初始保证金和维持保证金。而对于期权的买方，除了支付期权费以外，不需要缴纳额外的保证金。

四、中国香港金银业贸易场

中国香港金银业贸易场成立于 1910 年，称为金银业行，直至第一次世界大战后（1918 年）才正式定名为金银业贸易场。它提供交易场所设施及相关服务进行黄金、白银等贵金属买卖活动。1974 年，香港撤销了对黄金进出口的管制，此后香港金市发展极快。由于香港黄金市场在时差上刚好填补了纽约、芝加哥市场收市和伦敦开市之间的空当，可以连贯亚、欧、美，形成完整的世界黄金市场。香港金银业贸易场交易的品种包括九九金、公斤条以及伦敦金、银。

1. 交易制度。贸易场的行员会籍章程限制会员数为 192 家，现有 171 家，其中 30 家为标准金集团成员。每个会员单位一般派出 4 名出市代表，出市代表于交易大堂内以粤语公开叫价，辅以手号进行买卖。

贸易场于 2008 年 9 月 1 日正式推出电子交易平台，供行员以电子交易方式进行买卖。电子交易时段为上午 8 时整至次日凌晨 3 时 30 分（北京时间），交易时间长达 19.5 小时。所有通过贸易场电子交易平台进行的合约买卖均获贸易场派发的独有的合约交易编码，以证明有关交易通过贸易场的电子交易平台进行，投资者更可以凭借有关合约交易编码在贸易场网站查阅交易资料，这大大地提高了投资黄金的透明度，保障了投资者的利益。

贸易场九九金和公斤条的买卖一周五天，周一至周五分早、午市，早市时间为 9:00 ~ 12:30，午市时间为 14:30 ~ 17:00；伦敦金、银采用电子交易方式，交易时段为上午 8 点到次日凌晨 3 点 30 分（北京时间）。

2. 九九金和公斤条的结算制度。当买卖双方交易后，于 15 分钟内由卖方负责填写交易票据，交买方确认后再交予贸易场结算部登记交易及更新每名交易会员的存欠仓，以控制风险。每市完毕，贸易场会对所有交易作中介结算，然后把结算结果交予指定结算银行，每日上下午厘定公价（作结算用），公价的制定依据厘定时的市价，九九金以港币 5 元的整数计，公斤条以港币 5 分的整数计，伦敦金以 0.01 美元每安士计，伦敦银以 0.0001 美元每安士计。

所有营业会员均须在指定的同一银行开设账户，以便结算。早市在下午结算清楚，午市则在晚上结清。

3. 交割制度。以公开叫价方式提供两种交易合约，分别是纯度 99%、重量为 5 金衡两的金条（称九九金）及纯度 99.99%、重量为 1 公斤的金块（称公斤条）。九九金的交易单位为 100 金衡两，最低价格变动为 0.5 港元，而公斤条的交易单位为 5 公斤，最低价格变动为 0.01 港元。

以电子交易方式提供四种交易合约，分别是伦敦金（100 和 10 安士合约）、伦敦银（5000 和 500 安士合约）。伦敦金成色为 99.9 或以上，最低价格变动单位为 0.01 美元；伦敦银成色为 99.99 或以上，最低价格变动单位为 0.0001 美元，报价单位均为美元每安士。

4. 交收规则。贸易场的买卖虽然以现货为基础，即日平仓交收为原则，但贸易场同时采用递延交收规则。即通过交收仓费的制度，可以将现货交收延迟至翌日，甚至无限期递延，直至平仓为止，因而发挥了期货的功能。仓费是每日 11:00（九九金）及 11:15（公斤条）在贸易场公开议定的，届时有意交收现货金条的会员分别登记上板，由现货供求决定当日的仓费。

5. 风险控制。关于风险管理方面，主要通过两项措施，一是设立保证金制度。信用额度及保证金水平均随金价波幅由理监事会随时调整，以平抑风险。二是折价停板。根据贸易场章程，金价上涨价位与前市公价比较，每百两相差达到 400 港元（公斤条：每克 10 港元），即需实行折价。而折价与一般市场涨跌停板差不多，贸易场依例需由理监事会通过公布执行，宣布公仓买卖停止，以折价价位为公价，立即登记上板交收现货，议订仓费，所有公仓买卖，一律以公价折实，作为结算，并照公价交收，折价后需隔两个交易市的时间，然后才可以复市，买卖需要重新开始。

由于香港黄金市场在时差上刚好填补了美国黄金市场收市和伦敦开市前的空当，连贯了亚洲、欧洲及美洲的时间而形成完整的世界黄金市场。[①]香港优越的地理条件更引起了欧洲金商的注意，伦敦五大金商、瑞士三大银行纷纷在当地设立分公司。它们将交收于伦敦的黄金买卖带到香港，逐渐形成了一个以“本地伦敦制度”（Loco London System）为基石的无形“本地伦敦黄金市场”（Loco London Gold Market），促使香港成为世界上主要的黄金市场之一。[②]

五、日本东京工业品交易所

东京工业品交易所又称东京商品交易所（TOCOM），于 1984 年 11 月 1 日在东京建立。其前身为成立于 1951 年的东京纺织品交易所、成立于 1952 年的东京橡胶交易所和成立于 1982 年的东京黄金交易所，上述三家交易所于 1984 年 11 月 1 日合并后改为现名。

该交易所是日本唯一一家综合商品交易所，主要进行期货交易，并负责管理在日本进行的所有商品期货及期权交易。该交易所经营的期货合约范围很广，是世界上为数不多的交易多种贵金属的期货交易所，进行黄金、白银、铂金的期货交易。

---

① 此处所说的美国黄金市场，是指纽约商业交易所（New York Mercantile Exchange，NYMEX）下的分机构纽约商品交易所（Commodity Exchange，COMEX）。

② 本地伦敦制度以基本伦敦合格交割标准的黄金或白银的非指定账户作为报价、交易与交割的基础。此制度以伦敦合格交割标准制度为基石，建立本地伦敦金（Loco London Gold）的报价与交割制度。因此，所谓的本地伦敦黄金市场即黄金现货交易的交易商及投资者，可在伦敦以外的当地买卖伦敦现货黄金，而交割地点在伦敦，交收标准黄金成色为 99.5%，重量为 400 金衡盎司（troy ounce）的黄金。

该交易所对贵金属采用计算机系统进行交易。

1. 交易制度

东京商品交易所中交易的是1公斤最低99.99%纯度的黄金，以日元/克为报价单位，最低价格变动是1日元/克。为吸引中小投资者的参与，2007年7月17日，该交易所推出了100克的小型合约，其最低初始保证金为12000日元。期货的交易采取计算机连续交易的方式，交易时间为每天9:00～11:00，12:30～15:30。一年中所有偶数月份都是合约月份，交割日之前第三个工作日为最后交易日。根据合约不同底价制定不同限制，交易所可以根据市场情况任意更改价格限制数量，从2007年7月2日开始，该交易所黄金期货合约价格日波动区间由上下浮动60日元调整为较前收盘价上下浮动120日元。当三个月及以上合同月的最后合约价格在同一方向上达到了价格限制，除当前合同月外，所有合同月的每日价格变动限制都从第二个交易日开始增加50%，而且只要三个月及以上合同月的最后合约价格达到了调整后的价格限制，该限制就应该继续有效。一旦只有两个或少于两个合同月的合约达到调整后的价格限制，该限制就自动恢复到普通价格限制水平。单个投资者持仓量限制目前为20.000份合约（对每个多头或空头有效）。

2. 结算制度

交易所制定最低初始交易保证金，根据合约不同底价收取不同的保证金，目前普通合约的最低初始保证金为90000日元，而最新推出的小型合约初始保证金暂定为12000日元。

3. 交割制度

除了十二月之外（十二月的交割日是二十四日）每个偶数月份的最后一天为交割日。如果这一天是休息日或节假日，那么交割日期将提前。交割地点在交易所指定的交割仓库，以实物进行交割（非现金结算）。

4. 期权交易

TOCOM的黄金期权市场是仅次于NYMEX的全球第二大黄金期权交易市场。

（1）上市时间：2004年5月17日。

（2）交易单位：一张东京工业品交易所黄金期货合约，合约单位：1000克。

（3）报价方式：日元/克。

（4）最小价格波动：最小波动单位为1日元/克。

（5）交易时间：9:15～11:00、12:45～15:30（东京时间）。

（6）合约月份：最近6个月的每一个月。

（7）最后交易日：期货合约交割月份前一个月的最后一个工作日。

（8）报价区间：50 日元/克。

（9）行权价：所有的合约上市后都有 5 个行权价（标的资产前一日结算价最近的行权价，加上该价格上下各两个行权价），新的行权价会在标的资产前一交易日结算价的基础上不断覆盖上下各两档行权价，直到最后日前的第四天。对于任何一份看涨或者看跌期权，当一个合约月份之内存在超过 20 个行权价时，多余的报价将被剔除。

（10）行权期限：合约持有人在合约的交易期间内的任何时候都可以行权（美式期权）。

（11）行权限制：一般来说没有限制，但是当深度价外①的期权被行权时，交易所要求行权人做出解释。

（12）最低初始保证金要求（仅针对期权卖方）：期权卖方需要缴纳交易初始保证金和维持保证金（等于期权费）。

（13）单个投资者合约限制：最多为 5000 张。

（14）结算价：原则上为理论价。

（15）行权分配：TOCOM 按照期权卖方的不同类别分配行权头寸：自有头寸、普通客户头寸和会员头寸。从而每份期权都通过一定的顺序随机分配给了各类的期权卖方，直到所有的行权申请被执行完毕。在经纪商内部，经纪商会根据客户的头寸状况，从最先建立的净空头头寸开始分配。

六、新加坡黄金市场

1969 年 4 月，新加坡黄金市场正式成立。新加坡政府向七家商业银行和一家贸易商颁发营业许可证，同意其进行黄金交易，但交易对象和品种的限制较多，市场交易规模极小。1973 年 8 月，新加坡全面解除黄金交易限制，允许本国和外国在新加坡个人自由购买、出售和保存黄金，取消黄金进口税，从而加快了新加坡黄金市场的发展。1978 年 6 月，新加坡政府按照国际惯例，全面放宽了外汇管制，使黄金进出口自由，为国际性黄金期货交易创造了良好的条件。由于国际上黄金需求量大幅度增加，新加坡政府在 1978 年 11 月正式成立了新加坡黄金交易所，并正式开始进行黄金现货和期货的交易，成为东南亚成立的第一家国际性的黄金期货市场。

在以后的交易活动中，新加坡黄金市场与伦敦、香港和纽约等地的黄金市场联

① 期权分为价内期权和价外期权。当一份合约立即行权就可以获利时，该期权称为价内期权；反之，如果立即行权将遭受亏损时，称为价外期权。深度价外期权是指如果立即执行该期权，行权人将遭受巨大亏损。

系日渐密切，大大促进了新加坡黄金市场的发展，并使其进一步国际化。1983 年，新加坡政府改组了黄金交易所，增加交易内容，也提供金融期货服务，使其与其他国际性交易所进一步衔接。从此，新加坡黄金市场进入了一个新的发展阶段，其主要由以下几个部分组成：

（一）新加坡黄金交易所

1. 交易品种

新加坡黄金交易所经营的黄金包括现货和 6 种期货契约。交易单位有 100 盎司和公斤。期货契约分别为 1 个、2 个、4 个、6 个、8 个、10 个月后交割的 6 种期货交易。交易中价格、结算和佣金的货币单位为美元。

2. 交易价格

在正常营业期间，所有正式会员可以委派场内交易员在交易所内进行公开竞价，通过公平竞争进行交易。最高买价和最低卖价具有被接受的优先权。金价的报价以 100% 纯金每盎司的美元价为基准，每盎司的最低报价单位为 10 美分，最高报价不超过上一结算价 10 美元。

黄金期货每月都有自身的成交价，其价格的波动幅度也受每月停板额度的限制，但如果价格波动过大，就必须停止交易。现用的黄金期货价格的每日停板额度为正负 25 美元。每当停止交易时，时间为一个小时，过后方重新开市恢复交易。现货和已进入交割月份的期货不受停板限制。

3. 交割工具

黄金证书是黄金交易所（新加坡）批准的唯一交割工具，其格式应得到交易所和结算所的预先批准，而且必须由指定银行签发方有效。每一证书应有相应编号，按规定，证书持有者可向颁证银行兑换纯度不低于 99. 9 % 的黄金金条，证书有效期为一年。此外，兑换金条应印有由交易所和结算所认定合格的铸造商和检验商的印章标志。

4. 交易方式

在新加坡黄金市场交易中，投资者可以选购单位一般为 1 公斤、100 克、50 克、20 克、10 克和最小为 5 克的黄金。客户可以现货、期货方式购买，也可以黄金存折储蓄方式将所购黄金存于银行，并可随时提取。所谓黄金存折储蓄，主要是为大宗交易的广大客户进行黄金买卖提供方便。中国银行新加坡分行也开展了此项业务。

（二）新加坡黄金结算所

新加坡黄金结算所也是一家股份有限公司，注册资金为 100 万元，由大华银行、华联银行、新加坡发展银行和诺瓦·斯科西亚银行新加坡分行平均认购其股份。按规定，新加坡黄金交易所的全体正式会员也应加入结算所并成为其会员。

结算所负责交易所执行的契约法律事务和财务承担，并负责交易结算和担保会员之间订立的一切合约。成交后的全部单据票证均应交由结算所处理。按照会员的成交额，结算所要求会员缴纳一定数量的保证金，并以银行保证书或其他证券作为担保证据。

（三）新加坡金融管理局

在宏观上，新加坡金融管理局直接参与黄金交易所的领导工作。虽然，管理当局有严格的监管黄金交易措施，以便使交易市场规范运作并有利于保护投资者权益，但非交易所会员公司进行黄金交易不属违法范畴，而且这些公司不必缴交易费和结算费，营业成本低，也可不受交易所规章约束。因此，店头交易对顾客颇有吸引力。

七、印度黄金市场

印度国内市场黄金资源稀缺。不像俄罗斯和中国，也不像东方的环太平洋火山群国家，印度在黄金方面显然未得到上帝的眷顾，其微小的产量仅能满足国内需求的一小部分。也就是说，印度每年仍需进口大量黄金（黄金是印度仅次于石油的第二大进口货物）。印度被称为拜金之城，印度人对黄金可谓情有独钟。除了传统观念上认为购买黄金可以保值外，近年来印度经济的飞速发展，人民生活水平的不断提升，也起到了积极的促进作用。购买黄金在印度是一种固有的传统，印度人，无论富有或贫穷，一旦有了积蓄便会毫不犹豫地购置金银用于保值。

近年来，印度国内对于黄金的旺盛需求依然维持在一个较高的水平上，以至于这个市场的任何变动都会对国际黄金市场以及黄金价格的变化有着举足轻重的影响。目前，印度仍牢牢占据着全球最大黄金消费国的宝座，它的黄金需求量占全球总需求的 20%。同时，印度也是金币和金条投资的主要国家，消费量同样十分可观，长期居于世界前列。印度每年的宗教节日也会刺激对黄金饰品的需求。另外，黄金也被印度人视为婚礼的主要嫁妆，印度新娘结婚时佩戴着精美的黄金首饰，代表着妇女的权利和社会地位。每年 8 月中下旬开始，印度进入吉祥期，到 11 月的排灯节结束，这段时间是印度黄金的消费旺季。每到这个时期，分析师们在判断黄金价格走势时，印度消费增加这一因素一定会考虑在内。

1. 市场特点

印度的衍生品交易历史可追溯到 150 多年前。到 20 世纪 60 年代中期，印度已有20多家地方性的商品交易所，棉花、食用油、黄金等商品的交易都非常活跃。但是，到了20世纪60年代中期，为了稳定商品市场，控制期货投机，印度政府开始限制远期及期货交易，直到2003年才解禁。

随后，监管部门批准设立了几家国家级、公司制、电子化的商品交易所。目前，印度有3家全国性的和21家地方性的期货交易所，共有包括黄金在内的100多种商品上市进行期货交易。这3家全国性的交易所分别是印度国家多种商品交易所（NMCE）、印度国家商品及衍生品交易所（NCDEX）和印度多种商品交易所（MCX）。印度是全球最大的黄金消费国，开办黄金期货合约交易对于投资者来说具有非常重要的意义。

以前，印度在黄金投资方面仅限于购买珠宝，这是印度文化中不可分割的一部分，就像英国人周末晚上去酒吧消费一样，印度人会在珠宝店中度过一个周五的晚上。但印度人对黄金珠宝投资只有一种选择：国内现货买卖。

印度禁止出口黄金，将黄金资产变现唯一办法是将其再卖给珠宝商，但要被收取10% ~ 15%的费用，大大地降低了产品的投资性能。当卢比不可兑换时，印度消费业传统的定价方法是以国外的块金供应为基础，以伦敦本地现货金美元标价。但是，在国内黄金交易中，只有在向消费者销售制成品时，珠宝商才转换其卢比应收账款，以获得最佳套期交易。

交易所设计黄金合约的目的在于通过为珠宝商提供一些新的产品，使他们直接用卢比为期货购买做对冲交易，以此来吸引珠宝商。交易所努力使这些合约当地化，以便在向印度提供一个双向市场的同时，扩大实物交易。不过，珠宝商并不是这些合约的唯一目标客户。

2. 交易所宗旨

印度多种商品交易所的服务宗旨是：

第一，为所有的块金进口商、贵金属交易商、珠宝出口商及贸易商提供一种本地的套期交易机制。

第二，为黄金市场提供交易工具，黄金交易者可以通过对基础方面、宏观方面和技术层面的分析，形成自己的价格预测。

第三，提供一种保证质量的原料金体系，投资者可以买到以1000克或100克为单位的金条，并保证其纯度。

第四，提供一个保管黄金的安全系统，满足黄金投资者的安全需求。

第五，提高对黄金价格生成的影响力，使之成为决定黄金价格的重要力量之一。

第六，帮助新的黄金投资者通过将其资产的一部分投资黄金，分散投资组合。

对印度多种商品交易所和印度国家商品衍生品交易所来说，最重要的是，通过实物供应规模来吸引头寸。两个交易所都列有1000克99.5的金条，印度多种商品交易所还增加了另外两种规格的产品，即3000克重的个人高净价值黄金及100克重的“迷你小黄金”。为保证金条质量，印度多种商品交易所和印度国家商品衍生品交易所将供应货物的精炼商限定在伦敦金银市场协会伦敦货物供应商名单之内。

但是，向印度交易所供应实物黄金需要一个较为复杂的程序。比如，印度某一公司要进口黄金，必须在印度中央银行注册为授权银行或指定代理商。指定代理商有两种：一种为公共部门代理商，由印度政府批准；另一种为授权银行，目前有14家，受中央银行监管。此外，还有税收方面的问题。印度进口黄金，每10克征收102卢比的统一费率的进口税（相当于1.6%），及当地各种市政税种（如货物入市税）。在卖方，还有增值税体系。要成为印度交易所的供应商，首先必须是指定代理商，并支付进口税。其次，需要同一个能以自身名义进入交易所并支付会员费的经纪商合作。由于印度市场对本地及国际发展的反应迅速，印度多种商品交易所和印度国家商品衍生品交易所开发出了灵活多样的合约结构。例如，2005年8月，印度多种商品交易所对交货日期进行了较大调整，从而具有更大的灵活性。

八、迪拜贵金属交易市场

阿联酋的迪拜城（Dubai）是中东地区重要的黄金交易市场，也是世界十大黄金消费城之一。迪拜素有“黄金之城”的美誉，每年从国外进口大批黄金，经过设计加工成各种饰品后大部分再度出口，少数留在国内销售。迪拜的黄金市场主要进行黄金现货交易，交易品种以再生金和黄金饰品为主，也包括金币和金条，以及一些原料。借助在中东地区特殊的地理位置，迪拜主要开展与中东国家和印度等亚洲国家的黄金贸易，从这些国家进口高纯度的金条、二手金和原料，发往周边各首饰制造中心。另外，由于中东国家的政治不稳定，很多中东国家的交易商往往在迪拜就地处理黄金交易而不带回国内，客观上促使迪拜成为中东地区黄金交易中心。

迪拜金属贸易中心（DMCC）是迪拜贵金属市场的中流砥柱，它于2002年4月成立，是迪拜政府全力打造迪拜国际黄金贸易城战略的第一步。DMCC为迪拜贵金属市场注入了生机，它把黄金交易市场、珠宝交易市场和其他贵金属交易市场（如白金、铝和银）融合在一起使迪拜黄金市场更具竞争力。DMCC帮助贵金珠宝商们在贸易中心设点营销，为他们创造良好的贸易环境。DMCC还制定统一的行动守则来约束珠宝商，督促他们严格遵守最高国际准则和贵金属交易机制。迪拜政府所发挥的重要作用在于控制贵金属交易的质量及珠宝销售市场。迪拜政府定期进行抽检来保持交易贵金属的高质量，并适当惩罚违规者。当地黄金商人指出一些规章制度需重新考虑，比如有效控制“手提箱商人”，他们在一定程度上影响了当地贸易；与高于本地金银饰品关税税率的国家建立互惠待遇关系，等等。由于政府的大力支持，在繁荣的现货市场基础上，迪拜已经开始发展期货交易。迪拜黄金和商品交易所（DGCX）已经于 2005 年 12 月 22 日正式营业，贵金属交易品种包括黄金期货、期权以及白银期货。目前交易所的交易量增长迅速，日成交量由刚开始的几百手增长为现在的 1 万多手。

第四章　贵金属投资基础知识

第一节　贵金属投资基本原理

从经济学通常的意义来说，贵金属投资是以一定的资金经营某种产品，并预期未来的收益。凡是运用资本购进各种贵金属投资品，并产生新的价值的行为均为投资。在贵金属市场中，充满了种种的投资活动。由于一切投资行为都有风险的因素在内，谨慎的投资者会注意判别市场风险，进而分散风险。

从个人的投资行为来说，投资人需将资金用来购买贵金属相关产品（现货、期货、期权等）才能实现投资。因此，投资的第一步便属于金融现象。这里面，有的投资者会通过拥有贵金属实物而达到投资的目的，有的则只持有证券而间接拥有各种财富。

一、投资的定义、分类与特征

（一）投资的定义

投资可以分为静态的投资和动态的投资。静态的投资是指投资的资金，可以是货币本身或货币表现其价值的其他形态的资金，如实物形态、科技形态、专利形态的资金等；动态的投资则是指一种行为或活动，其实质就是在当前付出资金和其他资源，期望在将来得到更多好处。本章所说的投资主要是指动态的投资。

众所周知，消费和投资构成了人类的两大经济行为。换言之，人们取得收入以后，要么将其用于消费，要么将其用于投资，或者一部分用来消费、一部分用来投资。投资在本质上是一种当期消费的延迟行为。当从延迟消费的角度理解投资时，就需要把握当期消费与将来消费之间的跨时关系，这种关系决定了再投资的一般性条件，即跨时消费的效用要大于当期全部消费的效用。

（二）投资的构成要素

投资行为包括很多要素，但最基本的要素有三个：

（1）投资主体。这是投资的首要因素，它可以分为个人投资者和机构投资者两大类。

（2）投资客体。投资客体是指货币资金或以货币表示其价值的其他资产。

（3）投资对象。投资对象是指市场上的各种投资工具。在金融投资中，投资对象就是指股票、债券、投资基金、外汇、黄金等各种投资品种。

投资活动还包括市场、中介机构、投资方式等其他要素。

（三）投资的分类

按照投资对象不同，投资可以分为实物投资、金融投资和其他投资。

实物投资的对象是实物资产，实物资产是在生产过程中发挥作用的资产。换言之，企业等经济主体将资金投入生产过程，就形成了厂房、机器设备等实物资产，这些资产是生产产品、创造价值必须具备的物质基础。

金融投资的对象是各种金融资产。与实物投资相比，金融投资具有自身的特点：①资金数量限制较小。②流动性更高。③一般而言，金融投资的风险小于实物投资的风险。

其他投资是指实物投资和金融投资以外的其他各种投资，如文物投资、艺术品投资、邮票投资等。广义而言，人力资本投资也属于投资的范畴。

（四）投资的基本特征

（1）时间性。今天投入的资金将来才能收回，在投入—回收之间就有一个时间距离，投资资金的增值也是在这个时间内发生的。

（2）收益性。收益性是指投资活动可以给投资者带来投资收益或资金增值的特性。追求投资收益也是投资者进行投资的出发点和最终目的。

（3）风险性。风险性是指预期投资收益不能实现或者投资本金遭受损失的可能性。投资都是有风险的，没有任何风险的投资是不存在的。

二、金融资产、金融市场、金融机构

（一）金融资产

金融投资的对象就是金融资产，按照国际货币基金组织的定义，金融资产是“经济资产的一部分，即机构单位独自或共同对某种存在行使所有权，在一个时期内持有或使用资产会给他们带来经济利益。多数金融资产是一个机构单位向另一个机构单位提供资金时通过契约关系产生的金融债权。这些契约是债权人、债务人关系的基础，资产的拥有者通过契约而无条件地获得对其他机构单位经济资源的要求

权。债权人、债务人关系构成了金融工具的资产和负债两方面。货币黄金和特别提款权也被视为金融资产，尽管它们没有相应的负债方”。

国际货币基金组织将金融资产分为货币黄金和特别提款权、通货和存款、贷款、非股票证券、回购协议和证券出借及其他非贷款资产、股票和其他股权、保险技术准备金、金融衍生产品、其他应收/应付账款九大类。以下结合各国金融市场的情况，就主要的金融资产分别予以简要介绍。

1. 黄金和特别提款权

（1）黄金。黄金具有双重属性，既是普通商品又是货币商品。作为普通商品它是实物资产，作为货币商品它又是金融资产。黄金作为货币的历史源远流长，但在西方国家，黄金在货币制度上占据统治地位是在资本主义产生以后，而且黄金充当货币也经历了一个由盛到衰的过程。

从 1816 年英国最先颁布金本位制法案到 1914 年第一次世界大战爆发的近 100 年时间，是黄金充当货币的鼎盛时期。金本位制是一种比较稳定的货币制度，促进了资本主义生产、信用和国际贸易的发展。1914 年第一次世界大战的爆发摧毁了金本位制。1924—1928 年，西方各国经济进入稳定的发展时期，实行了金块和金汇兑本位制。1929—1933 年的经济大危机彻底冲垮了金本位制，随后各国都实行了纸币流通。

第二次世界大战后，在美国的主导下建立起了统一的以美元为中心的国际货币体系，即布雷顿森林体系，它实际上是一种国际金汇兑本位制。

但是，布雷顿森林体系从建立起就面临着不可克服的“特里芬两难”问题。即美元要保持储备货币的地位，客观上要求美元汇率稳定，这就要求美国国际收支必须保持顺差或平衡，而美国国际收支保持顺差，其他国家就会断绝美元储备的来源，如果美国国际收支长期逆差，虽然能够为其他国家提供美元储备的来源，但又会造成美元币值的下降，从根本上威胁美元储备货币的地位。这一矛盾促使这种国际货币制度渐渐走向解体。1973 年 2 月美元第二次贬值（美元第一次贬值发生于 1971 年 12 月）以后，主要资本主义国家的货币纷纷与美元脱钩，转而实行浮动汇率，使这种国际金本位制彻底崩溃。

布雷顿森林体系解体以后，1976 年 1 月，IMF 临时委员会在牙买加首都金斯敦举行了会议（即“牙买加会议”）。《牙买加协定》的实施，最终完成了黄金非货币化的法律手续。

所谓黄金非货币化是指废除黄金的货币职能，不再把黄金当作货币定值基础的主张和行为。但从布雷顿森林体系崩溃以后几十年的实践看，黄金的货币职能并未彻底消失，具体表现在：黄金仍然是西方工业发达国家的主要储备资产，黄金仍然是最后的清偿手段，黄金仍然是最可靠的保值手段。所以说，在可以预料的将来，黄金的货币功能不可能完全消失。

（2）特别提款权（Special Drawing Rights，SDR）。SDR 是国际货币基金组织于1969 年创设的一种记账单位。IMF 创设 SDR 的目的是让其代替美元充当主要储备资产。SDR 的主要作用是：①可以充当国际储备资产。②可直接用于偿付国际货币基金组织的贷款和向其支付利息费用。③可用于对外援助和捐赠。④参加国之间只要双方同意，也可直接使用 SDR 提供和清偿贷款。⑤可以作为偿还债务的担保。⑥在交易、债务方面以及在签订国际协议、互惠贷款协议方面，可以使用 SDR 计值。但是，SDR 不能兑换黄金，在国际贸易和非贸易结算中，不能直接用作国际支付手段。

2. 通货和存款

通货即现金，包括中央银行或政府发行的具有固定名义价值的票据（钞票或纸币）和铸币。通货或现金是流动性最大的金融资产，虽然通货的流动性最高，但它却不会给持有人带来任何收益。

存款包括所有对中央银行、商业银行以及其他金融机构有存款凭证的债权。按照期限划分，存款分为活期存款和定期存款。从投资者的角度看，活期存款流动性强，但由于银行一般不付利息或只付较低的利息，因此，活期存款不能给持有人带来收益或者只能带来较低的收益。

3. 股票

（1）股票的定义与一般特征。股票是股份有限公司公开发行的、用于证明投资者的股东身份和权益，并据此获取股息的凭证。它具有收益性、风险性、稳定性、流动性、价格波动性、经营决策的参与性等特点。

（2）按照股票所代表的股东权划分，可以分为普通股股票和优先股股票。普通股股票是指每一份股份对公司财产都享有平等权益，并能随股份有限公司利润的大小而分得相应股息的股票。由于普通股股票的收益具有很大的不确定性，其市场价格具有很大的波动性，因此普通股股票也是风险最大的股票。

优先股股票是指由股份有限公司发行的，在分配公司收益和剩余资产方面比普通股股票具有优先权的股票。由于优先股股票的价格容易受到利率变动的影响，较少受到公司利润变动的影响，因此优先股的价格增长潜力要低于普通股。但由于它享有普通股不可比拟的优先权，因此它仍能受到普遍欢迎。

4. 债券

（1）债券的定义及特征。债券是指社会各类经济主体为筹措资金而向投资者出具的、承诺按一定利率定期支付利息并到期偿还本金的债权债务凭证。

作为一种债权债务凭证，债券必须包含以下几个基本要素：①票面金额和币种。②发行价格和交易价格。③偿还期限。④利率。

从投资者的角度看，债券具有以下四个方面的特征：①偿还性。②流动性。③安全性。④收益性。

（2）债券的种类。按照发行主体不同，可以将债券分为政府债券、金融债券、公司债券和国际债券。

政府债券是指由政府或政府机构发行的债券。按照发行主体不同，政府债券又分为以下几种：①中央政府债券。②地方政府债券。③政府保证债券。

金融债券是指由银行或其他金融机构发行的债券。发行金融债券的金融机构一般资金实力雄厚，资信度高。期限一般为1~5年，目的在于筹措长期资金。其安全性高于公司债券，营利性高于银行存款。

公司债券是指由股份公司发行并承诺在一定时期内还本付息的债权债务凭证。对公司而言，发债筹资的成本以及对市场的要求都较低，同时所筹资金期限长、数量大、使用自由。

国际债券是一国政府、金融机构、工商企业或国际组织为筹措中长期资金而在国外金融市场上发行的以外国货币为面值的债券。国际债券分为外国债券和欧洲债券。其特点是：①资金来源的广泛性。②长期性和巨额性。③较高的安全性。

5. 证券投资基金

证券投资基金是通过信托、契约或公司的形式，借助基金券（如受益凭证、基金单位、基金股份等）发行，将多数投资者非等额的出资汇集起来，形成一定规模的信托资产，交由专门机构的专业人员按照资产组合原理进行分散投资，获得收益后按出资比例分享的一种投资工具。

从投资者的角度分析，其优势主要表现在：①组合投资，分散风险。②小额投资、费用低廉。③专业管理，专家操作。④流动性强，变现性高。⑤品种繁多，选择性强。⑥规模经营，成本较低。其局限性主要表现在：①虽然投资基金是一种间接投资工具，却可以省去不少精力和麻烦，总体回报也较有保障，但短期收益有可能比直接投资所获得的回报低。②投资基金不能完全消除风险。③购买基金毕竟不像银行存款那样可以即时兑现。

6. 外汇

外汇是以外国货币表示的可以用于国际结算的支付手段。外汇主要包括：①外国货币。②外币支付凭证。③外币有价证券。④特别提款权。⑤其他外汇资产。

从更广义上说，黄金可以算作一种特殊的外汇。通常，外汇资产都必须具有国际性、可偿还性、可兑换性三个基本特征。

7. 金融衍生工具

金融衍生工具是指那些从基础的交易标的物（具体的金融商品包括黄金、外汇、股票及债券等）衍生出来的交易工具，其价值取决于那些基础标的物的价格变化。衍生工具最基本的用途是帮助投资者回避风险。

（1）远期交易。远期交易是买卖双方约定，以一种现在确定价格，在将来的某个确定日期进行交割的买卖行为。远期合同中所有的条款，如交易对象的质量（等级标准、到期日、利率）、数量、交割的方式方法、价格、结算的方式等，都由交易双方协商确定。

（2）期货交易。期货合同本质上与远期合同相同，相对于远期合同，期货合同最大的特点是标准化。期货合同的标准由交易所具体规定。一个期货合同中必须规定交易物、交易量、交运地点及时间等。期货可以简单地分为商品期货和金融期货。商品期货的交易比较早，芝加哥期货交易所在19世纪就开始了商品期货的交易。金融期货主要有利率期货、指数期货、货币（外汇）期货等。

（3）期权交易。期权是指一种交易合同，购买这种合同的人或合同持有人可以获得一种在指定的时间内，按协定价格买进或卖出一定数量的某种商品或证券的权利。期权有两种基本形式，即买入期权（或看涨期权）和卖出期权（或看跌期权）。

期权有美式和欧式之分。美式期权的持有者可以在到期日前的任何时间执行其期权，而欧式期权则只能在到期日当天执行期权。

（4）互换交易。互换交易是指合同双方在未来按某种预先确定的规则互换现金流的协议。它可以把与资产或负债相关的现金流转换成公司需要的形态，其原理是比较优势。互换分为利率互换、货币互换、商品互换和资本互换四大类。

期货、期权与互换的区别如表4－1所示。

表4－1　期货、期权与互换的区别

	期货、期权	互换
交易场所	交易所交易	场外私下磋商
合约性质	标准化合约	因人而异的协定
参与者	私人投资者合约参与	仅限于跨国公司和银行
交易信息	交易双方匿名	交易双方必须知道
风险	清算所保障交易——没有信用风险	交易对象风险——信用风险可通过担保减少

（二）金融市场

1. 金融市场的定义

金融市场通常是指以金融资产为交易对象而形成的供求关系及其机制的总和。这一定义包括以下三层含义：

第一，金融市场是进行金融资产交易的场所。这个场所有时是有形的，有时却是无形的。

第二，金融市场反映了金融资产的供应者（资金的需求者）和金融资产的需求者（资金的供应者）之间所形成的供求关系。它揭示了资金是如何从资金的供应者手中集中起来，通过金融机构或者直接传递到资金的需求方。

第三，金融市场包含金融资产交易过程中所产生的各种运行机制，其中最主要的是价格机制。它揭示了金融资产定价过程，说明了如何通过金融资产的定价以在市场的各个参与者之间合理地分配收益和风险。

金融市场上主要有四类参与者：居民、公司、金融机构和政府部门。

2. 金融市场的功能

（1）聚集和分配资金功能。

（2）金融资产转化功能。

（3）优化资源配置功能。主要通过以下几个机制来实现：①利率机制。②价格机制。③股票的买卖。

（4）分散和转移风险功能。

（5）信号系统功能。金融市场历来被认为是国民经济的晴雨表和气象台。

3. 金融市场的分类

金融市场按交易标的可分为货币市场、资本市场、外汇市场和黄金市场。

（1）货币市场。货币市场以期限在一年以下的金融资产为交易标的物，它通常是无形的、公开的市场。其主要功能是保持金融资产的流动性，以便随时将金融资产转换成现实的货币。它一方面满足了借款者的短期资金需求，另一方面也为暂时闲置的资金找到了出路。货币市场主要进行国库券、商业票据、银行承兑汇票、可转让定期存单、回购协议、超额准备等短期金融工具的买卖。

（2）资本市场。资本市场进行一年期以上的金融资产的交易。一般来说，资本市场包括两大部分：银行中长期存贷市场和有价证券市场。通常所说的资本市场主要是指证券市场，融资证券化特别是长期融资证券化已经成为一种潮流。证券市场又可分为股票市场、债券市场、投资基金市场等。

货币市场与资本市场的区别主要表现在以下几方面：①期限不同。②作用不同。货币市场多用于工商企业的短期资金周转，资本市场多用于企业的创建、更新、扩充设备和储存原料。③风险程度不同。货币市场的风险较高。

（3）外汇市场。外汇市场是由外汇供给者、外汇需求者和外汇供求的中介人构成的，在国际间从事外汇买卖、调剂外汇供求的交易场所或交易网络。外汇市场的出现源于互不相同的各国货币制度，为了使不同货币之间的清算得以顺利进行，必须进行各国货币之间的交换或买卖，由此便形成了外汇市场。

外汇市场可按不同标准来分类。按照有无固定场所区分，可分为抽象外汇市场和具体外汇市场；按交易是否受管制划分，有官方外汇市场、自由外汇市场等；按照交易者和交易货币划分，有地区性外汇市场和国际性外汇市场；按交易规模划分，有批发性外汇市场和零售性外汇市场，等等。

外汇市场具有以下特点：①交易的国际性。②行市的波动性。③币种的集中性。④买卖的风险性。⑤市场的受干预性。

外汇市场主要发挥以下功能：①实现货币支付和资本转移。②消除汇率变动风险，促进国际贸易发展。③反映各种外汇资金的动态和汇率变化的趋势。④集散国际借贷资本，调剂各国资金余缺。

（4）黄金市场。黄金市场是指专门以黄金作为交易对象的交易场所。由于黄金仍是国际储备工具之一，在国际结算中占据着重要地位，同时黄金还是一种金融资产，因此，黄金市场便成为金融市场的一个重要组成部分。

现在，世界上已有40多个黄金市场，其中伦敦、纽约、苏黎世、芝加哥和香港的黄金市场被称为五大国际黄金市场。国际黄金市场拥有一批较为固定的黄金交易参与者。按参与者特性不同，可分为以下几类：一是黄金开采和加工企业。二是作为官方机构的中央银行和一般商业银行。三是包括各种法人机构和个人投资者在内的黄金投资人。四是黄金经纪公司。至于黄金市场的交易方式则包括现货交易、期货交易、期权交易以及其他形式的交易。

4. 当代金融市场的发展趋势

当代金融市场的发展趋势主要体现在金融市场全球化、融资活动证券化、金融工具创新化和金融机构业务多元化等方面。

（三）金融机构

金融机构也称金融中介机构，是专门从事各种金融活动的法人机构。金融中介机构的主要功能是将储蓄转化为投资。金融体系的稳定及有效运作，有赖于金融中介机构切实履行融通资金的基本责任。

金融机构可以分为：①直接从事融资投资的金融中介机构，如商业银行、保险公司、证券公司、基金公司、财务公司、租赁公司、典当行等。②间接从事融资投资的金融中介机构，如信用评估公司、信贷担保公司、会计师事务所、律师事务所等。以下仅就主要的直接从事融资投资的金融中介机构做简要介绍。

1. 商业银行

商业银行也称存款货币银行，是以经营工商业存贷款为主要业务，同时为客户提供综合性服务，以利润最大化为其经营目标的信用机构或特殊企业。其主要功能包括信用中介功能、支付中介功能、信用创造功能、金融服务功能等。商业银行的业务可以分为负债业务、资产业务、中间业务和表外业务等。

2. 专业银行

专业银行是指经营专门范围业务和提供专门性金融服务的银行，其业务活动方式有别于或部分有别于商业银行的存、放、汇业务活动方式。西方国家专业银行种类甚多，名称各异，主要有储蓄银行、不动产抵押银行、农业银行、进出口银行、住房信贷银行等。

3. 投资银行

投资银行是指经营所有资本市场业务的非银行金融中介机构。其主要业务包括证券发行承销、证券交易、兼并与收购、项目融资、基金与资产管理、研究与咨询顾问、风险资本运作管理以及金融衍生产品开发与创新等。其与商业银行的不同还在于其资金来源主要依靠发行自己的股票和债券筹资。

4. 保险公司

保险公司是经营保险业务为主的经济组织。其形式多样，如人寿保险公司、财产保险公司、灾害和事故保险公司、老年和伤残保险公司、信贷保险公司、存款保险公司、再保险公司，等等。

5. 信托投资公司

信托投资公司是专门经营信托业务的机构。信托投资公司从事的信托业务的范畴包括商事信托、民事信托、公益信托等。经监管部门批准，信托投资公司还可以经营资金信托、动产信托、不动产信托和其他财产信托等业务。

6. 金融租赁公司

金融租赁公司是指以经营融资租赁业务为主的非银行金融机构。其主营的融资租赁业务可以分为三大类：①公司自担风险的融资租赁业务，如直接租赁、转租式租赁、售后回租式租赁等；②公司同其他机构分担风险的融资租赁业务，如联合租赁和杠杆租赁；③公司不承担风险的融资租赁业务，如委托租赁。

7. 投资基金

投资基金是指通过发行基金股份或基金受益凭证将众多投资者的资金集中起来，再以适度分散的组合方式投资于各种金融资产，并将投资收益按原始投资者的基金股份或基金受益凭证的份额进行分配的一种金融中介机构。根据组织形式的不同，分为契约型和公司型。根据交易方式不同，还可以分为开放型投资基金和封闭型投资基金。

第二节　贵金属主要投资方式

贵金属投资方式，也就是提供给投资者使用的投资工具，俗称投资品种。它产生于18世纪的欧洲市场，当时的投资工具较为简单，主要是“成色金”这种单一的交易工具。以后随着金市的成熟，人们成交后还要检测重量、鉴定成色等，为了简化烦琐复杂的交割手续，产生了标金这一交易工具。黄金投机商的出现又促使金市借鉴会计簿记方式而产生了“黄金账户”这一投资工具。可见，投资工具是伴随着黄金市场的发展和市场参与者的需要而产生并不断得以完善、发展和逐渐成熟的。

贵金属投资分为实物投资和电子交易投资（一般无实物）。其中实物投资是指投资人在对贵金属市场看好的情况下，低买高卖赚取差价的过程。也可以是在不看好经济前景的情况下所采取的一种避险手段，以实现资产的保值增值。电子交易是指根据黄金、白银等贵金属市场价格的波动变化，确定买入或卖出，这种交易一般都存在杠杆，可以用较小的成本套取较大的回报。

一、贵金属现货投资

（一）概述

国际贵金属现货投资因最早起源于伦敦而得名。目前，国内贵金属交易场所已开通了现货黄金、白银、铂金和钯金的投资交易。

（二）特点

贵金属现货投资与实物投资的区别是现货投资者的买卖交易记录只在个人预先开立的账户上体现，而不必进行实物的提取，这样就省去了贵金属的运输、保管、检验、鉴定等步骤。以现货白银品种投资为例，其投资特点主要表现在：

（1）履约准备金交易。投资者如要投资一定数量的现货白银，只需运用现货白银总价值一定比例的履约准备金就可实现投资。即投资者可以用更少的钱进行更多投资。

（2）双向交易。现货白银价格走势无论涨跌均可买卖。

（3）交易时间连续。与国际现货白银交易市场的交易时间接轨，目前国内现货白银投资已实现22小时连续交易。

（4）T+0交易。当天买入或卖出的现货白银，可以在当天卖出或买入。

（5）价格公允，市场公开，与国际现货白银市场价格同步，无法操纵价格。

（6）品种少。目前市场上可交易的品种主要为金、银、铂、钯，不像选股票那样，需要在千余只股票中挑选。由于贵金属现货投资一般都提供杠杆交易，属于高风险高收益的投资产品，投资者在参与贵金属现货投资前，必须对自身的风险投资偏好和风险承受能力进行充分的评估。

二、贵金属期货投资

（一）概述

所谓贵金属期货，是指以国际（或国内）贵金属市场未来某时点的贵金属价格为交易标的的期货合约，投资人买卖贵金属期货的盈亏，是由进场到出场两个时间的价格差来衡量的，契约到期后则是实物交割。目前，中国贵金属市场已经形成了期货、现货共同发展的二元市场结构。

一般而言，贵金属期货的购买、出售者，都会在合同到期日前出售和购回与先前合同相同数量的合约，也就是平仓，无须真正交割实物。

贵金属期货交易要到期货公司进行期货开户。贵金属期货交易采取的是多空双向交易机制。上海期货交易所规定，每手白银期货标准合约的交易单位为15千克，交割单位为每一仓单30千克，实物交割的银锭，银含量不低于99.99%。质量标准必须符合国标GB/T4135—2002中关于IC—Ag 99.99的规定。

（二）市场构成

贵金属市场与其他商品一样，也是由最基本的供需双方组成的，但贵金属又不同于其他商品，其市场结构非常复杂。既有贵金属供应商和需求企业及个人，也有中央银行、商业银行及各种投资机构，还有专业的贵金属交易商及从事代理业务的经纪商等。

1. 贵金属商

贵金属商是指以贵金属的供应方和需求方为基础的黄金供应商和贵金属需求企

业、机构及个人。这是贵金属市场最基础的构成部分，其中供应商主要是贵金属矿及冶炼企业，需求商主要是贵金属制品生产企业、珠宝商等。

2. 中央银行

各国中央银行拥有大量黄金储备，也是货币政策的制定和执行机构，是影响黄金市场的重要力量。当中央银行需要增加黄金储备时，是黄金市场上重要的需求方；当中央银行需要减少黄金储备时，又是黄金市场上重要的供应者。西方主要国家的中央银行近年来以售金为主，很少从事“贷金业务”，更多的是以供给者的身份出现。

3. 商业银行

在贵金属市场上，商业银行具有多重身份，商业银行的贵金属业务非常复杂，它的业务中有部分是执行中央银行黄金业务，也有一部分是代理客户进行的贵金属业务。从这方面看，商业银行是贵金属市场的重要中介机构，其代理业务范围涵盖了贵金属批发环节和贵金属零售环节。另外，商业银行也有一部分贵金属自营业务，又有贵金属自营商的身份。

4. 贵金属投资者

贵金属是重要的金融投资工具，也是投资者的投资组合中必不可少的重要投资品种。全球有大量的贵金属投资者群体，包括机构投资者和个人投资者。机构投资者中最重要的基金包括以下两类：

（1）传统基金。即传统的商品基金和对冲基金。

（2）交易所交易贵金属基金（ETFS）。这是最近几年新出现的一种证券市场基金，这种基金在证券市场上发行基金股份，而后将基金筹集到的资金进行贵金属投资，通常每个黄金基金单位等于1/10盎司黄金。

5. 贵金属市场中介机构

如黄金交易所、代理商、经纪商、做市商等。中介机构起着组织交易、服务投资者、沟通市场参与各方的作用，对活跃市场交易、发挥贵金属市场功能起到巨大的作用。

（三）贵金属期货市场交易内容

我国贵金属期货市场交易主要包括保证金、合同单位、交割月份、最低波动限额、期货交割、佣金、日交易量、委托指令。

第一，保证金。当交易人参与贵金属期货交易时，无须支付合同的全部金额，只需支付其中的一定数量（即保证金）作为经纪人操作交易的保障，一般将保证金定在贵金属交易总额的10%左右。保证金是对合约持有者信心的保证，合约的最终结果要么以实物交割，要么在合约到期前作相反买卖平仓。保证金一般分为三个层次：一是初级保证金。这是在期货交易时，经纪人要求客户为每份合同缴纳的最低保证金。二是长期保证金。这是客户必须始终保持的储备金金额。三是应变和盈亏的保证金。这是清算客户按每个交易日的结果向交易所的清算机构所支付的保证金，用来抵偿客户在期货交易中因不利的价格走势而造成的损失。

第二，合约单位。贵金属期货和其他期货合约一样，由标准合同单位乘以合同数量来完成。

第三，交割月份。贵金属期货合约要求在一定月份提交规定成色的贵金属。

第四，最低波幅和最高交易限度。最低波幅是指每次价格变动的最小幅度，如每次价格以10美分的幅度变化；最高交易限度，如同目前证券市场上的涨停和跌停。

第五，期货交付。购入期货合同的交易商，有权在期货合约变现之前，在最早交割日以后的任何时间内获得拥有贵金属的保证书、运输单或贵金属证书。同样，卖出期货合约的交易商在最后交割日之前未平仓的，必须承担交付贵金属的责任。世界各交易所的交割日和最后交割日不同，投资者应加以区分。例如，有的规定最早交割日为合约到期月份的15日，最迟交割日为该月的25日。一般期货合约买卖都在交割日之前平仓。

第六，当日交易。期货交易可按当天的价格变化，进行相反方向的买卖平仓。当日交易对于贵金属期货成功运作来说是必需的，因为它为交易商提供了流动性。而且当日交易无须支付保证金，只有在最后向交易所支付未平仓合约时才支付。

第七，指令。指令是顾客给经纪人买卖贵金属的命令，目的在于防止顾客与经纪人之间产生误解。指令包括：行为（是买还是卖）、数量、描述（即市场名称、交割日和价格与数量等）及限定（如限价买入、最优价买入）等。

（四）投资贵金属期货优缺点

投资贵金属期货的优点有：

（1）较大的流动性。合约可以在任何交易日变现。

（2）较大的灵活性。投资者可以在任何时间以满意的价位入市。

（3）委托指令的多样性。如即市买卖、限价买卖等。

（4）市场集中公平。期货买卖价格在一个国家、地区是一致的。开放条件下世界主要金融贸易中，各地区价格基本一致。

（5）品质保证。投资者不必为其合约中标的的成色担心，也不需要承担鉴定费。

（6）安全方便。投资者不必为保存实金而花费精力和费用。

（7）杠杆。即以少量定金进行交易，而且，贵金属期货标的是批发价格，优于零售和金饰价格。

（8）套期保值作用。即利用买卖同样数量和价格的期货合约来抵补贵金属价格波动带来的损失，也称对冲。

投资贵金属期货的缺点是：投资风险较大，因为需要较强的专业知识和对市场走势的准确判断；市场投机气氛较浓，投资者往往会因投机心理而不愿脱身，所以期货投资是一项比较复杂和劳累的工作。

三、金银条、金银块的投资

投资金银条（块）的优势在于：金银条（块）在交易中的佣金和相关费用较少，流通性较强。可以立即兑现，可在世界各地转让和得到报价。从长期看，金银条（块）具有保值功能。对通货膨胀有一定抵御作用。

但投资金银条（块）也具有一定的缺点。例如，它会占用一部分现金，而且在保证金银实物安全方面有一定的风险。

一般的金银条（块）都铸有公司名称、编号以及纯度标记等。金银条（块）来源于金砖，每个金砖约 400 盎司。由于金砖一般只在政府、银行和大黄金商间交易使用。私人和中小企业一般用比较小的金银条（块），需要将大的金砖再熔化铸造，因此要支付一定的铸造费用。金银条（块）越小，铸造费用越高，价格也就越高。

图 4－1　实物金银条

投资者在购买金银条（块）时，不光要注意购买知名企业的金银条（块），还要妥善保存单据。要保证金银条（块）外观。在投资金银条（块）时，投资者最好购买具有较高知名度的炼金制造公司所精炼出来的金银条（块）。只有这样，投资者在以后出售金银条（块）时，才会省去不少的费用以及各种手续。如果是不知名的企业所生产的金银条（块），在收购时，收购商则需要鉴别，因此就要向出售者收取一定的分析费用。国际上有不少知名的黄金生产商在出售金银条（块）时，在产品的内包装里装有可靠的封条证明。这样，在不开封的情况下，出售金银条（块）时，手续就会非常便捷简单。

四、金银币的投资

纯金银币和纪念性金银币是金银币的两种表现形式。纯金银币主要用于集币爱好者收藏。有的国家纯金银币标有面值，但有的国家纯金银币不标面值。纯金银币的价值基本与金银一致。纯金银币投资增值功能不大，因为它与黄金白银价格基本保持一致，其出售时，溢价幅度和所含金银价值与出售金银币间价格差异不高。但纯金银币美观、鉴赏、流通变现能力强和保值功能大。所以，对一些收藏者仍有吸引力。

与纯金银币相比，纪念性金银币具有较大的溢价幅度，具有比较大的增值潜力，其收藏投资价值远大于纯金银币。纪念性金银币的价格主要由三方面因素决定：一是数量越少，价格越高；二是铸造年代越久远，价格越高；三是品相越完整越值钱。纪念性金银币一般都是流通性币，都标有面值，比纯金银币流通性更强，不需要按金银含量换算兑现。在市场上，纪念性金银币已经大大超越流通职能。因为它发行数量比较少，具有鉴赏和历史意义，符合投资者投资增值和收藏、鉴赏的需求，投资意义比较大。例如，一枚50美元面值的纪念金币，可能含有当时市价40美元的黄金，但发行后价格可以远远高于50美元的面值。

投资纪念金银币虽然有较大的增值潜力。但并不是所有人都可以随意投资这一品种，因为投资这类金银币有一定的难度，首先要有一定的专业知识，对品相鉴定和发行数量、纪念意义、市场走势有所了解，而且还要选择良好的机构进行交易。

在我国，贵金属纪念币是具有特定主题、限量发行的人民币。自1979年开始，经国务院授权，限由中国人民银行代表国家发行。

用投资方式选择金银币，首先应将风险意识放在第一位，所考虑的品种须具备风险较小、增值稳定的特点。对经济条件较好的银币投资者来说，可选择“老、精、稀”板块（指发行年份较早，发行量为3000枚以内，题材精彩，规格较大且工艺精湛，属金银币投资领域的高端品种），在行情尚未启动时先行建仓，持筹待涨。

“老、精、稀”板块最能稳定升值，可谓金银币投资领域中的“白马”品种，在广大钱币投资者心目中形象很好。它不会随着钱币市场的涨跌出现大的价格波动，随着时间的推移会稳定地升值。投资者选择这类高端品种买入虽然不会一夜暴富，但这类高端品种却具有稳定升值、投资回报可靠、市场风险较小等优点。

金银币投资也会有风险，那些踏准市场节拍的投资者在短期内会有很好的收益，一旦判断错误，买在高位、抛售在低位，就会蒙受很大的损失。比如，2006 年 9 月发行的第 29 届奥林匹克运动会金银纪念币第 1 组，当年以每套 8500 元面市，很快受到市场的热捧，几天后该币的价格就涨到 1. 45 万元，最高时曾被炒到 2. 2 万元，但随后的行情大幅回落，最低曾跌到 1. 2 万元。由于这些热门品种短期内价格变化过快，一般没有过人的胆识和雄厚的资金实力是不适宜介入的。

诸如此类的例子还很多，如 2009 年发行的中华人民共和国成立 60 周年纪念金银币以及随后发行的辛亥革命 100 周年纪念金银币，面市后也都受到市场的热捧，短期内价格涨跌变化很快，使一些投资新手无所适从。虽说这类新面市的金银纪念币题材较好，可炒作性较强，短期获利见效快，很适合大资金快进快出，但先行一步买进的投资者毕竟已经获利丰厚，再继续追涨买入则风险较大，一旦下跌就有被深套的可能。由于这类“热门”品种的市场价格在短期内时高时低，变化不定，投资者即使想参与，也不可在大涨以后买入。对那些刚问世的金银币品种，只要开盘价不是太高，在它冲高回落基本企稳后就可选择机会少量买进入，等它快速上涨后要及时抛出。当然，普通投资者在进行这类“热门”品种投资决策时，应先考虑自己对风险的承受能力。

五、贵金属期权投资

目前，国际市场上已有的贵金属期权产品包括：黄金、白银、铂金、钯金期权。

期权是指期权合约的买方具有在未来某一特定日期或未来一段时间内，以约定的价格向期权合约的卖方购买或出售约定数量的贵金属的权利。买方拥有的是权利而不是义务，买方可以履行或不履行合约所赋予的权利。如果价格走势对期权买卖者有利，会行使其权利而获利；如果价格走势对其不利，则放弃购买的权利，损失的只有当时购买期权时的费用。

由于贵金属期权买卖专业技术比较多而且专业名词比较复杂，不易掌握。目前，世界上贵金属期权市场多采用下述词汇。

期权费：期权的买方为了获得这种权利，必须向期权的卖方支付一定的费用，所支付的费用称为期权费，又称期权的权利金，也叫期权的价格。

执行价格：在期权合约中，约定的买卖标的资产的价格称为“执行价格”，又称“敲定价格”或“履约价格”。

标的资产：期权合约中所约定的特定标的物称为期权的“标的资产”，又称“基础资产”。在黄金期权中就是现货黄金。

到期日：期权的买方所拥有的买卖标的资产的权利是有一定的时间限制的，这种权利只在规定的时期内（或规定的日期）有效，其中期权到期的日子称为到期日或期满日。期权买卖日至期权到期日的时间为期权的有效期限。

欧式期权：是指期权持有人仅在期权到期日才有权行使其交易权利。

美式期权：是指期权持有人在期权到期日以前的任何一个时点上都有权行使其交易权利。

看涨期权：是指赋予合约的买方在未来某一特定时期以交易双方约定的价格买入标的资产的权利。

看跌期权：是指赋予合约的买方在未来某一特定时期以交易双方约定的价格卖出标的资产的权利。

当然，贵金属期权投资的优点也不少，如具有较强的杠杆性，以少量资金进行大额的投资；是标准合约的买卖，投资者则不必为储存和贵金属成色担心；具有降低风险的功能，等等。

六、贵金属饰金投资

对于贵金属饰金来讲，它的主要功能是美观和装饰用。其投资意义要小得多，原因是饰金的价值和贵金属的价格有一定的差距，市场上常有贵金属价格和饰金价格，两者有一定差距。虽然饰金的金含量为 0.999 或为 0.99，但其加工工艺很复杂，因此在单位饰金价格外，还要增加一些加工费，这就是饰金价格不断抬高，回收时折扣也损失大的原因。

当然，饰金并不是毫无投资意义的，它还有较强的变现能力。如果在饰金价格比较低的时段购买，保值和升值的作用也比较明显。但是，对于职业投资者来说，是近似于不具备投资价值的。

七、贵金属股票投资

贵金属股票就是贵金属矿产公司向社会公开发行的上市或不上市的股票，所以又可以称为“金矿公司股票”。由于买卖贵金属矿产公司股票不仅是投资贵金属矿产公司，而且还可以间接投资贵金属，因此，这种投资行为比单纯的贵金属买卖或股票买卖更为复杂。投资者不仅要关注贵金属矿产公司的经营状况，还要关注市场环境。

八、贵金属基金投资

贵金属基金是贵金属投资共同基金的简称。所谓贵金属投资共同基金，就是由基金发起人组织成立，由投资者出资认购，基金管理公司负责具体的投资操作，专门以贵金属或贵金属类衍生交易品种作为投资媒体的一种共同基金，由专家组成的投资委员会管理。贵金属基金的投资与人们熟悉的证券投资基金有相同特点。

贵金属基金的问世，能够为国内投资者提供一个参与贵金属投资的有效投资工具。与实物金（黄金、白银、铂金）和纸金相比，贵金属基金的参与门槛更低，买卖也方便。境外贵金属 ETF 将实物贵金属属性和证券属性巧妙结合，提供费用低廉、交易便捷、高流动性的贵金属投资工具，是国际上跟踪国际贵金属价格的主流投资产品。对普通投资者而言，在通常情况下，配置一定比例的贵金属基金资产会降低整体资产的波动性，从长期来看，其保值和增值功能较为明显。

贵金属基金分开放式基金或封闭式基金。全球最大的黄金基金 ETF 是位于美国纽约的 SPDR 机构。

九、纸黄金（白银、铂金）投资

纸黄金（白银、铂金）就是贵金属的纸上交易，投资者的买卖交易记录只在个人预先开立的“贵金属账户”上体现，而不涉及实物贵金属的提取。其盈利模式为通过低买高卖，获取差价利润。相对于实物贵金属，其交易更方便快捷，交易成本也明显较低，适合较为专业的投资者进行中、短线波段操作。

投资纸贵金属不计利息，也不能获得股票、基金投资中的红利等收益，因此只能通过低吸高抛，赚取买卖差价获利。

目前，已经开办贵金属业务的银行在报价上一般采用两种方式：按国内金价报价和按国际金价报价。

按国内金价报价时，银行参照交易所贵金属价格、市场供求情况及国际贵金属市场波动情况等多种因素，再加上银行单边佣金确定买卖双边报价。

按国际金价报价时，银行中间价就是国际金价折合成人民币的价格，银行在此基础上加单边佣金形成报价。采取国际金价报价方式的优势在于，投资者能实时查询到国际金价及走势，获得报价信息的渠道更有保障。

第三节　贵金属投资实务与技巧

第二节我们讲述了贵金属投资的方式，这一节我们重点讲述这些投资方式的具体投资实务和技巧。

一、实物贵金属的投资

（一）实物黄金投资

2002 年 10 月 30 日，上海黄金交易所正式成立，标志着我国贵金属市场走向全面开放。短短十几年，中国贵金属市场得到快速发展。如今，受国际政治经济动荡的影响，我国投资者对黄金投资热情高涨。

目前各种实物金条中真正意义上的投资性实物金多数为银行代销。交易成本较低，与金价保持完全的正相关及联动性。实物金可以买入并长期持有或定额投资，投资者无须太多专业知识和投入过多的时间精力。

从目前国内黄金市场的投资品种看，以招商银行等代理的“高赛尔金条”、建设银行的“龙鼎金”、工商银行的“如意金”等为代表。但其买卖一般需要投资者 1 克多支付 10 元左右的成本，因此收益不能完全与国际金价联动。该种黄金投资风险较低，收益杠杆略小于一倍。

下面以中国工商银行“如意金”为例来讲解一下。

如意金分为如意金条和如意金钱两个种类，成色分别为含金量 99.99% 和含金量 99.9%，是中国工商银行自行设计的具有自身品牌的实物黄金，带有“中国工商银行”标识，委托上海黄金交易所认证的合格黄金精炼企业铸造。如意金条是工商银行在 2007 年首次推出的金条产品，成色为含金量 99.99%，包括 20 克、50 克、100 克、200 克、500 克、1 公斤 6 个规格，在全国 35 家分行均有销售。

如意金钱是工商银行在 2008 年开始限量发售的仿古花钱，成色为含金量 99.9%，分为 0.5 盎司和 1 盎司两个规格，做工精美、纯金制造，得天独厚的精致品质铸就了历久弥珍的收藏价值，是为卓越人士诠释成功、传达祝福的臻品。

1. 如意金种类

（1）如意金 · 金条

成色：Au999.9。

规格：20g、50g、100g、200g、500g、1000g。

发行量：不限量。

生产单位：委托上海黄金交易所认证的合格黄金精炼企业铸造。

特点：

①品牌：工商银行自主设计，刻有工商银行 LOGO；

②价格：每日公布的挂牌价格，与国际市场黄金价格挂钩；

③规格：包括多种规格，能满足馈赠和收藏等需求；

④回购：已在部分地区开通回购服务，客户只需携带如意金条及相关证书、发票到指定网点即可办理。

（2）如意金・龙凤金条

成色：Au999.9。

规格：50g、100g、200g、500g、1000g。

2. 定价机制

与国际市场黄金价格挂钩。

（1）交易时间：周一至周日 9:30 ~ 16:30（节假日除外）。营业时间如有调整以工商银行正式公告为准。

（2）报价单位：人民币元/克，人民币元/枚。

3. 特色优势

（1）自主品牌：如意金是工商银行自主设计，刻有工商银行 LOGO 的实物黄金产品。

（2）价格透明：售价与国际黄金价格挂钩，透明度高。

（3）投资方便：购买时只需持现金、银行卡或者转账的方式，在工商银行指定网点或柜台，按工商银行当日公布的挂牌价格购买即可。

（4）种类多样：如意金包括了多类产品，不同种类产品下设计有不同规格，能满足投资、馈赠和收藏等多种需求。

（5）投资保值：如意金实物黄金产品是抵御国际经济政治金融局势动荡，实现资产保值增值的有力工具。

（6）收藏馈赠：如意金设计精美、做工精良，是馈赠亲友和家人，作为珍品收藏的理想选择。

4. 如意金回购业务

工商银行的如意金对老百姓来说并不陌生，目前如意金每年销售量在 100 吨以上，如意金主要是针对有投资需求的客户，一般投资金额在 20 万元以上，对于这类客户，工商银行也在上海营业部推出了如意金回购业务：为解决这个问题，工商银行拓展了黄金的回购渠道，方便投资者将手头黄金的“价值”变为“现钞”。目前，工商银行已经开通了该行发售的“如意金条”的回购业务。只要投资者提交以往在工商银行购买的品相完好的“如意金条”和品质证书，携带本人有效身份证件即可到工商银行江门分行营业部办理，经专业检测检验成色及重量符合标准，该行按发布的收购价进行回收并实时支付款项。对单笔1000克（不含）以下的“如意金条”的回购业务，客户在业务受理时间内可以随时办理，对于单笔代收1000克（含）以上的业务，客户按工商银行公布的预约规定进行预约后就可以办理。

5. 金条投资注意事项

虽然金条是长期投资和保值的投资资产，但是如果投资不当也会有风险，损失的不仅是丧失投资机会还有亏损的风险。因此，实务金条投资要注意以下三点：

（1）实物金条投资应分批购买和出售

投资性金条具有长期持有的长线投资特点，因此在投资买卖的时候，一定要从长远的角度分析当前的黄金价格走势和未来黄金变化的趋势预测。采用分批购买会有更好的效果，因为当第一次购买获利后，根据涨幅持续加仓，如果遇到行情反复和有较大下跌就可以停止加仓，继续观察趋势；当再次上涨后继续买进，如果方向不对就可以停下来，甚至考虑出手已经持有的金条，由于分批后成本不一样因此可以比较从容地卖出。此办法虽然会损失一些投资机会，但是因为最大限度地降低了资金投入和持有金条期间的成本，因此降低了风险，虽然投资的第一目的是盈利，但是前提是将风险降到最低。

（2）实物金条投资要坚持有零有整的原理

很多投资者一听说黄金投资有机会，就一次买进1公斤甚至2公斤的金条放着等待涨价后获利，其实这种怕麻烦的投资理念是不对的，目前大多数金条一般以300~1000克为主，如果一次购买1000克，当金价上涨到一个高位后，就会出现较大幅度的调整，调整后再继续上行，如果能有零有整就可以在不断上涨的高位采取部分套现，套现获利，减少了持仓风险和下跌亏损的风险，虽然这样的办法可能会损失一旦反弹之后的收益，但也是保护获利和增加机会的方法。

（3）实物黄金切忌一直搁置，放个三五年再看的股票式投资习惯

金价的牛市毕竟已经持续10多年了，虽然受到多种因素的影响黄金的牛市还可能会持续下去，但是毕竟需要经常关心当前影响黄金的各个因素的影响，资金是有时间价值的，因此等待会损失投资机会和其他投资行业潜在的收益机会。因此需要

根据行情的趋势随时进行买卖，增加获利的机会。

（二）实物白银投资

如果资金充足，投资实物白银不如投资黄金，因为大量购买银条不易储存。不过，如果资金不多，白银确实是不错的投资选择。另外，白银投资产品适合初涉贵金属投资的人练手，也适合已涉足贵金属投资但品种单一的人。“真金白银”已成为很多投资者的投资品种组合，在实物银投资产品中，银币、银章和银条比较适合大众投资，这些银制品工艺设计水准高、图案精美丰富、发行量较少，因此具有很高的艺术品特征。但在投资实物产品时，我们一定要注意以下问题，否则很可能蒙受损失。

1. 区分纪念银币和纪念银章

纪念银币和纪念银章的外表很相似，但是同样题材、同样规格的币和章，其市场价格是不一样的，甚至差别很大，一般情况下，纪念银币的市场价格远高于纪念银章，纪念银币和纪念银章之间最主要、最明显的区别是，纪念银币具有面额，而纪念银章没有。

纪念银币的面额一方面说明纪念银币是国家的法定货币，另一方面说明纪念银币的权威性远高于银章，因为具有面额的法定货币，只能由中国人民银行发行，所以纪念银币的权威性更高，也更值得收藏。

2. 分清纪念银币和投资银币

纪念银币是有明确纪念主题、限量发行、设计制造精美、升值潜力大的银币。而投资银币是世界白银非货币化以后，白银在货币领域存在的一种重要形式，其主要特点是，发行机构在银价的基础上增加小量溢价发行，以易于投资和出售。

投资银币一般每年都会发行，图案可以不更换，只是年份改动，发行量不限，质量一般不如纪念银币。

3. 纪念银币的配套是否齐全

因为纪念银币是限量发行的国家法定货币，因此在销售时，无一例外都附有由发行时任中国人民银行行长签字的“鉴定证书”（近几年的“鉴定证书”还带有隐形的“水印”暗记）。此外，同时还附有专用的装帧盒等。如果缺少这些相配套的东西，不管是买入还是卖出，其价格都会大打折扣。

4. 纪念银币的品相

从投资的角度分析，纪念银币由于是实物投资，并且作为一项比较特殊的收藏品，其品相非常重要。如果因为保存不当，如接触到水渍、污斑、变色、生锈、霉点等情况，就属于品相有问题的范畴。在出手时，这种银币的价格就会低于正常价格。

同样，在选购时，如果遇到这种品相出现问题的银币，也千万不能贪小便宜买入，应尽可能回避和远离这种品相有问题的银币。

二、账户贵金属（即纸黄金、纸白银等）的投资

账户贵金属不仅为投资者省去了存储成本，也为投资者的变现提供了便利，所以备受投资者青睐。现在很多银行都有纸黄金投资的业务，下面以中国工商银行账户贵金属投资为例做具体讲述。

（一）业务简述

账户贵金属是工商银行推出的一项资金交易业务，是指在工商银行规定的交易时间内，使用工商银行提供的个人账户贵金属交易系统，再通过柜面、电子银行渠道所做的账户贵金属（盎司）兑美元、账户贵金属（克）兑人民币之间的交易。账户贵金属包括账户黄金、账户白银、账户铂金、账户钯金等非实物交割的贵金属产品。账户黄金交易也称“纸黄金”交易，账户白银交易也称“纸白银”交易，账户铂金交易也称“纸铂金”交易，账户钯金交易也称“纸钯金”交易。

投资者可通过工商银行网点柜面、网上银行、手机银行和工银e投资等渠道发起交易指令进行办理账户贵金属的实时交易、挂单交易、账务管理和查询等业务。

1. 业务品种

在交易币种上，账户贵金属业务包括人民币账户贵金属和美元账户贵金属。人民币账户贵金属以人民币标价，交易单位为“克”；美元账户贵金属以美元标价，交易单位为“盎司”。

在贵金属种类上，账户贵金属业务目前包含账户黄金、账户白银、账户铂金及账户钯金。

在交易类型上，账户贵金属的交易类型包括先买入后卖出交易和先卖出后买入交易。先买入后卖出交易是指客户先买入账户贵金属，再卖出已买入账户贵金属的交易。先卖出后买入交易是指客户首笔交易为卖出交易，然后在卖出的数量内部分或全部买入账户贵金属的交易。两种交易类型相互独立，分别操作。

2. 产品价格

工商银行在综合考虑国际及国内市场贵金属价格走势等因素的基础上，向客户

进行报价，并根据市场变化实时更新。

3. 特色优势

交易成本低：无开户费，无交易手续费，无须进行实物交割，省去储藏/运输/鉴别等费用，交易成本低廉。

交易时间长：电子银行渠道每周一早 7:00 至周六早 4:00 连续提供交易服务。

交易起点低：美元账户黄金、铂金、钯金的交易起点和最小递增单位均是 0.01 盎司；美元账户白银的交易起点数量为 1 盎司，最小递增单位为 0.01 盎司；人民币账户黄金、白银、铂金、钯金的交易起点均是 1 克，最小递增单位均是 0.1 克。

交易渠道广：银行网点提供面对面的服务，手机银行、个人网上银行、工银 e 投资等渠道提供随时随地随身的交易体验。

交易资金实时清算：账户贵金属交易资金实时清算，即时到账，当天可多次进行交易，可最大限度地提高资金运用效率。

交易方式灵活多样：账户贵金属的交易方式有实时交易和挂单交易两种。其中，挂单交易包括获利挂单、止损挂单、双向挂单、循环挂单、一对多挂单、触发挂单和追加挂单。其中，循环挂单及追加挂单不适用于先卖出后买入交易类型。最长挂单时间可达 30 天。

4. 开通流程

账户贵金属（含黄金、白银等）在开立个人账户贵金属账户后方可进行交易。

（1）柜面开户：凭本人有效证件，持有工商银行活期存折、工银灵通卡、理财金账户卡到工商银行网点，填写个人账户贵金属开销户申请书，签字确认后即可办理开通。

（2）电子银行渠道开户：可通过工商银行提供的网上银行或手机银行等方式自助办理个人账户贵金属开户手续。

5. 服务渠道与时间

柜面：周一至周五各营业网点实际营业时间。

电子银行渠道：每周一早 7:00 至周六早 4:00 连续提供交易服务。

6. 交易方式

（1）柜面交易

凭本人有效身份证件、工商银行活期存折、工银灵通卡或理财金账户卡到工商银行指定网点办理。

（2）网上银行交易（见图 4－2）

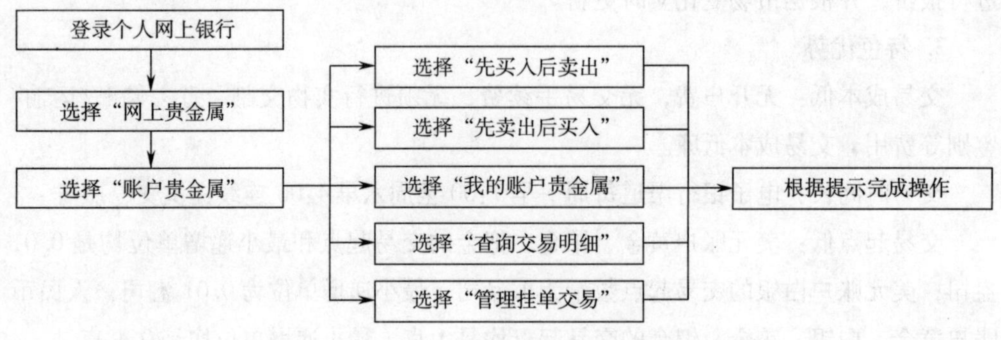

图 4－2　网上银行交易流程

（3）手机银行交易

手机银行交易流程请遵照手机银行操作页面提示。如图 4－3 所示。

账户贵金属

品种	客户买入价	客户卖出价
Au 美元金(钞)	1,339.59	1,336.99
Au 美元金(汇)	1,339.59	1,336.99
Au AU9995	288.05	287.29
Au AU9999	288.25	287.49
Ag 人民币银	4.38	4.34
Ag 美元银(钞)	20.36 ↑	20.22 ↑
Ag 美元银(汇)	20.36 ↑	20.22 ↑
Pt 人民币铂	235.84	233.68
Pt 美元铂(钞)	1,097.75	1,085.75

图 4－3　手机银行交易流程

（二）实务操作及技巧

1. 网上炒纸黄金

网上炒纸黄金，首先要登录网上银行。网上银行登录成功后，就可以看到工商银行的个人网上银行，窗口被分为两个子窗口，分别是导航栏窗口和信息显示窗口。

单击“网上贵金属”超链接的子目录中的“账户贵金属”就可以看到以下信息：先买入后卖出、我的账户贵金属、查询交易明细等。另外，还可以显示账户贵金属的行情走势。账户黄金日 K 线行情如图 4－4 所示。

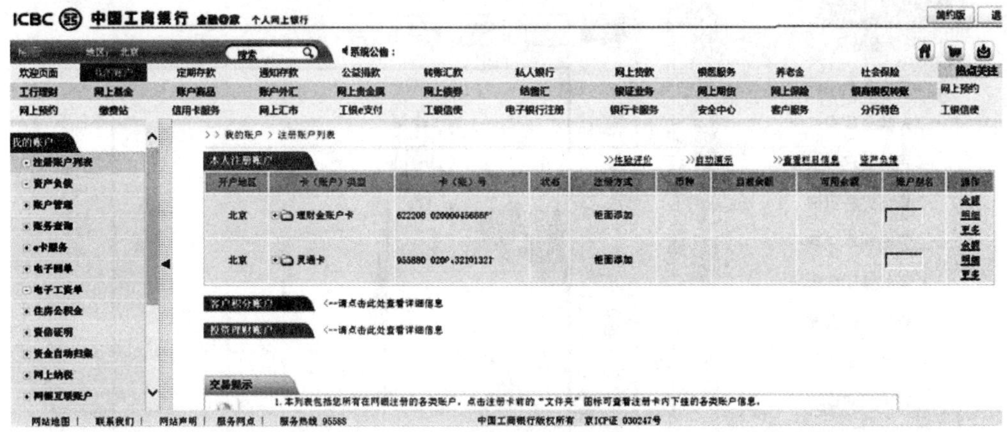

图 4－4　工商银行纸黄金操作页面

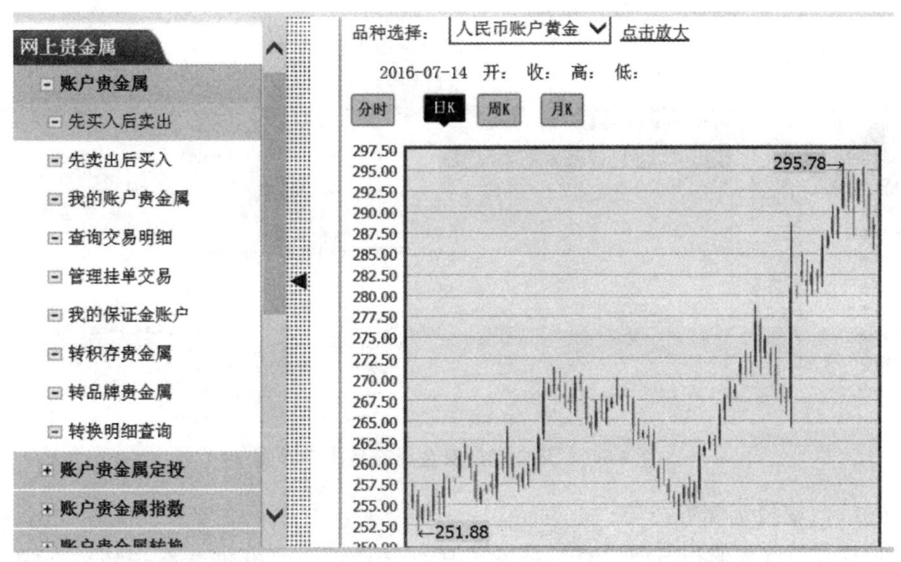

图 4－5　账户黄金日 K 线行情图

也可以切换为分时行情，如图 4－6 所示。

第一步，开通委托交易。

单击“开立账户贵金属交易账户”，按照提示要求开通即可（但外汇账户需要到柜台办理），如图 4－7 所示。

第二步，委托交易。

办理完开户手续后，就可以委托交易了。可以选择先买入后卖出或者先卖出后买入。具体操作不再细述。

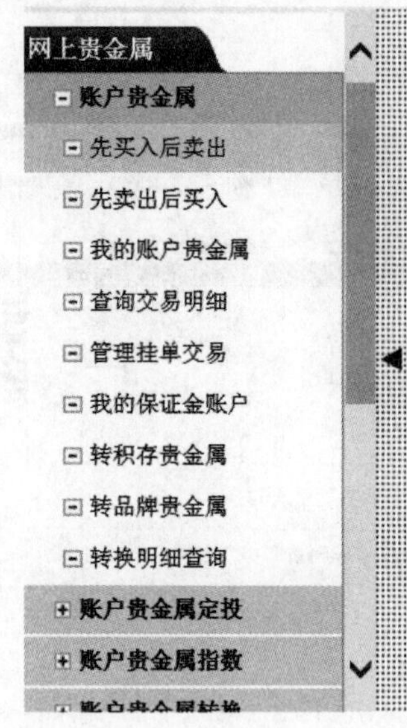

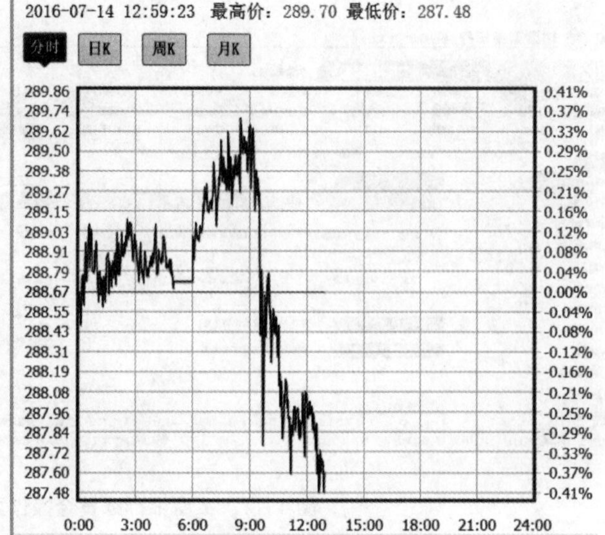

图4－6　黄金行情分时图

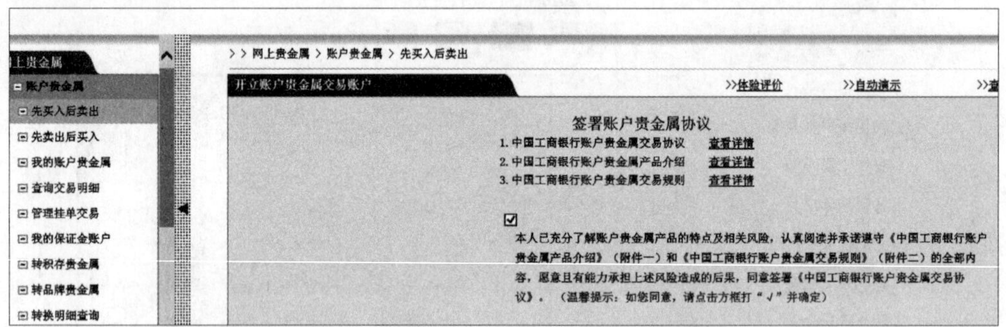

图4－7　开立账户贵金属交易账户界面

2. 纸白银投资实务技巧

纸白银，又称账户白银，是一种个人凭证式白银，是继纸黄金后的一个新的贵金属投资品种，投资者按银行报价在账面上买卖“虚拟”白银，个人通过把握国际白银走势低吸高抛，赚取白银价格的波动差价，投资者的买卖交易记录只在个人预先开立的白银账户上体现，不发生实物白银的提取和交割。

相比实物银投资，这种投资方式避免了储存白银的风险和减轻储存费用，当然这种投资方式需要交一定的手续费用，目前国内已有多家银行开通纸白银业务，如中国工商银行、中国银行等。

在黄金作为投资品种越来越深入人心的背景下，市场上其他贵金属产品也开始陆续推出。当前，国内多家银行推出了国内账户白银买卖业务，白银投资渠道也慢慢开阔起来，不过，虽然白银投资门槛较黄金产品要低出很多，但是价格波动更大，成本更高。纸白银投资表现出以下三大特点：

（1）门槛低：500 元即可

由于白银投资的门槛较低，很多投资者对这一产品的热情也很高。与纸黄金一样，账户白银买卖业务分为账户白银（盎司）兑美元、账户白银（克）兑人民币两个交易品种。“纸白银”与“纸黄金”的开通程序完全一样。开通后，可在实时行情区查看行情，在交易区进行买卖。

与黄金相比，账户白银具有投资门槛低的特点。目前中国工商银行推出的人民币和美元账户白银交易中，交易起点分别为 100 克和 5 盎司。以 2016 年 7 月 14 日的白银交易价格为例，白银的人民币报价目前为 4. 378 元/克，美元报价为 20. 335 美元/盎司，因此投资者最低只需要人民币 500 元或者 100 美元就可以开通账户白银交易。

（2）成本高：投资金额的 1%

对于投资者来说，交易手续费率是个不容忽视的问题。在银行的账户白银买卖的业务中，采用点差的方式收取手续费。与黄金产品相比，一手的手续费率还是很高的，单边点差接近 1%，而黄金只有 0. 3%，也就是说，只有白银价格的变动达到了 2%，投资者售出账户白银才有获利的可能。

“纸白银”与“纸黄金”的交易时间也一样，为全天候交易，中国工商银行的交易时间是周一上午 7 时至周六上午 4 时，已经开通的交易渠道包括柜台交易和网上银行交易（电话银行暂不支持）。

（3）波动大：每日 4% ~5%

虽然白银的价格低，但是真正操作起来可能比黄金更有弹性，因为白银的波动性通常是黄金的两倍。黄金的价格变化比较单一，方向也较为固定。但白银不一样，虽然大方向与黄金一致，但金价调整时，白银可能会跌得更深。近几年来，白银波幅基本是黄金的两倍以上。日波幅也一样，黄金一般最多两个点，白银则可达到 4% ~5%。而风险与收益往往成正比，数据显示，自 2002 年末至 2008 年的黄金牛市中，黄金上涨了 98%，白银随之上涨了 351%，赚钱效应更明显。正因为如此，越来越多的投资者加入到了炒银队伍。

三、贵金属延期交易实务

贵金属延期交易，是当前黄金、白银最主要的投资渠道，也是最正规的渠道，并且该交易既可以做多，也可以做空，是 T +0 交易机制，即随时可以买进，随时可以卖出。另外，该交易的时间比较长，一天 10 个小时，覆盖了欧美最主要的交易时间段。

（一）贵金属延期交易概述

1. 贵金属延期交易的概念

贵金属延期交易，是指由上海黄金交易所统一制定的、规定在将来某一特定的时间和地点交割一定数量标的物的标准化合约。这个标的物，又叫基础资产，是 T + D 合约所对应的现货。其特点是：以分期付款方式进行买卖，交易者可以选择当日交割，也可以无限期地延期交割。贵金属延期交易包括黄金延期交易与白银延期交易。

2. 贵金属延期交易相关事项

贵金属延期交易以上海黄金交易所金融类会员的有效代理资格，为个人投资者提供参与上海黄金交易所贵金属延期交易的渠道，并代理个人投资者进行资金清算，持仓风险监控及保证金管理的业务。

交易品种：黄金延期 Au（T + D）、黄金单月延期 Au（T + N1）、黄金双月延期 Au（T + N2）、白银延期 Ag（T + D）。

交易渠道：个人网上银行贵宾版。

交易报价：黄金人民币/克，精确到小数点后两位；白银人民币/千克，精确到人民币元。

交易单位：1000 克/手（交易起点为 1 手）。

交易保证金率：合约价值的 10.5%。

交易手续费：黄金延期的手续费率为 8/10000；白银延期的手续费率为 8/10000。

每日涨跌停幅度：上一交易日结算价的 ±7%。

延期费[①]收付日：Au（T + D）、Ag（T + D）按自然日逐日收付。

延期费率：Au（T + D）为合约市值的 5/10000/日。

交易时间：上海黄金交易所开市时间（北京时间）（2013 年 5 月 31 日，增加周五夜市）

---

① 递延费是一种专业叫法，市场上则称为延期费。递延费是客户延期交收发生的资金或黄金实物的融通成本，递延费的支付方向根据交收申报数量对比确定。递延费每天都会发生，包括周六、周日及其他法定节假日（合并到休假日前最后一个交易日划付），交买的一方付给交卖的一方叫多付空，交卖的一方付给交买的一方叫空付多。递延费只发生在持仓就情况下，没有持仓就不会有递延费的发生。递延费按每日持仓均价的 1.5/10000 收入或付出，这个费用多少交易所会即时公布；连续持仓超过 250 天加收超期费。

早市：9:00～11:30

午市：13:30～15:30

夜市：20:50～2:30

3. 贵金属延期交易内容

贵金属延期交易内容包括：合约名称、交易单位、报价单位、最小变动价位、每日价格最大波动限制、交易时间、交割日期、交割品级、交割地点、最低交易保证金、交易手续费、交割方式、交易代码等。贵金属T+D合约附件与贵金属T+D合约具有同等法律效力。贵金属延期市场是买卖贵金属T+D合约的市场。这种买卖是由转移价格波动风险的生产经营者和承受价格风险而获利的风险投资者参加的，在交易所内依法公平竞争而进行的，并且有保证金制度为保障。保证金制度的一个显著特征是用较少的钱做较大的买卖，保证金一般为合约值的10%，与股票投资相比，投资者在贵金属T+D市场上的投资资金比其他投资要小得多，俗称“以小博大”。

贵金属延期交易的目的不是获得实物，而是回避价格风险或套利，一般不实现商品所有权的转移。贵金属T+D市场的基本功能在于为生产经营者提供套期保值、回避价格风险的手段，以及通过公平、公开竞争形成公正的价格。

（二）上海黄金交易所贵金属延期交易详规

1. 两种交易方式

（1）黄金、白银、铂等贵金属的标准化合约以集中竞价的方式进行交易，按照价格优先、时间优先的原则撮合成交。

（2）其他标准化合约通过询价方式进行交易，实行“自主报价、协商成交”。会员单位一般通过交易专线及网络以远程方式进行交易；个人和机构客户则通过会员单位的代理，以代理会员提供的方式参与交易所的交易。

2. 上海交易所交易细则

表4－2　　上海交易所黄金交易细则

类别	黄金											
	实物黄金					延期交易				国际板黄金实物交易		
合约产品	Au 99.99	Au 99.95	Au 99.5	Au 100g	Au 50g	Au (T+D)	mAu (T+D)	Au (T+N1)	Au (T+N2)	iAu 99.99	iAu 99.5	iAu 100g
交易单位	10 克/手	1 克/手	12.5 千克/手	100 克/手	50 克/手	1 克/手	100 克/手	100 克/手	100 克/手	10 克/手	12.5 千克/手	100 克/手

续表

类别	黄金											
	实物黄金					延期交易				国际板黄金实物交易		
最低保证金比例	100%	100%	100%	100%	100%	7%	7%	7%	7%	100%	100%	100%
涨跌停板	30%	30%	30%	30%	30%	6%	6%	6%	6%	30%	30%	30%
交易税费	实行即征即退优惠增值税政策											
交易时间	周一至周五 20:00～次日 2:30，9:00～11:30，13:30～15:30											
交易方式	通过会员单位网点柜面、电话银行、网银、客户端等多种渠道											
手续费率	不超过 8/10000											
备注	个人可参与											

表 4－3　上海交易所白银、铂交易细则

类别	白银			铂	询价市场			
	白银即期		白银延期	实物铂金	即期	远期	掉期	拆借
合约产品	Ag 99.9	Ag 99.99	Ag (T+D)	Pt 99.95	PAu99.95、PAu99.99、iPAu99.99、iPAu99.5、iPAu100g			LAu99.95、LAu99.99、iLAu99.99、iLAu99.5 等
交易单位	15 千克/手	15 千克/手	1000 克/手	1 克/手	交易双方以双边询价方式约定交易重量			
最低保证金比例	20%	20%	9%	102%	实物交割/现金交易			盘中实时过户/盘后批量过户
涨跌停板	10%	10%	8%	30%				
交易税费	含 17% 增值税			实行即征即退优惠增值税政策				
交易时间	周一至周五 20:00～次日 2:30，9:00～11:30，13:30～15:30				9:00～17:00			9:00～11:30，13:30～17:00
交易方式	通过会员单位网点柜面、电话银行、网银、客户端等多种渠道				交易所黄金询价交易系统及交易所指定的其他交易系统			
手续费率	不超过 8/10000				3.5/10000		4/10000	单次过户 6 元/公斤
备注			个人可参与		现金交割手续费暂免 法人客户可参与			两周以内交易手续费暂免 金融机构可参与

表 4－4　　上海交易所黄金、白银、铂金合约对比

类别	租借业务			质押业务		
	黄金	白银	铂金	黄金	白银	铂金
合约产品	Au99.99 Au99.95 Au100g Au50g Au99.5 iAu99.99 iAu100g iAu99.5	Ag（T+D） Ag99.99 Ag9.9	Pt99.95	Au99.99 Au99.95 Au100g Au50g Au99.5 iAu99.99 iAu100g iAu99.5	Ag（T+D） Ag99.99 Ag9.9	Pt99.95
交易单位	租借双方场外自行约定租借重量，交易所协助办理实物过户转移手续			质押双方场外自行约定质押重量，交易所协助办理质物转移手续		
过户方式	实时过户			实时过户冻结		
交易税费	实行即征即退优惠增值税政策	含 17% 的增值税	实行即征即退优惠增值税政策	实行即征即退优惠增值税政策	含 17% 的增值税	实行即征即退优惠增值税政策
交易时间	9:00～17:00			9:00～17:00		
交易方式	交易所会员服务系统、国际交易系统			交易所会员服务系统、国际交易系统		
手续费率	6 元/千克	1 元/千克	6 元/千克	3 元/千克		
备注	办理租借和租借还金业务时借出方和借入方均需缴纳			办理质押业务时质权人及出质人双方均需缴纳，质押注销无须缴纳		

3. 标准化合约

集中竞价交易是交易所主要的交易方式之一，将交易品种以合约的形式标准化（除了价格之外，将合约的其他要素如交易单位、报价单位、交割品种、交割时间等固定下来），有利于提高交易效率，降低交易成本，减少交易纠纷。

合约的主要内容包括：交易品种、合约交易代码、交易方式、交易单位、报价单位、最小变动价位、每日价格最大波动限制、最大单笔报价量、最小单笔报价量、交易时间、最低交易保证金、清算方式、交割品种、交割方式、交割时间、交割地点、交易手续费、交割费等。

（1）现货实盘合约

现货实盘合约是指合约的买方报价时必须有全额资金，合约的卖方报价时必须有相应的实物，报价后，对应的资金或实物即被冻结，成交后，实时进行实物交割，

以钱货两讫的方式进行清算。

（2）现货即期合约

现货即期合约是指 T 日交易、T+2 日交割的合约，合约的买方、卖方报价时必须有 20% 的保证金，报价成交后，在 T+2 日进行钱货两讫的交割清算。

（3）现货延期交收合约（T+D）

现货延期交收合约，又叫黄金、白银（T+D）合约（T 代表交易 trading，D 代表递延 defer），是指以支付保证金的形式进行交易、当日无负债方式进行结算的合约，客户可以选择合约成交当日交割，也可以延期交割，同时引入延期补偿费机制来调节实物供求矛盾。

4. 黄金 T+N 产品

黄金 T+N 产品由 2 个合约组成，分别是 Au（T+N1）和 Au（T+N2），采用延期费定期集中收付的延期交易模式。交易时，交易双方在支付交易保证金后获得合约持仓，投资者可选择对冲了结或实物交割；交割时，买方补足货款后得到黄金实物，卖方则按约定价格卖出黄金实物得到全额货款。投资者每天都可以进行交割申报，但只有在规定交易日的交割申报阶段才会发生延期费的收付，其他交易日不进行延期费支付。

黄金 T+N 产品原来的延期费集中收付的间隔期限是两个月，考虑到两个合约间的转换和建仓的时间周期，真正能够持有的期限仅 1 个月左右，不能满足黄金行业的中长期套期保值需求，也不利于投资者中长期交易策略的实现，市场对拉长延期费收付时间间隔期限的呼声很高。此次调整，交易所将黄金 T+N 产品延期费集中收付的间隔期限从两个月拉长到 1 年，并且将收付日从月底提前到月中，主要目的在于更好地满足市场参与者的交易需求，发挥黄金 T+N 产品的价格发现功能，为交易所黄金现货市场提供价格参考。此外，两个合约的延期费收付日分别放在 6 月和 12 月，与目前黄金期货主力合约的期限相一致，这既符合市场规律，也更有利于投资者开展跨市场交易。

交易所的延期交收合约如黄金 Au（T+D）、mAu（T+D）、Au（T+N1）、Au（T+N2）、白银 Ag（T+D）就是以保证金方式进行交易的，客户的保证金比例一般在 15% 左右，杠杆比例一般为 5~10 倍，交易所及客户的代理会员可以根据市场情况适时调整保证金比例。

5. 现货实盘合约与现货延期交收合约的区别

表 4-5　　　　现货实盘合约与现货延期交收合约的区别

区别	现货实盘合约	现货延期交收合约
集合竞价	无	有
履约担保	全额货款、足额实物	保证金方式
清算方式	钱货两讫	当日无负债
交割时间	成交后实时交割	成效后可选择交割日期
交收申报	无	有
持仓概念	无	有
下单指令	买入、卖出	买入开仓、卖出平仓 卖出开仓、买入平仓
中立仓	无	有
延期补偿费	无	有
超期费	无	有

6. 如何理解延期交易业务中的做空机制

做空机制是指投资者可以在实际并未持有黄金和白银的情况下，先行卖出，而在未来某一时间买入。如果投资者预期价格会下跌，可以先卖后买，从而获利。一旦有做空机制，投资者就可以在下跌过程中获利，与证券市场单向交易有本质区别。

7. 黄金交易所交易合约有什么特色

（1）交易便捷公开透明：可到各家代理银行网点或通过网上银行，申请开立上海黄金交易所的交易账户，通过网上银行或客户端进行交易。交易采取自由报价、集中竞价、撮合成交方式。行情一目了然，信息公开透明。

（2）T+0 交易时段灵活：实行 T+0 交易机制，当日买入（或开仓），当日即可卖出（或平仓）。

（3）全天候的交易时间：每周一至周五开市 3 个时段连续交易，即上午 9:00~11:30，下午 13:30~15:30，夜晚 20:00~2:30，与国际黄金市场接轨，有效降低市场风险。下班之后也可在家交易，轻松无忧！

（4）客户资金安全有保障：客户资金集中托管在黄金交易所指定的清算银行，实行专户管理，确保安全无虞。

（5）实金配送高效快捷：交易所在全国 34 个地区有 50 余家指定仓库。投资者可提交申请，就近提取黄金实物，只需支付约 0.05 元/克的出库费、运保费等费用。便捷的配送方式，全球领先。

（6）交易成本低廉，费率实惠：交易额 0.08% 的手续费，个人交易没有增值税、印花税等。

（7）健全稳健的风控措施：为帮助投资者有效控制风险，交易所与会员单位建立了七项风控制度，如保证金制度、涨跌停板制度、限仓制度、大户报告制度等。

8. 个人客户的交易门槛

为了让更多投资者能够参与，上海黄金交易所将 Au99.99 和“迷你黄金延期”mAu（T+D）的交易门槛分别降为 10 克和 100 克。以金价 250 元/克计算，个人客户只需 2500 元（250×10=2500），即可参与 Au99.99 的交易。对于“迷你黄金延期”mAu（T+D）而言，以银行保证金比例 15% 计算，客户最低只需 3750 元（250×100×15%=3750）即可参与交易。白银延期的交易门槛则更低。以银价 4400 元/公斤，银行保证金比例 15% 计算，客户最低只需 660 元（4400×1×15%=660）即可参与交易。

9. 交易所的实物黄金交易与银行的纸黄金有何区别

（1）交易对象不同

个人投资者通过银行的代理参与交易所实物黄金的买卖，交易的对象是交易所标准化的黄金实物。

纸黄金的交易对象是代表黄金价格的虚拟数字，买卖的价格是银行报出的价格。

（2）交易对手不同

投资者买卖交易所实物黄金的交易对手为其他参与交易所实物黄金交易的投资者；对纸黄金而言，所有投资者的交易对手都是银行。

（3）交易机制不同

交易所的实物黄金交易采用场内竞价撮合模式，与股票交易模式完全相同。投资者能自主参与报价，根据价格优先、时间优先的原则由计算机撮合成交，交易系统实时公开买卖报价和成交价，买家和卖家直接交易。

纸黄金的交易中，投资者只能根据银行的报价点价成交，不能参与报价，买入价与卖出价之间有较大的价差。

（4）实物提取不同

实物黄金交易通过交易所交易的是实实在在的黄金实物，买入交易所的实物黄金后，投资者账户上的黄金是与存放在金库的实物黄金相对应的，投资者既可以在价格较高时卖出赚取差价，也可以从金库中提取实物，是一种投资、保值两相宜的产品。

纸黄金交易的是银行报出的黄金买卖价格，是一种账面上的黄金交易，不能提取实物，所以银行也把它叫作“账户金”。

（5）交易成本不同

交易所的实物黄金交易的成本为交易手续费，交易所的手续费加上代理商的手续费一般不高于成交金额的 8/10000。

纸黄金的交易成本不直接表现为交易手续费。而是表现为同一时点上的买卖差价，银行从买卖差价中获取收益，买卖价差如果折算为交易手续费率的话，其手续费率远远高于交易所的手续费率。

10. 交易所的延期交收合约（T+D）与期货合约有何异同点

相同点：

（1）交易的对象都是标准化的合约。

（2）都是以保证金方式进行的交易。

（3）都有开仓、平仓的交易指令及持仓的概念。

（4）都有保证金制度、限仓制度、涨跌停板制度、大户报告制度、强行平仓制度等风险控制措施。

（5）期货交易的当日无负债结算制度与延期交收合约交易的当日无负债结算制度也基本相同。

不同点：

（1）延期交收合约交易没有固定的交割期。延期交收合约交易，每天买卖双方都可以自由地选择是否进行交收申报，没有固定的交割期，持仓时间也不受限制，这与期货合约中具有固定的交割期限有本质的不同。

（2）延期交收合约交易以交割为基础。例如，通常情况下，黄金延期交收合约的交收比一般在50%左右，以交割为基础的交易模式和特征非常明显，这与不以交割为目的的期货交易有显著的区别。

（3）延期交收合约的交易价格为现货价格。延期交收合约交易具有明显的现货属性，因为每日都在进行交割，因此延期交收合约的价格不会背离现货价格，能直接反映市场的供求关系；期货的价格一般情况下与现货价格存在基差。

（4）延期交收合约交易具备特有的交易特性。延期交收合约交易具有延期补偿费制度、中立仓制度、超期费制度等期货交易没有的特有制度。

（5）延期交收合约交易的风险控制机制更丰富。延期交收合约交易除了具有与期货交易相同的保证金制度、限仓制度、涨跌停板制度、强行平仓制度等风险控制制度外，其特有的延期补偿费制度、中立仓制度、超期费制度等也为交易风险的控制提供了更丰富的手段。

另外，延期交收合约没有固定交割日，不强制交割，每天都进行的交割实际上使风险不易累积，无期货中可能存在的逼仓风险。

11. 开户

交易所实行会员制组织形式，会员可以直接参与交易，机构客户和个人必须通过会员，代理参与交易。这与个人若参与股票交易，要先到证券公司开户，通过代理进入证券交易所交易一样。

（1）机构客户如何开户

目前，机构客户可以选择交易所的综合类会员或金融类会员作为自己的代理机构，开立上海黄金交易所的交易账户。

第一步：提交材料。①上海黄金交易所开户登记表；②客户营业执照、组织机构代码证、税务登记证、法定代表人身份证。如为增值税一般纳税人，有增值税开票需求的，需提交增值税一般纳税人资格证明复印件、近期的增值税纳税申报表和近期开具的销项增值税专用发票。

第二步：风险揭示及风险承受能力评估。由法定代表人或授权人在《交易风险揭示书》上签名并加盖公章。

第三步：签订交易代理协议。由法定代表人或授权人在该协议上签名并加盖公章。

第四步：获取交易编码。交易所实行客户交易编码管理制度，客户交易编码申请成功后，客户即可通过代理机构提供的客户端交易软件或通过网上银行等方式参与上海黄金交易所的交易。

（2）个人客户如何开户

第一步：持本人有效身份证件、在某家银行开立的银行卡（非信用卡），至银行营业网点，由网点提供风险承受能力评估。如已开通某家银行的网上银行，可直接登录网银（证书版或者动态密码版）自助进行风险承受能力评估和开户。

第二步：如仅开通现货实物黄金业务，则签订《代理个人实物黄金买卖业务协议书》；如需开通延期业务，请阅读并签署《代理个人贵金属延期业务风险揭示及产品适合度评估书》以及《代理个人贵金属业务协议书》。

第三步：获取交易编码。客户交易编码申请成功后，客户即可通过代理机构提供的客户端交易软件或网上银行等方式参与上海黄金交易所的交易。

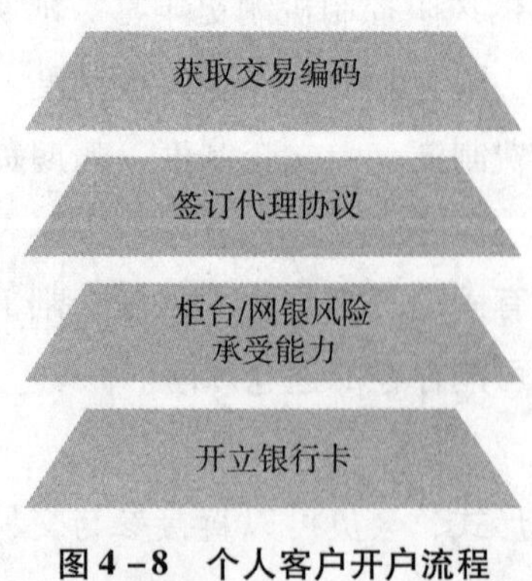

图4-8　个人客户开户流程

个人可以选择的代理机构有（排名不分先后）：

商业银行：工商银行、农业银行、中国银行、建设银行、交通银行、中国邮政储蓄银行、兴业银行、民生银行、浦发银行、平安银行、招商银行、光大银行、上海银行、广发银行、中信银行、恒丰银行、华夏银行、北京银行、富滇银行、厦门银行、宁波银行、宁波通商银行、深圳金融电子结算中心及其代理的区域性商业银行。

其中，深圳金融电子结算中心及其代理的区域性商业银行包括：汉口银行、东莞银行、大连银行、广州银行、渤海银行、乌鲁木齐市商业银行、哈尔滨银行、宁波银行、青岛银行、晋城银行、杭州银行、张家港农村商业银行、南海农商银行、内蒙古银行、河北银行、潍坊银行、温州银行、南昌银行、徽商银行、天津农商银行、洛阳银行、成都农商银行、广东华兴银行、重庆农村商业银行、长安银行、齐商银行、东营银行、天津银行、西安银行、华融湘江银行、成都银行、邢台银行、浙商银行、郑州银行、齐鲁银行、南京银行、湖北银行、广州农商银行、广东高要农村商业银行、佛山农商银行。

证券公司：中信建投证券公司、国泰君安证券公司、中信证券股份有限公司、海通证券股份有限公司、中国银河证券公司、华泰证券公司、广发证券公司、光大证券公司、招商证券公司、国金证券公司、申万宏源证券公司、东方证券公司。

信托公司：中信信托有限责任公司、平安信托有限责任公司。

（具体办理业务的地区及网点可参考各机构官方网站）

（3）客户如何变更其代理机构

一个客户目前只能开立一个客户交易编码，与一家会员存在关联。当客户需要变更代理会员时，必须先在原代理会员处办理解除代理关系的注销手续。注销时必须保证账户上没有实物库存和持仓，相关仓储费等费用必须结清。注销成功后可以由新代理会员向交易所申请新开户。客户变更代理会员，交易所发放的客户编码不变。

12. 交易

（1）金交所的报价交易指令有哪些

交易所目前只有限价交易指令，即买入类指令必须以不高于所报的价格成交；卖出类指令必须以不低于所报价格成交。交易所目前没有市价指令和止损指令。

对于交易所的现货实盘合约，有两类限报价交易指令：买入、卖出。

对于交易所的现货延期交收合约，有四类报价交易指令：买入开仓、卖出平仓、卖出开仓、买入平仓。

买入开仓报价是指买入一定数量的延期交收合约以增加多头持仓的报价。

卖出平仓报价是指对多头持仓进行反向的卖出交易以了结多头合约的报价。

卖出开仓报价是指卖出一定数量的延期交收合约以增加空头持仓的报价。

买入平仓报价是指对空头持仓进行反向的买入交易以了结空头合约的报价。

（2）空头、多头分别是什么意思

多头是指投资者对市场看好，预计价格将会上涨，于是先买入合约，将来准备收取实物，或待价格上涨至某一价位时再将合约卖出平仓，以获取差额收益。

空头是与多头相反的概念，即指投资者对市场看淡，预计价格将会下跌，于是先卖出合约，将来准备交付实物，或待价格下跌至某一价位时再将合约买入平仓，以获取差额收益。

（3）什么是开仓、平仓、持仓

开仓就是订立新的买、卖合约，因此客户需要支付保证金以确保合约的履行，开仓交易增加客户持有的合约数量。

平仓就是客户对原来开仓订立的买、卖合约做一个反向交易，对冲客户持有的合约，消除合约的履行义务。因此，平仓释放了客户用于履约担保的保证金，减少了客户持有的合约数量。

持仓就是开仓之后、未平仓或交割前客户持有合约的状态，也叫未平仓合约；持仓分多头持仓和空头持仓。

买入开仓、卖出开仓、买入平仓、卖出平仓四种方式对应不同的保证金占用与持仓增减情况如下：

交易指令	保证金变化	持仓变化情况
买入开仓	占用保证金	增加多头持仓
卖出开仓	占用保证金	增加空头持仓
买入平仓	释放保证金	减少空头持仓
卖出平仓	释放保证金	减少多头持仓

（4）客户如何进行交易

第一步：转入资金。

客户可以通过各交易渠道的“资金划转”功能，将银行卡上的资金转入保证金账户（入金）。当需要提取保证金账户中的资金时，可将资金从保证金账户转至银行卡上（出金）。

第二步：选择要交易的合约。

不同合约具有不同的起点金额、保证金比率，客户可以根据自己的资金情况选择合适的合约品种。

第三步：确定价格和交易方向。

如果客户认为该合约品种未来价格将上涨，则可选择合适的价格进行买入开仓（即持有多头仓位），未来价格上涨就获利，价格下跌就有亏损。如果客户认为该合约品种未来价格将下跌，则可选择合适的价格进行卖出开仓（即持有空头仓位），未来价格下跌就有盈利，价格上涨就亏损。

第四步：确定交易数量。

交易手数的确定需要结合客户的资金情况，一般来说，如果客户参与延期交易，则用于开仓的资金不宜超过账户总额的50%，以应对可能发生的价格波动，避免频繁被追保。

第五步：执行交易。

在确定上述信息后，客户可以通过各交易渠道进行委托申报，对于成交结果，可以通过“成交查询”菜单查询。

价格预期	开仓方法	网银图例	获得持仓类型	平仓方法	网银图例
预期价格上涨	买入+开仓	合约名称 AU(T+D) 买卖方向 买入 开平标志 开仓 委托价格 888 元 (涨停版价319.61-跌停版价277.80) 委托数量 8 手 委托申报	买持仓(多头)	卖出+平仓	合约名称 AU(T+D) 买卖方向 卖出 开平标志 平仓 委托价格 888 元 (涨停版价319.61-跌停版价277.80) 委托数量 8 手 委托申报
预期价格下跌	卖出+开仓	合约名称 AU(T+D) 买卖方向 卖出 开平标志 开仓 委托价格 888 元 (涨停版价319.61-跌停版价277.80) 委托数量 8 手 委托申报	卖持仓(空头)	买入+平仓	合约名称 AU(T+D) 买卖方向 买入 开平标志 平仓 委托价格 888 元 (涨停版价319.61-跌停版价277.80) 委托数量 8 手 委托申报

图4-9　网银开仓平仓交易示例

（5）什么是开盘价、收盘价、结算价

现货实盘合约以当日第一笔成交的价格作为开盘价。

现货即期合约和现货延期交收合约的开盘价通过集合竞价的方式产生，开盘集合竞价没有产生开盘价的，以当日第一笔成交的价格作为开盘价。

收盘价是某合约当日最后五笔成交的加权平均价。它是现货实盘合约计算下一交易日涨跌停板幅度的基准。

结算价是某合约整个交易日成交价格按成交量的加权平均价。当日无成交价格的，以上一交易日的结算价作为当日结算价。结算价是现货即期合约和延期交收合约计算下一交易日涨跌停板幅度的基准，是延期交收合约进行当日未平仓合约盈亏清算的依据。

（6）集合竞价是如何进行的

集合竞价是形成当日开盘价的一种方式，即在当天开盘前还没有成交价时，通过集合竞价的方式，形成比较合理的开盘价格。

集合竞价采用最大成交量、最小剩余量原则，高于集合竞价产生价格的买入申报全部成交；低于集合竞价产生价格的卖出申报全部成交；等于集合竞价产生的价格的买入或卖出申报，根据买入申报量和卖出申报量的多少，按少的一方的申报量成交。

开盘集合竞价中的未成交申报单自动参与开盘后的竞价交易。

（7）成交量、持仓量、交收量分别是什么概念

成交量是指某一合约在当日交易期间成交的双边数量。

持仓量是指客户所持有的未平仓延期交收合约的双边数量。

交收量是指某一延期交收合约实物交收配对成功的双边数量。

（8）如何进行延期交收合约的交收申报

延期交收合约的实物交割采用交收申报制度，交收申报时间为15:00~15:30，在每日的交收申报时段，多头持仓可进行收货申报、空头持仓可进行交货申报。交收申报结束前，客户可以撤销申报。

黄金延期交收合约的最小交收申报量为1千克，白银延期交收合约的最小交收申报量为15千克，并按最小申报量的整数倍进行申报。

申报交收需准备好相应的实物或资金，交收申报配对成功，在当日清算时完成资金和实物的过户。

交收配对成功但清算时没有相应的可提资金或可用库存，按交割违约处理。

（9）延期补偿费是什么概念，如何确定支付方向及金额

对于持有延期交收合约的投资者，每天都可以自由地选择是否进行交收申报。申报交割的多头一方需准备好资金，空头一方需准备好实物。如果市场上交货申报量与收货申报量不平衡，多空双方中的一方需要向另一方支付延期补偿费。

延期补偿费是客户延期交收时，补偿给对方融通资金或实物所需的成本。

延期补偿费的支付方向根据交、收申报数量对比确定。

当某延期交收合约空头申报的交货量小于多头申报的收货量时，当日延期补偿费支付方向为“空付多”，清算时该合约的全部空头持仓，按一一对应的方式向全部的多头持仓支付延期补偿费。

当某延期交收合约空头申报的交货量大于多头申报的收货量时，当日延期补偿费支付方向为“多付空”，清算时该合约的全部多头持仓，按一一对应的方式向全部的空头持仓支付延期补偿费。

当交货申报量等于收货申报量时，不发生延期补偿费支付。

延期补偿费 = 持仓量 × 当日结算价 × 延期补偿费率。

各延期交收合约的延期补偿费率根据交易所公告执行。

（10）中立仓是什么概念，如何进行中立仓的申报

中立仓是指为了获取延期补偿费而参与实物交收时生成的持仓。

当交收申报的收货量大于交货量时，客户以交实物的形式进行中立仓申报，交货成功后，按当日结算价生成相应的多头持仓。

当交收申报的交货量大于收货量时，客户以收实物的形式进行中立仓申报，收货成功后，按当日结算价生成相应的空头持仓。

中立仓免收手续费。

中立仓申报时间为 15:31 ~ 15:40，客户按照当日交收申报结果确定的中立仓方向进行申报，申报时交易所按合约当日结算价冻结生成相应持仓所需的保证金。

Au（T + D）的中立仓最小申报量为 1 千克，Ag（T + D）的中立仓最小申报量为 15 千克，并按各自最小申报量的整数倍进行申报。中立仓申报结束前，客户可以撤销申报。

（11）什么情况下收取延期业务的违约金

客户在延期交易交收申报时段，提交交收申报，并成功进行交割配对后，没有及时补齐相应的资金或实物，则视为交收违约。交易所将按照合约价值的 8% 向违约方收取违约金，支付给未违约方，同时实物交割终止。

13. 清算

（1）什么是清算，清算的作用是什么

清算一般是指将买卖各类交易合约的数量和金额分别予以计算，然后对合约及资金分别进行记账和收付的一种行为。

交易所的资金清算是指根据交易结果和交易所的有关规定对会员货款、交易保证金、交易盈亏、交易手续费、延期补偿费、超期费及其他有关款项等进行计算、收付的行为。会员单位根据交易所的清算结果对客户进行结算，并按约定方式将结果及时通知客户。

清算的作用是：

①对交易明细及交易结果进行整理、计算、记录，为下一交易日的交易提供数据基础。

②对货款、保证金、交易盈亏及相关费用等进行计算、收付、记账，按照逐日盯市制度，为强行平仓等风险控制措施提供数据依据。

（2）金交所清算的原则是什么

交易所实行“集中、净额、分级”的资金清算原则。

“集中”是指交易所对会员统一办理资金清算和划付。

“净额”是指会员就其在交易所买卖的成交差额与交易所进行清算。

“分级”是指交易所负责对会员实行清算，会员负责对其代理客户实行清算。

（3）对于不同的合约类型，金交所方式有何不同

交易所对现货实盘交易和现货即期交易采取钱货两讫制度进行清算。

交易所对现货延期交收交易实行每日无负债清算制度和交易保证金制度。

（4）什么是延期交收交易的保证金制度，保证金的作用是什么

在延期交收合约交易中，只需按合约价值的一定比率交纳少量资金作为履行合约的资金担保，便可参与合约的买卖，这种资金就是保证金。

新开仓时所需交纳的保证金是根据合约金额和保证金比率确定的，即

$$保证金 = 合约金额 \times 保证金比率$$

交易所 Au（T+D）合约的最低保证金比率为交易金额的 6%（交易所可以根据长假或其他市场风险情况调整保证金比例），会员单位会在交易所保证金的基础上加收一定比例的保证金。例如，某客户以 300 元/克的价格卖出 2 手 Au（T+D）合约（每手 1000 克），会员可按照 15% 的保证金比例，那么，他必须支付的保证金为 90000 元（$300 \times 2000 \times 15\% = 90000$）。

在持仓过程中，会因市场行情的不断变化而产生浮动盈亏。清算时，浮动盈亏将成为实际盈亏，同时，还需根据结算价重新计算持有合约的保证金。

保证金对于保障市场的正常运转具有重要作用。

①保证金制度的实施，降低了交易成本。使用一定比例的保证金就可从事合约的交易，发挥了资金杠杆作用，促进了套期保值功能的发挥。

②保证金为合约的履行提供了资金担保。保证金制度可以保证所有账户的每一笔交易和持有的每一个头寸都具有与其面临风险相适应的资金，交易中发生的盈亏不断得到相应的处理，杜绝了负债现象。因此，这一制度的严格执行为合约的履行提供了安全可靠的保障。

③保证金是交易所调整交易规模的重要手段。当市场火爆、交易规模过大时，可通过提高保证金的办法，增加交易成本，以抑制投机行为，控制交易的规模和风险。反之，当市场低迷、交易规模过小时，则可通过适量降低保证金来吸引更多的市场参与者，活跃交易气氛。

（5）什么是延期交收交易的当日无负债结算制度

对于延期交收合约，当日无负债结算制度又称“逐日盯市”制度，具体来说，就是在每日交易结束后，交易所按照合约当日的结算价对会员账户上所有合约的盈亏、保证金、手续费、延期费等费用进行结算，对应收应付款项实行净额一次划转，相应增加或减少会员的结算准备金，当结算准备金不足时，会员应在规定时间内补足保证金，否则，交易所有权对会员持有的合约进行强行平仓。

交易所会员按照相同的方式对其代理的客户进行结算，当客户保证金不足时，会员将要求客户追加保证金，客户应在约定时间内补足保证金，否则会员有权按照双方“交易代理协议”的约定对该客户持有的合约进行强行平仓。

例如，假设客户在开盘后以290元/克的价格买入2手Au（T+D），保证金比例为15%，所需的保证金为87000元（290×1000×2×15%＝87000），若当日收盘后结算价为280元/克，则当日盈亏（280－290）×1000×2＝－20000（元），以结算价计算的合约保证金需84000元，客户需补充的保证金为84000－（87000－20000）＝17000（元）（不计算手续费）。

（6）延期交收合约的每日盈亏由哪些部分组成，如何计算每日盈亏

延期交收合约的每日盈亏由当日持仓盈亏及当日平仓盈亏组成。

①当日持仓盈亏是客户的未平仓合约因每日结算价的变化而产生的，由持历史仓盈亏和持今日新仓盈亏组成，计算方法如下：

持历史仓盈亏＝（当日结算价－昨日结算价）×持仓量×合约单位

持今日新仓盈亏＝（当日结算价－当日开仓价）×持仓量×合约单位

②当日平仓盈亏由平仓了结的合约产生，也可以分为平历史仓盈亏和平今日仓盈亏，计算方法如下：

平历史仓盈亏 =（当日平仓价 - 昨日结算价）× 平仓量 × 合约单位

平今日仓盈亏 =（当日平仓价 - 当日开仓价）× 平仓量 × 合约单位

（7）结算单

结算单一般包括户名、成交日期、成交品种、成交数量及结算价格、买入或卖出、交易手续费和其他费用等内容。

由于延期交收合约是保证金交易，实行每日无负债结算制度，计算相对复杂，举例如下：

某客户开户后在保证金账户存入资金 30 万元，某日开仓买入 Au（T + D）合约 5 手，成交价为 280 元/克，同一天平仓 2 手，成交价为 282 元/克，当日结算价为 281 元/克，假设保证金比例为 15%，手续费率为 4/10000，则该客户当日的交易盈亏及结算情况如下：

当日平仓盈亏 =（282 - 280）× 1000 × 2 = 4000（元）

当日持仓盈亏 =（281 - 280）× 1000 × 3 = 3000（元）

当日盈亏 = 4000 + 3000 = 7000（元）

手续费 = 280 × 1000 × 5 × 4/10000 + 282 × 1000 × 2 × 4/10000 = 560 + 225.6 = 785.6（元）

当日权益 = 300000 + 7000 - 785.6 = 306214.4（元）

保证金占用 = 281 × 1000 × 3 × 15% = 126450（元）

可用资金 = 306214.4 - 126450 = 179764.4（元）

14. 交割

（1）什么是实物交割，交易所提供实物交割方面的业务有哪些

实物交割是指交易双方为履行交易合约，进行的实物所有权的转移行为。

交易所建立了完备的仓储体系和安全迅捷的物流系统，并对实物交割和出入库管理建立了整套的管理制度和业务规则。交易所提供实物登记、交割清算、质量认证、物流配送、质押过户、租借过户和 ETF 一级市场的申购赎回等业务服务。

（2）什么是实物账户，实物账户的“一户一码”是什么意思

实物账户是交易所给会员及客户开立的，用于登记实物变动情况的账户。

会员及客户的现货实盘交易、现货即期交易、现货延期交收交易的实物实行同一账户管理。

交易所实物交割实行一户一码制，即会员及客户开户成功取得的交易编码同时作为实物账户代码，实物交割处理到每个会员及客户的实物账户。

（3）用于交割的黄金可以分为哪两类

用于交割的黄金分为剩余库存和买入货权两类。

会员及客户存入指定仓库的黄金记入其剩余库存账户；会员及客户通过交易所买入的黄金记入其买入货权账户。

（4）剩余库存与买入货权有何区别

剩余库存及买入货权都代表会员或客户拥有的实物所有权，都可以在交易中卖出或申请提货出库，但两者还是有一定的区别具体如表4－6所示。

表4－6　　剩余库存与买入货权区别

区别	剩余库存	买入货权
仓储费不同	黄金1.8元/千克×天	黄金0.6元/千克×天
卖出顺序不同	后扣除	先扣除
提货地点不同	只能在原来存入的指定仓库提货	可选择就近方便的指定仓库提货

（5）交易所有多少指定仓库

目前，交易所在全国44个城市设立59家指定仓库（黄金56家、白银3家），金锭由交易所统一调运配送，方便会员就近交货、就近提货。

（6）交易所的交割品种有哪些，个人可参与交割的品种有哪些

交易所各上市合约与交割品种对应如下：

Au50g：交割品种为标准重量0.05千克、成色不低于99.99%的金条。

Au100g：交割品种为标准重量0.1千克、成色不低于99.99%的金条。

Au99.99：交割品种为标准重量1千克、成色不低于99.99%的金锭。

Au99.95：交割品种为标准重量3千克、成色不低于99.95%的金锭。

Au99.5：交割品种为标准重量12.5千克、成色不低于99.50%的金锭。

Pt99.95：交割品种为标准重量0.5千克、1千克、2千克、3千克、4千克、5千克、6千克，成色不低于99.95%的铂锭。

Au（T+D）、Au（T+N1）和Au（T+N2）：基准交割品种为标准重量3千克、成色不低于99.95%的金锭。标准重量1千克、成色不低于99.99%的金锭可替代交割。替代实物交割品种目前暂不执行升水制度。

mAu（T+D）：交割品种为标准重量1千克、成色不低于99.99%的金锭。

Ag99.99及Ag（T+D）：交割品种为标准重量15千克、成色不低于99.99%的银锭。

Ag99.9现货即期交易合约：交割品种为标准重量15千克、成色不低于99.9%的银锭。个人客户不能参与白银实物交割。

个人客户可以参与交割的交割品种有：Au100g、Au99.99、Au99.95、Au（T+D）、mAu（T+D）、Au（T+N1）和Au（T+N2）七个合约品种。

（7）个人客户如何提取黄金实物

个人客户向其代理会员提出提货申请，由代理会员委派专人去交易所指定仓库提货后转交客户。具体流程可参考各会员单位官方网站。

（8）在实物交割方面涉及的费用有哪些

涉及的费用有四项，分别为交割费、仓储费、运保费、出入库费。

交割费是指参与实物交割的会员及客户向交易所缴纳的交割手续费。交易所向参与白银交割的会员及客户收取交割费，交割费的计算公式为：交割费=交割费率×实物交割标准重量，白银交割费率为1元/千克。

仓储费是指定仓库保管实物产生的保管费用。交易所指定仓库执行统一仓储费标准。仓储费由交易所代收代付，黄金、铂金的剩余库存的仓储费目前为1.8元/千克·天；黄金、铂金的买入货权的仓储费目前为0.6元/千克·天，实物出库日为1.8元/千克。银锭的仓储费率为0.011元/千克·天。目前交易所对个人投资者账户中持有的实物黄金免收仓储费。

运保费是指交易所统一调拨各指定仓库实物产生的费用。金锭、金条、Ag99.99银锭由交易所负责统一调运，其中金锭、100克金条、Ag99.99银锭的运保费由买卖双方共同承担，50克金条的运保费由卖方承担。金锭、100克金条的运保费率为0.05元/克，50克金条的运保费率为0.10元/克，Ag99.99的运保费率为5元/千克。金锭、金条运保费的计算节点为：会员及客户实物账户中剩余库存卖出交割；会员及客户实物账户中买入货权交提出库；会员及客户申请交提，申请日次日撤单；系统自动撤销交提申请单。Ag99.99银锭运保费的计算节点为实物交割时。

会员在指定仓库存入实物或提取实物时，需向指定仓库支付入库费和出库费。金锭、金条、铂锭的入库费率及出库费率均为2元/千克，不足1千克的按1千克计收。银锭的入库费率及出库费率均为0.09元/千克。出入库费由指定仓库直接收取。

（9）什么是二次清算

二次清算是指交易所对实物溢短差重量用资金进行的清算，实物溢短差重量为实物实际重量与标准重量的差额。

金锭的实际重量是指每类实物标准条块的纯重，金条、铂锭和银锭的实际重量是指每类实物标准条块的称量重量。标准重量是指每类实物标准条块的基本重量。

交易所目前实行“黄金出库后不再入库”的原则，所以一旦提货后就不能再进入交易所交易，但银行、金店等回购交易所标准金条。因此建议以投资为目的购买黄金的投资者，在买入后不要选择提取实物黄金，而是保留在自己的实物账户上，存放在交易所的指定仓库中，而且目前交易所金库对个人投资者实物黄金免收仓储费。

15. 其他

（1）交易所的相关费用有哪些

实物交易的费用一般包括：交易手续费、交割费、仓储费等。

如果发生实物出库行为的，还有运保费、出入库费等费用。

对于延期交易品种，如果市场交货量与收获量不平衡，多空双方中的一方需要向另一方支付递延费；如果市场持仓规模超过交易所的规定，超期持仓需要支付超期费。

（2）哪些渠道可以获取交易所的行情信息

①交易所官方网站提供延时行情及每日行情日报；

②路透、彭博、文华财经、大智慧、深圳黄金资讯等交易所授权信息商的行情系统终端；

③会员单位的二级交易系统终端；

④商业银行的网上银行中贵金属交易区域等。

（三）贵金属延期交易实例

1. 黄金延期 Au（T+D）实例

黄金延期 Au（T+D）是国内黄金投资产品，但其走势几乎是按照国际现货黄金的走势来进行的。所以要进行黄金延期 Au（T+D）投资，就必须先分析国际现货黄金的价格走势。下面简单举个例子，更多实例见教材技术分析部分。

图 4-10 所示为 2011 年 8 月 18 日至 2012 年 2 月 2 日的现货黄金（T+D）的日 K 线。

现货黄金在 395.20 见顶后，开始下跌，经过 19 天下跌后，跌到了 326.7，然后开始震荡反弹，反弹到 369 附近后，再次下跌。注意这一波下跌是一个小 5 浪结构，即经过下跌（1 浪）—反弹（2 浪）—下跌（3 浪）—反弹（4 浪）—下跌（5 浪）。在 2011 年 12 月 29 日这一天，创出了 311.10 新低。

注意，在这里创出的新低，比 326.70 低点还低，如果行情要走熊的话，应该继续下跌，并且 326.70 由支撑位变成了阻力位。但市场实际运行的是，价格跌破 311.10 后，没有继续下跌，而是收了一根带有长长下影线的明线，这表明在这里有不少抄底资金介入，并且收盘在 326.70 之上，这表明，326.70 支撑位仍在，不能盲目看空做空了。反而应该逢低轻仓介入多单。

图 4－10　2011 年 8 月 18 日至 2012 年 2 月 2 日的现货黄金（T＋D）的日 K 线图

创出 311.10 新低后，第二天，价格没有继续下跌，而是向上反弹，虽然向上力很重，但最终还是收了一根阳线，这表明下跌很可能结束了。新的上涨波段开始，所以抄底多单可以持有，并且还可以继续逢低做多。

再来看一下黄金延期 Au（T＋D）的日 K 线，如图 4－11 所示。

图 4－11　黄金延期 Au（T＋D）的日 K 线图

当现货黄金创出新低时，黄金延期 Au（T＋D）收了一根大阴线。需要注意的是，第二天，黄金延期 Au（T+D）低开后就开始强势上涨，这表明抄底涌进，空单一定要及时止盈出局，并且要敢于逢低做多，止损可以设在 311.10 附近。

从其后走势看，现货黄金开始震荡上行，而黄金延期 Au（T+D）也开始震荡上行，所以一旦确认下跌结束，要及时转变思维，即由前期的逢高做空思维，转为逢低做多思维，并且低位多单要敢于沿着 5 日和 10 日均线持有，这样可以实现盈利最大化。

如果没有及时买进，那么每次价格回调到 5 日和 10 日均线附近，都是不错的做多点位。

2. 白银延期 Ag（T+D）

白银延期 Ag（T+D）是国内白银投资产品，但其走势几乎是按照国际现货白银的走势来运行的。所以要进行白银延期 Ag（T+D）投资，就必须先分析国际现货白银的价格走势。

图 4-12 所示为 2010 年 7 月 2 日至 2010 年 10 月 1 日的现货白银（AG）的日K 线。

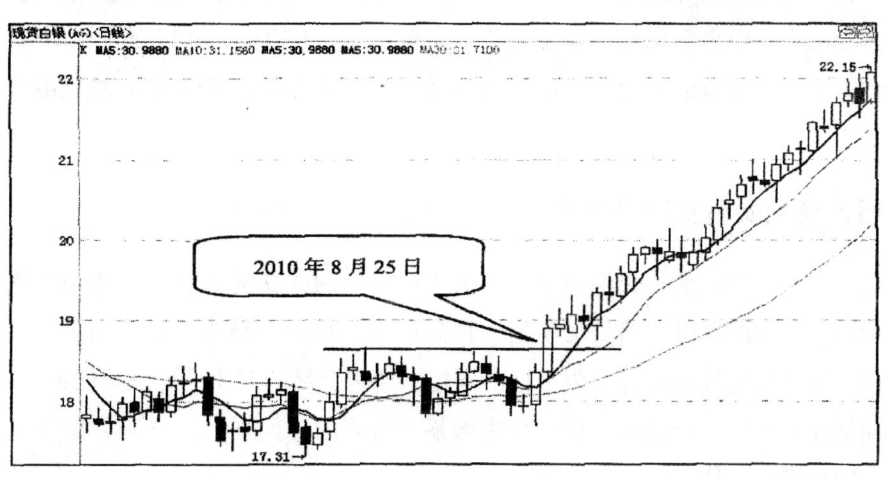

图 4-12　2010 年 7 月 2 日至 2010 年 10 月 1 日的现货白银（AG）的日 K 线图

8 月 25 日前，现货白银的价格在 17.5 与 18.5 之间反复震荡，经过近 40 个交易日的窄幅震荡后，在 8 月 25 日，一根中阳线突破了震荡平台的上边线，并且力度较强，这表明多方力量相当强，也预示着震荡行情结束，趋势上涨行情开始了。另外，从均线上看，均线开始黏合向上发散，也验证了上涨趋势行情开始了。所以如果手中有抄底多单的可以继续持有，没有多单的，应开始准备逢低做多了，即可以沿着 5 日和 10 日均线做多。

再来看一下白银延期 Ag（T+D）的日 K 线，如图 4-13 所示。

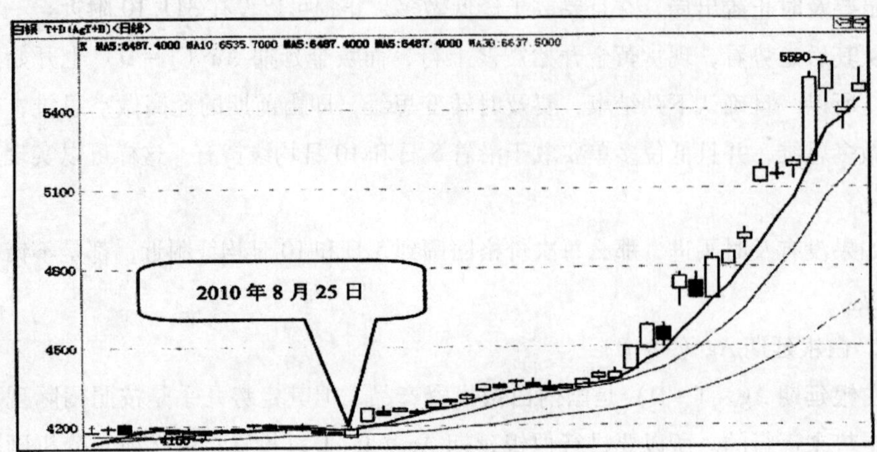

图 4-13　白银延期 Ag（T+D）的日 K 线图

从图形上可以看出，当现货白银反复震荡时，白银延期 Ag（T+D）也在反复震荡。在 8 月 25 日，白银延期 Ag（T+D）收了一根阳线，但从技术上来看，还没有完全走出来，但由于现货白银已突破了盘整平台的上边线，所以在 8 月 25 日，可以逢低做多，并且以前的低位多单继续持有，然后再沿着 5 日和 10 日均线继续看多做多。

四、贵金属期货交易实务

期货交易是指在期货交易所内集中买卖期货合约的交易活动，最初用于规避现货交易价格波动的风险。期货交易是一种高度组织化的交易方式，对交易对象、交易时间、交易空间等方面有较为严格的限定。期货交易的对象是标准化的期货合约，是由期货交易所统一制定的、规定在将来某一特定的时间和地点交割一定数量和质量商品的标准化合约。

（一）期货交易与现货交易的主要区别

1. 交割时间不同

现货交易一般是即时成交或在很短时间内完成商品的交收活动，买卖双方一旦达成交易，即实现商品所有权的让渡。而期货交易从成交到货物收付存在着时间差，例如，买卖双方于 1 月 10 日达成一笔 6 月 20 日交割的黄金期货合约，实物交割在 6 月 20 日完成，但在 1 月 10 日却表现为双方买卖标准化的黄金期货合约。

2. 交易对象不同

现货交易的对象主要是实物商品，期货交易的对象是标准化合约。从这个意义上来说，期货不是实际货物，而是关于某种商品的合同。而且，并不是所有的商品都能够成为期货交易的品种。

3. 交易目的不同

现货交易的目的在于获得或让渡商品的所有权，满足买卖双方直接物质需求。期货交易的目的一般不是为了获得实物商品，套期保值者的目的是通过期货交易转移现货市场的价格波动风险，投机者的目的在于从期货市场的价格波动中获得风险收益。

4. 交易的场所与方式不同

现货交易一般不受交易时间、地点的限制，可以在任何场所与对手交易。期货交易必须在高度组织化的期货交易所内以公开竞价的方式进行。

5. 结算方式不同

现货交易主要采用到期一次性结清的结算方式，同时也有货到付款方式和信用交易中的分期付款方式等。期货交易实行每日无负债结算制度，交易双方必须缴纳一定数额的保证金，并且在交易过程中始终要维持一定的保证金水平。

（二）期货交易基本制度

1. 保证金制度

投资者在进行期货交易时，必须按照其买卖期货合约价值的一定比例来缴纳资金，作为履行期货合约的保证，然后才能参与期货合约的买卖。这笔资金就是我们常说的保证金。例如，假设黄金期货的保证金率为7%，当金价为300元/克，每张黄金期货合约为1000克时，投资者交易一张黄金期货合约需要支付的保证金是$300\times1000\times0.07=21000$（元）。

2. 逐日盯市制度

当日无负债结算制度也称“逐日盯市”制度，简单来说，就是期货交易所要根据每日市场的价格波动对投资者所持有的合约计算盈亏并划转保证金账户中相应的资金。交易所在每日交易结束后，按当日结算价格结算所有未平仓合约的盈亏、交易保证金及手续费、税金等费用，对应收应付的款项同时划转，相应增加或减少会员的结算准备金。

若经结算，会员的保证金不足，交易所应立即向会员发出追加保证金通知，会员应在规定时间内向交易所追加保证金。若客户的保证金不足，期货公司应立即向客户发出追加保证金通知，客户应在规定时间内追加保证金。

3. 价格限制制度

价格限制制度包括涨跌停板制度和价格熔断制度。涨跌停板制度主要用来限制期货合约每日价格波动的最大幅度。根据涨跌停板的规定，某个期货合约在一个交易日中的交易价格波动不得超过交易所事先规定的涨跌幅度，超过这一幅度的报价将被视为无效。当日价格上涨的上限，称为涨停板；当日价格下跌的下限，称为跌停板。涨跌停板一般是以某一合约上一交易日的结算价为基准确定的。

此外，价格限制制度还包括熔断制度，即在每日开盘之后，当某一合约申报价触及熔断价格并且持续一分钟时，对该合约启动熔断机制。熔断制度是启动涨跌停板制度前的缓冲手段，发挥防护栏的作用，目前主要在国内股指期货的合约设计中使用。

4. 持仓限制制度

交易所为了防范市场操纵和少数投资者风险过度集中的情况，对会员和客户手中持有的合约数量上限进行一定的限制，这就是持仓限制制度。一旦会员或客户的持仓总数超过了这个上限，交易所可按规定强行平仓或者提高保证金比例。

5. 强行平仓制度

强行平仓制度是与持仓限制制度和涨跌停板制度等相互配合的风险管理制度。当交易所会员或客户的交易保证金不足并未在规定时间内补足，或会员或客户的持仓量超出规定的限额，或会员或客户违规时，交易所为了防止风险进一步扩大，将对其持有的未平仓合约进行强制性平仓处理，这就是强行平仓制度。

6. 大户报告制度

大户报告制度是指当投资者的持仓量达到交易所规定的持仓限额时，应通过结算会员或交易会员向交易所或监管机构报告其资金和持仓情况。

除上述基本制度外，交易所为了保证期货交易的公开、公平、公正，还采用了结算担保金、信息披露和会员管理等一系列制度。

（三）期货交易流程

国际上交易的贵金属现货都有其对应的期货，但是我国目前的贵金属期货只有黄金期货，因此，我们主要介绍黄金期货的交易流程。黄金期货交易的基本流程主要包括：

1. 开户

由于能够直接进入期货交易所进行交易的只能是期货交易所的会员，所以，普通投资者在进入黄金期货市场交易之前，首先需要选择一个具备合法代理资格、信誉好、资金安全、运作规范和收费比较合理的期货公司会员。选定期货公司之后，即可向其提出委托申请，开立账户。

开立账户实质上是投资者（委托人）与期货公司（代理人）之间建立的一种法律关系。一般来说，各期货公司为客户开设账户的程序及所需的文件不尽相同，但基本程序及方法大致相同，主要包括：

（1）风险揭示。期货公司在接受客户开户申请时，需向其提供《期货交易风险揭示书》，在客户了解期货交易的风险并确定能够接受之后才能继续签署《期货经纪合同》。

（2）签署合同。期货公司在接受客户开户申请时，双方须签署《期货经纪合同》。

（3）缴纳保证金。客户在期货公司签署经纪合同之后，应按规定缴纳开户保证金。客户的保证金将由保证金监控中心进行实时监控，防止出现挪用现象，投资者可通过保证金监控中心的网站进行查询。

2. 交易

客户在按规定足额缴纳开户保证金后，即可开始交易，进行委托下单。所谓下单，是指客户在每笔交易前下达交易指令，说明拟买卖合约的种类、数量、价格。期货交易指令的种类很多，并且各种不同交易指令的作用也各不相同。但是无论哪一类期货交易指令，其基本内容一般都包括期货交易的品种、买卖方向、买卖数量、合约月份、买卖价格、日期及时间、期货交易所名称、客户名称、客户编码和账户等。

3. 结算

结算是指根据交易结果和交易所有关规定对会员交易保证金、盈亏、手续费、交割货款和其他有关款项进行的计算、划拨，并将计算结果记入客户的保证金账户。按照期货交易所和期货结算所的制度规定，期货交易的结算是分级、分层的：交易所只对会员交易的期货合约进行结算，非会员单位或个人通过其期货公司会员对交易的期货合约进行结算。

4. 交割

期货交易的交割方式分为实物交割和现金交割两种。实物交割是指交易双方在交割日将合约所载商品的所有权按规定进行转移来了结未平仓合约，而现金交割是指交易双方在交割日对合约盈亏以现金方式进行结算的过程。黄金期货采用的是实物交割方式，在投资者持有的合约进入交割月后，将按照交易所的相关规定完成交割手续。

（四）上海期货交易所贵金属期货交易介绍

上海期货交易所是依照有关法规设立的，履行有关法规规定的职责，受中国证监会集中统一监督管理，并按照其章程实行自律管理的法人。上海期货交易所目前上市交易的有黄金、白银、铜、铝、锌、铅、螺纹钢、线材、燃料油、天然橡胶、石油沥青、热轧卷板、镍、锡14种期货合约，并推出了黄金、白银和有色金属的连续交易。

上海期货交易所现有会员200多家（其中期货公司会员占近77%），在全国各地开通远程交易终端700多个。

黄金期货的上市，为促进黄金市场的发展，增进商品期货市场与金融市场的联系开辟了新路径；白银期货的上市，丰富了我国贵金属期货品种，完善了国内白银市场价格体系，促进了国内白银产业可持续健康发展；黄金、白银和有色金属的连续交易上线运行，促进了相关品种国内外价格的及时联动，增强了我国期货市场的价格影响力，并为投资者实时进行风险管理提供了便利。

1. 黄金期货交易规定

（1）交割单位

黄金标准合约的交易单位为每手1000克，交割单位为每一仓单标准重量（纯重）3000克，交割应当以每一仓单的整数倍交割。

（2）质量规定

①用于本合约实物交割的金锭，金含量不低于99.95%。

②国产金锭的化学成分还应符合表4－7的规定。

表4－7　　国产金锭的化学成分要求

牌号	化学成分（质量分数）/%							
	Au	杂质含量不大于						
	不小于	Ag	Cu	Fe	Pb	Bi	Sb	总和
Au99.99	99.99	0.005	0.002	0.002	0.001	0.002	0.001	0.01
Au99.95	99.95	0.020	0.015	0.003	0.003	0.002	0.002	0.05

其他规定按GB/T 4134—2003标准的要求。

③交割的金锭为1000克规格的金锭（金含量不小于99.99%）或3000克规格的金锭（金含量不小于99.95%）。

④3000克金锭，每块金锭重量（纯重）溢短不超过±50克。1000克金锭，每块金锭重量（毛重）不得小于1000克，超过1000克的按1000克计。每块金锭磅差

不超过±0.1克。

⑤每一仓单的黄金，必须由同一生产企业生产，同一牌号、同一注册商标、同一质量品级、同一块形的金锭组成。

⑥每一仓单的金锭，必须是交易所批准或认可的注册品牌，须附有相应的质量证明。

（3）交易所认可的生产企业和注册品牌

用于实物交割的金锭，必须是交易所注册的品牌或交易所认可的伦敦金银市场协会（LBMA）认定的合格供货商或精炼厂生产的标准金锭。具体的注册品牌和升贴水标准，由交易所另行规定并公告。

（4）指定交割金库

指定交割金库由交易所指定并另行公告。

（5）交易细则

交易价格是交易所计算机自动撮合系统将买卖申报指令以价格优先、时间优先的原则进行排序，当买入价大于、等于卖出价时自动撮合成交形成的价格，撮合成交价等于买入价、卖出价和前一成交价三者中居中的价格。

交易指令分限价指令、取消指令和交易所规定的其他指令。

限价指令：每次最大下单数量为500手，交易指令每次最小下单量为1手，交易指令的报价只能在价格波动限制之内。

交易所实行交易编码备案制度。交易编码是会员和客户进行期货交易的专用代码，分非期货公司会员交易编码和客户交易编码。

交易所按即时、每日、每周、每月、每年向会员、客户和社会公众提供期货交易信息。

（6）交割细则

在合约最后交易日后，所有未平仓合约的持有者应当以实物交割方式履约。客户的实物交割应当由会员办理，并以会员名义在交易所进行。自然人客户不得进行黄金实物交割，黄金期货合约最后交易日前第三个交易日收金后，自然人客户该黄金期货合约的持仓应当为零。

①交割程序

第一交割日：卖方交标准仓单。卖方将已付清仓储费用（支付到第五交割日，含第五交割日）的有效标准仓单交交易所。

第二交割日：交易所分配标准仓单。

第三交割日：买方交款、取单。买方必须在第三交割日14:00前到交易所交付货款并取得标准仓单；卖方收款，交易所在第三交割日 16:00 前将货款付给卖方。

第四、第五交割日：卖方交发票。

②标准仓单在交易所进行实物交割的流转程序

A. 卖方客户将标准仓单授权给卖方会员以办理实物交割业务；

B. 卖方会员将标准仓单交给交易所；

C. 交易所将标准仓单分配给买方会员；

D. 买方会员将标准仓单分配给买方客户。

③入库与出库

A. 货主向指定交割金库发货前，应当办理入库申报（交割预报）。入库申报的内容包括品种、等级、数量、发货单位及拟交货地等。客户的申报应当通过其委托的会员办理。

B. 交易所在库容允许的情况下，考虑货主意愿，在 3 个交易日内指定货主交割金库，货主应当在交易所规定的有效期内向已批准的入库申报中确定的指定交割金库发货，未经过交易所批准入库或未在规定的有效期内入库的金锭不能用于交割。

C. 金锭运抵指定交割金库后，指定交割金库按相关规定对金锭及相关单证进行检验审核，检验分为质量检验和数量检验两部分，入库时，货主应当到指定交割金库监收；货主不到金库监收的，视为货主同意指定交割金库的检验结果。

D. 金装入库完毕并验收合格后，由会员向交易所提交制作标准仓单申请，交易所审查合格后，通知指定交割金库在标准仓单管理系统中签发标准仓单。

E. 货主提货时，应通过标准仓单系统提交出库申请，并选择提货地，交易所在货主选择的提货地内统筹安排提货金库，并在货主提交提货申请后的五个工作日内确定其中一个交易日为发货日。在发货日前的某一交易日，交易所通过标准仓单管理系统将发货日通知货主，改交易日为发货通知日，货主应当自发货日起两个工作日之内到库提金。指定交割金库发货时，应当及时填制《标准仓单出库确认单》（一式二份，货主和指定交割金库各执一份），并妥善保管备查。

表 4－8　　　　上海黄金期货合约文本

交易品种	黄金
交易单位	1000 克/手
报价单位	元（人民币）/克
最小变动价位	0.05 元/克
每日价格最大波动限制	不超过上一交易日结算价 ±3%
合约交割月份	最近 3 个连续月份的合约以及最近 13 个月以内的双月合约

续表

交易品种	黄金
交易时间	9:00～11:30、13:30～15:00 和交易所规定的其他交易时间
最后交易日	合约交割月份的 15 日（遇法定假日顺延）
交割日期	最后交易日后连续 5 个工作日
交割品级	金含量不小于 99.95% 的国产金锭及经交易所认可的伦敦金银市场协会（LBMA）认定的合格供货商或精炼厂生产的标准金锭
交割地点	交易所指定交割金库
最低交易保证金	合约价值的 4%
交割方式	实物交割
交易代码	AU
上市交易所	上海期货交易所

2. 白银期货交易规定

表 4－9　　白银期货标准合约

交易品种	白银
交易单位	15 千克/手
报价单位	元（人民币）/千克
最小变动价位	1 元/千克
每日价格最大波动限制	不超过上一交易日结算价 ±3%
合约交割月份	1～12 月
交易时间	9:00～11:30、13:30～15:00 和交易所规定的其他交易时间
最后交易日	合约交割月份的 15 日（遇法定假日顺延）
交割日期	最后交易日后连续 5 个工作日
交割品级	标准品：符合国标 GB/T 4135—2002、IC—Ag99.99 规定，其中银含量不低于 99.99%
交割地点	交易所指定交割仓库
最低交易保证金	合约价值的 4%
交割方式	实物交割
交割单位	30 千克
交易代码	AG
上市交易所	上海期货交易所

第五章　贵金属投资交易分析

虽然关于投资分析的理论繁多，但常用的投资分析方法一般有以下三种：基本分析、技术分析、心理分析。其中，基本分析主要应用于投资标的物的选择上，技术分析和演化分析则主要应用于具体投资操作的时间和空间判断上，作为提高投资分析有效性和可靠性的有益补充。

基本分析、技术分析、心理分析，它们之间既相互联系，又有重要区别。相互联系之处，主要表现在投资决策的具体应用层面。技术分析要有基本分析的支持，才能避免“缘木求鱼”，而技术分析和基本分析要纳入心理分析的基本框架，才能提高其科学性、适用性、有效性和可靠性。

重要区别之处，主要体现在如何处理人与市场关系的哲学层面。技术分析派认为市场是对的，股价走势已经包含了所有有用的信息，其基本理念是“顺势而为并及时纠错”；基本分析派认为他们自己的分析是对的，市场出错会经常发生，其基本理念是“低价买入并长期持有”；演化分析派则认为市场和投资者的对与错，无论是在时间和空间上，还是在形式和内容上，都不存在普世、恒定、统一的评判标准，而是很大程度上取决于人性弱点与市场生态的协同演化进程，其基本理念是“一切以生物本能与进化法则考量为前提”。

第一节　贵金属投资基本面分析

广义的基本分析法以传统经济学理论为基础，以投资标的价值为主要研究对象，通过对决定投资标的内在价值和影响其价格的宏观经济形势、行业发展前景、企业经营状况等进行详尽分析，以大概测算长期投资价值和安全边际，并与当前的价格进行比较，形成相应的投资建议。基本分析认为价格波动不可能被准确预测，而只能在有足够安全边际的情况下买入并长期持有。

具体到贵金属投资基本面分析，主要指贵金属的供给需求关系、美元指数及国际汇率、地缘政治、重要经济指标、头寸变化、机构评级、通货膨胀、国家货币、经济政策等，对贵金属价格的影响。①

一、黄金基本面分析

在基本面分析中，供求关系是影响贵金属市场走势的核心，其他因素如国际经济形势、政治变化等最终都会直接或间接影响供求关系，从而影响市场。

从1976年牙买加会议算起，黄金“非货币化”的推行已有40多年。在此期间，黄金价格经历了3个截然不同的阶段。首先是在1980年之前金价的飙升阶段至1980年年均金价达到614.61美元/盎司的历史顶峰。在这5年中，黄金价格年均增长率高达37.58%。在此之后，黄金价格便进入了低迷的20年，在这一阶段，金价缩水了55.63%。随后就是21世纪开始的10多年的金价连续攀升期，年度均价从2001年的272.67美元/盎司上涨到2011年的1920.78美元/盎司，增长了6倍以上，年平均增加率达到了15.2%。

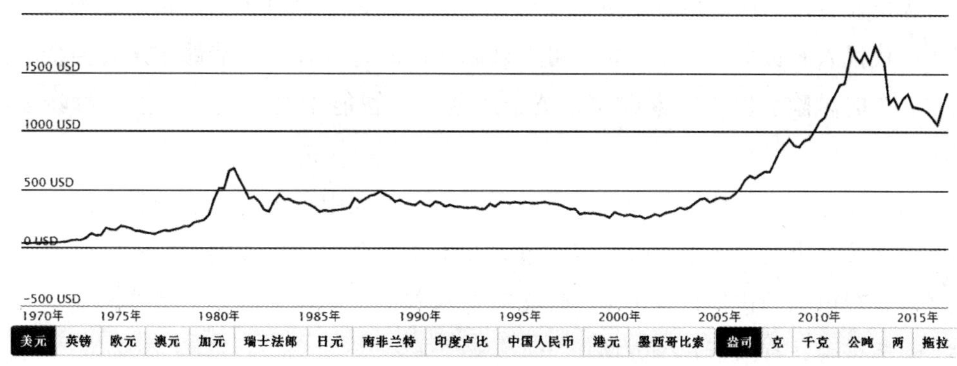

图5-1　1970年至2016年黄金现货价格走势

随着黄金价格逐渐市场化，影响黄金价格变动的因素日益增多，具体来说，可以分为以下几方面。

（一）黄金供给因素

（1）地上的黄金存量。根据世界黄金协会统计，2014年末，全球已开采黄金共计183600吨。黄金的稀缺性今天依然存在，而黄金来源与其需求一样，都分散于世界各地。

① 注：本节对贵金属供需仅作简单讲述，详细内容参考第二章第二节黄金、白银、铂族的供应，和第三章第一节第四部分“贵金属市场参与者结构”。

（2）年供应量。黄金的年供求量大约为 4200 吨，每年新产出的黄金占年供应的 62%。

（3）新的金矿开采成本。黄金开采平均总成本 2012 年大约为 910 美元/盎司。

（4）中央银行的黄金抛售。中央银行是世界上黄金的最大持有者，1969 年官方黄金储备为 36458 吨，占当时全部地表黄金存量的 42.6%，而到了 2012 年，官方黄金储备大约为 3.13 万吨，占已开采的全部黄金存量的 18.4%。由于黄金的主要用途由重要储备资产逐渐转变为生产珠宝的金属原料，或者为改善本国国际收支，或为抑制国际金价，因此，数十年来，中央银行的黄金储备在绝对数量上和相对数量上都有很大的下降，数量的下降主要靠在黄金市场上抛售库存储备黄金。例如，英国中央银行的大规模施售、瑞士中央银行和国际货币基金组织减少黄金储备就成为国际黄金市场金价下滑的原因。

（二）黄金需求因素

无论在全世界任何地方，黄金都具有情感、文化和金融价值，正是这些价值支撑了一代代人对黄金的需求。黄金可以被制作成时髦的珠宝，能够用来管控金融投资组合中的风险、保护国家财富；黄金还被用于智能手机以及尖端医学诊断设备当中。

黄金在金饰、科技等领域的广泛应用以及在各大中央银行及投资者中的交易流通，说明黄金市场的各个部分都曾在过去几十年的全球经济周期中的不同时点各领风骚。黄金市场的这种自我平衡特性尤其意味着，黄金需求有一个持续的基本面支撑。具体来说，有以下几个方面：

（1）黄金实际需求量（首饰业、工业等）的变化。一般来说，世界经济的发展速度决定了黄金的总需求。尽管科技的进步使黄金替代品不断出现，但黄金以其特殊的金属性质使其需求量仍呈上升趋势。而某些地区因局部因素对黄金需求产生了重大影响。例如，一向对黄金饰品有着大量需求的印度，在 2013 年 6 月 5 日上调黄金进口关税至 8%。这是继 2013 年 1 月之后，印度政府半年内第二次上调黄金进口关税。这次上调税率后，印度黄金进口关税相比年初 4% 的水平翻番，自 2012 年初以来已累计上涨 4 倍。印度每年消耗 800 吨左右的黄金，约占全世界每年黄金消耗量的 20%。作为世界第一黄金消费大国，印度对黄金进口实施限制，会对黄金需求产生一定的负面影响，并拖累全球黄金价格。受此影响，2013 年 6 月 5 日，纽约黄金现货价格因担心需求下降而在盘中下跌，8 月期黄金期货以 1398.10 美元/盎司报收，与前一交易日持平。而印度多种商品交易所（Multi Commodity Exchange）8 月期黄金期货收盘上涨 430 卢比，报收在每 10 克 28090 卢比。

（2）保值的需要。黄金储备一向被中央银行用作防范国内通胀、调节市场的重要手段。而对于普通投资者，投资黄金主要是为了在通货膨胀情况下达到保值的目的。在经济不景气的态势下，由于黄金相对于货币资产保险，导致对黄金的需求上升，金价上涨。例如，在第二次世界大战后的三次美元危机中，由于美国的国际收支逆差趋势严重，各国持有的美元大量增加，市场对美元币值的信心动摇，投资者大量抢购黄金，直接导致布雷顿森林体系崩溃。2011 年的欧元区债务问题是助长黄金创造历史高点的主要原因之一。危机由希腊开始爆发逐步升级，以至于影响到欧元核心成员国德国和法国的主权信用评级。黄金的价格也出现了一波三折的走势，从年初的 1420 美元/盎司一路上涨，创造了历史高点 1920 美元/盎司。

（3）投机性需求。影响黄金价格的另一个因素是市场投机因素，特别是黄金期货市场的规模越来越大，使大量资金进入黄金市场平衡投资产品和进行投机。投机者根据国际国内形势，利用黄金市场上的金价波动，加上黄金期货市场的交易体制，大量“沽空”或“补进”黄金，人为地制造黄金需求假象。在黄金市场上，几乎每次大的下跌，都与对冲基金公司借入短期黄金在即期黄金市场抛售和在 COMEX 黄金期货交易所构筑大量的空仓有关。在 1999 年 7 月黄金价格跌至 20 年来最低点的时候，美国商品期货交易委员会（CFTC）公布的数据显示，在 COMEX 投机性空头接近 900 万盎司（近 300 吨）。当触发大量的止损卖盘时，黄金价格下降，基金公司乘机回补获利，当金价略有反弹时，来自生产商的套期保值远期卖盘压制黄金价格进一步上升，同时给基金公司新的机会重新建立沽空头寸，形成了当时黄金价格一浪低于一浪的下跌格局。2013 年 4 月 9 日，欧盟委员会发布债务评估，称塞浦路斯已经承诺出售大约 4 亿欧元的超额黄金储备，由此引发国际炒家的投机行为。4 月 12 日，纽约市场一开盘立刻涌出 100 吨的 6 月期货抛盘，目标直指 1540 美元/盎司的关键支撑点。2 小时后，第二波惊人的 300 吨抛盘在 30 分钟内集中杀出，黄金市场终于支撑不住，规模巨大的止损程序被激活，导致市场雪崩。一天 400 吨抛盘，相当于全球黄金产量的 15%。导致金价于 4 月 12 日和 4 月 15 日连续两个交易日跌幅超过 200 美元/盎司。

表 5－1　　2014 年、2015 年黄金需要　　单位：吨

	2014 年	2015 年	2014 年				2015 年				2015 年第四季度对比 2014 年第四季度百分点变化
			第一季度	第二季度	第三季度	第四季度	第一季度	第二季度	第三季度	第四季度	
珠宝	2480.8	2414.9	617.2	592.0	594.1	677.4	602.7	521.3	628.5	671.4	－1
技术	346.4	330.7	82.2	86.3	87.6	90.3	81.2	83.1	81.9	84.5	－7
电子	277.5	263.3	65.3	68.8	70.4	72.9	64.8	65.9	65.1	67.5	－7
其他行业	49.0	48.6	11.5	121.6	12.3	12.6	11.7	12.4	12.1	12.3	－2
牙科	19.9	18.9	5.3	4.9	4.9	4.8	4.7	4.8	4.7	4.6	－4
投资	815.4	878.3	266.2	198.4	181.5	169.3	276.7	177.6	229.4	194.6	15
金条及金币总需求	1000.5	1011.7	281.2	236.6	221.8	260.9	251.4	201.4	295.3	263.5	1
实物金条需求	725.2	731.6	201.7	170.3	166.2	187.0	186.6	148.5	200.4	196.1	5
官方金币	203.0	212.6	64.0	48.8	35.7	54.5	50.5	40.6	74.4	47.1	－14
证章/仿币	72.2	67.4	15.5	17.5	19.9	19.3	14.3	12.4	20.5	20.3	5
ETF 及类似产品	－185.1	－133.4	－15.0	－38.3	－40.3	－91.5	25.2	－23.9	－65.9	－68.9	—
中央银行净购买	583.9	588.4	117.9	157.2	174.9	133.9	122.9	129.2	169.0	167.2	25
黄金需求	4226.4	4212.2	1083.5	1033.9	1038.0	1071.0	1083.5	902.2	1108.8	1117.7	4
伦敦下午黄金定价（美元/盎司）	1266.4	1160.1	1293.1	1288.4	1281.9	1201.4	1218.5	1192.4	1124.3	1106.5	－8

资料来源：世界黄金协会。

（三）其他因素

（1）美元汇率影响。从近 30 年的历史数据统计来看，美元走势会对黄金价格产生较大的影响。在黄金市场上一般有美元涨则金价跌、美元降则金价扬的规律。美元坚挺一般代表美国国内经济形势良好，美国国内股票和债券将受到投资人竞相追捧，黄金作为价值贮藏手段的功能受到削弱；而美元汇率下降则往往与通货膨胀、股市低迷等有关，黄金的保值功能又再次体现。这是因为，美元贬值往往与通货膨胀有关，而黄金价值含量较高，在美元贬值和通货膨胀加剧时往往会刺激对黄金保值和投机性需求上升。

（2）各国的货币政策与国际黄金价格密切相关。当某国采取宽松的货币政策时，由于利率下降，该国的货币供给增加，加大了通货膨胀的可能，会造成黄金价格的上升。从 2008 年至 2013 年的 6 年中，美国推出了三轮量化宽松（QE1、QE2、QE3）政策。从已经实施的 QE1、QE2 来看，第一轮量化宽松政策实施时间最长，规模最大，对黄金白银的价格推动作用也是最大的，黄金最大涨幅接近 70% ，黄金

价格从近700美元/盎司涨到了逾1100美元/盎司。第二轮量化宽松的规模只有第一轮的1/3，时间是第一轮的1/2，同时购买标的是长期国债。最终的结果是，黄金继续延续第一轮的上涨趋势，直到2011年9月中旬见顶。

（3）通货膨胀对金价的影响。从长期来看，每年的通胀率若是在正常范围内变化，那么其对金价的波动影响并不大；只有在短期内，物价大幅上升，引起人们恐慌，货币的单位购买力下降，金价才会明显上升。虽然进入20世纪90年代后，世界进入低通胀时代，作为货币稳定标志的黄金用武之地日益缩小。而且作为长期投资工具，黄金收益率日益低于债券和股票等有价证券。但是，从长期来看，黄金仍不失为对付通货膨胀的重要手段。

（4）国际贸易、财政、外债赤字对金价的影响。债务，这一世界性问题已不仅仅是发展中国家特有的现象。在债务链中，不但债务国本身发生无法偿债导致经济停滞，而经济停滞又进一步恶化债务的恶性循环，就连债权国也会因与债务国的关系破裂，面临金融崩溃的危险。这时，各国就会为维持本国经济不受伤害而大量储备黄金，引起市场黄金价格上涨。

（5）国际政局动荡、战争等。国际上重大的政治、战争事件都将影响金价。政府为战争或为维持国内经济的平稳而支付费用，大量投资者转向黄金保值投资，这些都会扩大对黄金的需求，刺激金价上扬。

（6）股市行情对金价的影响。如果大家普遍对经济前景看好，则资金大量流向股市，股市投资热烈，金价下降。

除了上述影响金价的因素之外，国际金融组织的干预活动，本国和地区的中央金融机构的政策法规，也将对世界黄金价格的变动产生重大的影响。

二、白银基本面分析

国际市场上，白银是波动最剧烈的商品之一。20世纪70年代初期，白银价格一直在2美元/盎司徘徊，1973年起，白银价格开始攀升，截至1980年1月21日，白银涨到历史最高价50.35美元/盎司。这期间的价格暴涨是由于美国亨特兄弟的市场操纵。之后，1980~2001年，白银价格总体一路走低，并在低位震荡。白银价格在1993年最低达到3.55美元/盎司。

综观国际白银价格，近10年来走势起伏较大，震荡向上的行情从2002年开始，2005年银价上涨加速，2008年上半年，国际银价突破20美元/盎司。2008年下半年，受国际金融危机影响，国际商品价格大幅下跌，国际银价回落到10美元/盎司之下。2009年，随着各国刺激经济政策出台，全球经济逐渐复苏，推动白银价格再度上涨。进入2011年，国际白银价格波动剧烈，1月底至4月底，短短三个月内，白银价格逼近50美元/盎司，最大涨幅达80%以上。此后至2012年初，经历了三次大跌行情。其中，在2011年5月初的一周内银价从47.86美元/盎司跌至35.62美元/盎司，跌幅达25.6%。此后白银价格一路震荡下行，截至2016年2月初，国际银价跌至13.6美元/盎司的低价，随后经过一轮反弹，到2016年7月中旬至20美元/盎司附近。

图5-2 白银走势（1996~2016年）

国际白银价格主要由海外市场决定，定价中心在纽约COMEX和伦敦LBMA。

影响白银价格的因素有很多，主要的有供给、需求、美元走势、世界经济形势等。

（一）供需影响

供给和需求是市场发展的两个重要驱动力，市场的繁荣发展，离不开需求供给的均衡以及经济的增长，绝对的均衡在现实市场中是不存在的。社会发展的经验告诉我们，过剩或者短缺是市场下一步发展的动力。

供求关系是影响白银价格的根本因素。通常供大于求，价格下跌；供不应求，价格上升。价格波动反过来又会影响供求，即当价格上涨时，供应将增加而需求将减少；反之，则需求上升供给减少。白银价格的上扬，将使生产商扩大生产规模，开采有利可图的矿藏，这会影响矿产白银和作为伴生品白银的产量，继而影响白银的价格。同时，新矿藏的发现与开采、新技术的应用、生产企业检修及罢工、进出口政策等将影响产量及供应；白银应用领域发展趋势、白银投资偏好变化等都将影响白银的需求并最终传导至价格上。

从白银的供需方面看，白银每年约有56%的需求来自工业（2014年世界白银协会公布数据），这一点和黄金有着极大的不同。黄金工业需求比例不到10%。

由于白银的工业需求比例非常高，所以，白银的价格波动对整个经济波动的弹性也表现得非常高。例如，2009 年受国际金融危机的影响，白银的工业需求大幅萎缩。脱离了工业需求的支持，白银投资回报率在 2009 年首次出现负收益。2011 年，虽然白银均价取得较大上涨，但是如果仔细拆分会发现，在 2011 年上半年，由于美国的 QE2 使美国经济在 2010 年第四季度和 2011 年第一季度走强，同时，由于宽松的货币政策导致通胀快速上升，白银价格在工业属性以及货币属性的双重引擎作用下大幅上涨，达到了历史高点 49.75 美元/盎司。而进入 2011 年 5 月，由于美国经济增速大幅下滑，QE2 积极效应远弱于预期，使市场对白银工业需求持悲观态度，白银价格出现大幅下跌。

在白银的需求量中，最引人注目的是首饰需求。据中国珠宝玉石行业协会统计，国内白银饰品、制品加工的年用银量为 20 多吨，生产、经营从业人员共计 5 万多人，年生产白银首饰 700 多万件。国内首饰用银是银价上扬的一个基点。

据世界白银协会（Silver Institute）报告表示，2015 年全球白银需求创下纪录，银饰、银币和银条等需求出现新高，总白银需求被推高至 11.7 亿盎司。

报告显示，2015 年全球白银供应量则有所下降，主要受到废料回收的影响，这使白银市场连续第三年出现供应不足的状态，供应缺口达到 1.298 亿盎司，同比增长 60%，也是历史第三高。

全球银饰需求连续第三年增长，创下 2.265 亿盎司的历史新高，主要受到印度和泰国需求的推动，北美地区的需求也有 5% 的增长。银饰需求连续第三年增长至 6290 万盎司，为 10 年最高水平。此外，实物白银需求最大来源即工业制造应用方面，白银需求同比下降 4% 至 5.887 亿盎司。从地区来看，美国和日本需求有所增加。电子应用方面需求下降 10% 至 2.467 亿盎司。

通过这些数据我们可以看到白银市场近几年的大致变化，可以作为白银投资的一个重要参考。

（二）生产成本

白银的成本取决于白银生产商的开采状况。

从白银成本因素来看，由于白银 70% 的生产来自铜、铅、锌的伴生矿，因此，白银的独立生产成本相对较低。而且，由于各个生产商生产技术的差异，白银生产成本相差较大。根据 2009 年的数据统计，全球前 16 大白银生产企业生产白银的平均值为 5.75 美元/盎司，较 2008 年增长约 6%，而该年的白银均价为 14.68 美元/盎司。

大宗商品研究顾问 CPM 发布的《白银年鉴 2013》显示，2012 年白银产量加权平均的现金成本上涨了 19%，从 2011 年的 8. 44 美元/盎司，上升至 2012 年的 10. 04 美元/盎司。2012 年的成本上涨，部分是因为启动新项目，部分是因为投入成本增加。

据 2013 年初全球最大白银生产商墨西哥 Fresniuo 集团公布的 2012 年财报，该公司的白银开采成本仅为 4. 62 美元/盎司。但加上销售成本、金融性成本、税收等，总成本达到 25. 15 美元/盎司。Fresnillo 集团 2012 年的平均白银销售价格为 31. 40 美元/盎司。因此，利润率约为 25%。

由此可见，白银的独立生产成本相对较低，影响其价格的是附加在白银上的综合费用。

（三）相关经济变量的影响

在主要交易市场上，白银是以美元标价的，因此，白银价格走势的一部分决定因素来源于美元币值的变化。由于美元和黄金价格的高相关性，白银价格也会间接地受到美元贬值及高油价的影响。

（1）通胀推高白银保值属性。为了应付 2008 年国际金融危机以来的经济衰退，各国中央银行不断扩大资产负债表，推行宽松的货币政策，向市场持续注入流动性，通胀在全球蔓延，纸币购买力不断下降。面对通胀的侵蚀，投资者们不断买入金银进行资产保值，金银价格不断走高。

（2）白银也有避险属性。国际上重大的政治、战争事件都将影响银价。政府为战争或为维持国内经济的平稳而支付费用，大量投资者转向现货白银保值投资，这些都会扩大对现货白银的需求，刺激银价上扬。

债务这一世界性问题也将推动白银的需求。在债务链中，不但债务国本身发生无法偿债导致经济停滞，而经济停滞又进一步恶化债务的恶性循环，就连债权国也会因与债务国的关系破裂，面临金融崩溃的危险。这时，各国就会为维持本国经济不受伤害而大量储备现货白银，会引起市场现货白银价格上涨。2011 年欧美债务危机大爆发，曾推升白银价格暴涨。

（3）工业国的经济变化。白银 70% 的需求都是来自工业方面，而工业生产往往受全球利率去向及经济的变化所影响，因此，白银价格与全球经济有着密切的关系。

作为一种工业金属，白银主要用于工业、摄影以及首饰和银制品三个方面。制造业需求量基本上就等于全部的市场需求量，其中 56% 的需求都是来自工业的用途。欧盟、美国、日本和印度是世界上用银量最大的几个地区，而在欧盟中，意大利的消费量又是最大的。

（四）白银投资的影响

黄金价格的涨跌在很大程度上具有的是一种货币现象，常常受到美元汇率走向的影响。由于包括各国中央银行在内的众多市场参与者相互制衡，市场难以被某一方单独操控。而白银市场的容量相对较小，市场制衡力量也不均衡，因此，白银的表现更像一只“小盘股”，走势上震荡比较大，炒作性和趋势延续性更强。历史上，许多次白银价格的调整是以比黄金更为剧烈的方式完成的。例如，1980 年美国亨特兄弟操纵白银期货价格失败后，白银价格崩溃，从每盎司 48.7 美元跳水，一直跌至每盎司 4 美元左右。

考察过去 10 多年白银价格变化。2003 年，白银价格上涨了 28%，强劲的投资是银价上涨的重要推动因素。到了 2004 年，白银价格进一步增长，主要源于投资者对白银兴趣的增长，这一年，机构买方投资者在期货交易所有大量操作。2005 年、2006 年，这种趋势得到延续，特别是 2006 年，银价实现了 50% 左右的增长，达到了 26 年的高点。2007 年到 2008 年上半年，这种投资趋势没有改变，直到 2008 年下半年，随着国际经济形势的恶化迅速加剧，白银工业端的需求放缓明显，同时白银作为贵金属的保值属性又不如黄金，所以银价经历了明显的下跌，且跌幅大于黄金。

尽管银价在 2008 年下半年发生下跌，但流入三只主要白银 ETF 的资金却创纪录地达到 9300 万盎司；银币奖章的铸造也创造了纪录，相比上年增长了 63%，达到 6500 万盎司，显示出欧美投资者对实物白银的极大热情。随着经济环境的改善，银价在 2009 年以及 2010 年又分别上涨了 50% 和 80%（历史第二增长率）。

白银期货的价格走势，反映了投资者对未来价格的预期，而价格预期受到宏观微观条件的影响，包括利率走势、汇率预期、白银供给需求变动等。期货的交割数量也需要考虑在内，未来期货的交易量预示着未来的成交量，直接从量上影响价格。

（五）其他金属价格

由于白银主要是在开采铜、铅及钾等金属时所附带的金属，因此，上述金属价格变化能够影响白银的开采供应量，从而影响白银的价格。

（六）美元走势

白银是以美元为买卖计价单位的，一般在现货白银市场上有美元涨则银价跌、美元降则银价扬的规律。现货白银作为价值贮藏手段的功能受到削弱；而美元汇率下降则往往与通货膨胀、股市低迷等有关。在美元贬值和通货膨胀加剧时，往往会刺激对现货白银保值和投机性需求上升。

（七）产银国的汇率变化

墨西哥为全球最大的产银国，其年产量约占全球总产量的16%，故其抛售白银的数量备受市场关注。倘若墨西哥的货币汇率对美元下跌，将会诱使当地产银商抛售白银以换取美元，从而导致白银价格回软。

除了上述影响银价的因素之外，国际金融组织的干预活动，本国和地区的中央金融机构的政策法规，也将对世界现货白银价格的变动产生重大的影响。

三、铂金基本面分析

铂与黄金、白银同为贵金属，却表现出更强的商品属性，基本面供需对其价格起到更大的影响作用。2012年南非铂金矿山罢工事件对铂系金属供给造成巨大的冲击，成为引导铂价波动的主要因素。

国际铂金价格走势受经济形势影响较大，铂金的投资属性也逐渐被市场挖掘。决定国际铂金价格的主要因素是工业景气度和珠宝首饰需求。受经济危机影响，近年来全球大部分工业不景气，珠宝钻石首饰需求也并没有像往常一样大幅增长，使国际铂金价格走势受到压制。

2012年，国际市场现货铂金价格开于1403.50美元/盎司，历经两番起落，收于1540.00美元/盎司，累计涨幅9.72%，最高1735.99美元/盎司，最低1379.05美元/盎司。年初，受南非铂金矿山罢工事件影响，铂金价格一改上年颓势走升至年内高点；该事件平息后，铂金价格随经济形势恶化而下跌，至7月触及年内低点；8月之后，南非矿山罢工再起并升级为暴力冲突，引发铂金价格走高，直至11月事态缓和，价格才有所回落。

（一）供需影响

铂金的供给分为矿山生产、催化剂回收与首饰回收三部分，其中矿山生产占总供给的76%（2011年数据）。在矿山供应中，南非矿山供应起主导作用。2012年，铂金供应量出现锐减，主要是因为南非铂金矿企业减产导致全球矿山产出减少。同时，由于铂金价格较前期有所降低，铂金回收量缩减。供给的减少导致铂金市场出现约40万盎司短缺。这期间，供应量减少成为铂金价格的推动因素。

自2006年以来，由于铂金价格走高，来自回收的供给也逐渐大幅增加。从近10年铂金价格与回收率来看，铂金价格与回收率有较强的正相关，这主要是因为铂金价格上涨推升了回收企业扩产的积极性。从需求方面来看，铂金的工业需求（催化剂+其他工业需求）占总需求的63.7%，所以，工业需求的强弱直接影响着铂金的价格。在2009年国际金融危机影响到实体经济时，铂金的工业需求大幅下降导致金属价格下跌，虽然在同年铂金的首饰与投资需求较上年有较大的涨幅。由此可见，工业需求是支撑铂金价格的基础。

（二）生产成本的影响

全球铂金主要生产商是南非的Anglo与Impala。二者产能占全球生产商的67%。根据2011年统计，Anglo的现金成本已经高于铂金价格。造成南非企业生产成本大幅提高的原因主要有四点：第一，南非限制海外投资矿产资源导致南非矿山开采设备落后，从而增加成本。同时，由于海外投资的减少使工人的收入增长缓慢，导致罢工不断影响成本。第二，南非近年来提升了矿山企业对环境的整治力度，导致矿山企业的成本上升。第三，成本的上升使许多矿山停产，导致生产商规模效应下降，从而形成对成本的负反馈。第四，南非货币兰特近几年的持续升值，导致转换成美元计价的成本加速上涨。Anglo 2011年铂金生产成本为14000～14500兰特/盎司（约1400美元/盎司）。

（三）地缘政治的影响

2013年3月，金砖国家南非德班峰会期间，俄罗斯与南非签署了铂族金属领域的谅解备忘录。双方将协调在铂族金属市场的经营活动，包括寻找新市场、协调政策，确保在国际市场上最有效地利用资源，提高效力。

双方商定在莫斯科建立协商机制，成立工作小组等事宜。俄罗斯与南非同意建立一 个铂金与钯金的贸易集团，计划在这些金属的出口方面联合行动。

俄罗斯和南非是全球最大的铂族金属生产国，占世界铂族金属总产量的80%。两个国家有意向进行铂族金属贸易协作，这一类似“欧佩克”（OPEC）的国际间组织将对全球铂族金属供应市场产生巨大影响，两个国家为遏制铂族金属供过于求，可能采用税收手段。不少分析机构表示，如果铂族金属“垄断联盟”成为现实，未来几年铂族金属供应可能出现明显赤字，铂族金属价格将出现实质性走高，甚至将铂金价格看涨至2000美元/盎司上方，钯金价格看涨至1000美元/盎司上方。

（四）投资对铂价的影响

由于铂金的工业属性较强，所以影响铂金价格的因素主要是工业层面的供需。而金融需求是一个滞后指标，当然在一定的时期由于金融需求的波动大，所以给铂价带来的边际影响也更大。考察铂金金融需求主要有其净投资价值与ETF持仓量。由于铂金期货的市值较小，而且主要是生产企业的经营需求，所以对金融需求的影响较小。

全球铂金 ETF 与其他贵金属 ETF 一样，主要是以实物支持的 ETF 为主。自 2007 年以来，铂金 ETF 上市几年便取得了大幅增长。2012 年底，全球铂金 ETF 总持仓量已达到 46.6 吨，由于铂金 ETF 绝大多数是实物支持型的 ETF。所以，未来铂金 ETF 将受到投资与工业领域的双重欢迎。

四、钯金基本面分析

目前铂金的需求主要是催化剂，自 20 世纪 90 年代以来，铂金价格不断上涨，导致作为替代品钯的需求大幅上涨，也推升了钯金价格。钯金的工业属性很强，所以钯的价格主要是与其工业需求相关（包括催化剂以及其他工业需求）。自 2009 年以来，全球经济经历金融危机后缓慢复苏，钯金的价格也大幅上涨。当然，2009 年之后的钯金价格大涨也有较强的金融属性在内，之后全球量化宽松推升通胀，资源品的价值出现普涨。2012 年，国际钯金价格开于 653.49 美元/盎司，收于 704.10 美元/盎司，累计涨幅 7.74%，最高 725.19 美元/盎司，最低 553.75 美元/盎司。钯金价格走势大体跟随铂金，历经两番起落之后，在年末一路走高。

钯金的矿山供给主要来自俄罗斯、南非与北美（主要是加拿大）。根据 2011 年数据，俄罗斯、南非与加拿大供给的占比分别达到了 47.3%、34.8% 与 12.2%。因此，这三个国家的地缘因素会对钯价产生深远影响。

例如，2012 年，钯的工业需求仍旧保持强劲，但俄罗斯宣布将在未来 8 年或更长时间内缩减钯金储备出售，令市场忧虑钯金供给问题，造成市场供需严重不平衡，助推钯价上涨。俄罗斯自 20 世纪 90 年代中期开始销售其钯金国家库存，该销售量对钯金市场供需影响重大，2011 年库存销售占世界钯金供应总量的 11%。巴克莱资本预计，相对于钯金强劲的汽车催化剂需求，俄罗斯降低销量可能导致钯金市场在 2015 年之前都会出现供不应求的状况。

钯金的化学需求、电子需求等其他工业需求占比少，而且近年来这部分需求增长平稳，没有如钯价那样大幅上涨，所以这部分需求不是决定钯价的主要因素。

自 2007 年以来，全球出现了钯金的 ETF，与其他贵金属 ETF 一样，钯金 ETF 上市几年取得了大幅增长。2012 年底，全球钯金 ETF 总持仓量已达到 57.6 吨，甚至超过了铂金 ETF 的总持仓量。与铂金一样，钯金 ETF 绝大多数是实物支持型的 ETF，所以未来钯金 ETF 将受到投资与工业领域的双重欢迎。

值得注意的是，钯金 ETF 持仓量与铝金价格的相关性较高，但是中长期而言，ETF 的持仓量是一个同步指标，虽然在短期内持仓量的暴涨暴跌可能预示后市价格的异动，但是，总体上 ETF 的持仓量并不能预测价格的走势。

第二节　贵金属投资技术分析概述

技术分析是利用市场交易资料及相关信息，借助图表或技术指标来研究市场过去及现在的行为反应的分析方法，主要用来预测短期内价格涨跌的趋势。通过技术分析，投资者可以归纳总结一些典型的规律，对整个市场或个别品种价格的未来变动方向与程度做出预测和判断。

技术分析依据的基础是历史价格、成交量、持仓量等，它认为所有品种的实际供需量及其背后起引导作用的种种因素，包括贵金属市场上每个人对未来的期望等，都已经集中反映在了品种的价格和交易量上。因此技术分析只关心市场本身的变化，而不考虑会对其产生影响的经济、政治等各种外部因素。

一、技术分析的基本假设

技术分析的理论基础是基于三项合理的市场假设：市场行为涵盖一切信息；价格沿趋势移动；历史会重演。

（一）市场行为涵盖一切信息

市场行为涵盖一切信息这一假设是进行技术分析的基础，该假设认为影响证券价格的每一个因素（包括内在的和外在的）都反映在市场行为中，不必对影响价格的具体因素过多地关心。

这条假设的合理性在于，市场上客观的交易行为本身已经对影响价格变动的各种因素做出了综合反应，也就是说，影响价格变动的各种因素已经通过市场买卖过程体现出了。因此，对市场现状及运行趋势的判断与分析，只需要关注客观的市场行为，而无须考虑其形成的具体原因。

（二）价格沿趋势移动

价格沿趋势移动这一假设认为证券价格的变动是按一定规律进行的，证券价格有保持原来方向的惯性。在没有任何外部影响的情况下，如果一段时间内价格一直持续上涨或下跌，那么今后一段时间，价格也会按这一方向继续上涨或下跌。其合理性在于，证券价格的运动趋势有其内在的形成原因，在形成一种趋势以后，证券价格就会沿此趋势继续前行，直到推动这一趋势的力量逐步衰竭或遇到相反的力量为止。

这一假设的重要性在于，如果证券价格可以在没有外部影响的情况下随时改变运行方向，其运行轨迹毫无规律可循，那么着眼于其未来行情变化趋势的技术分析的基础就被动摇了。我们只有承认该假设，才能找出证券价格运动的规律，从而对投资活动进行指导。

（三）历史会重演

历史会重演这一假设认为，证券价格的变动会在相似的市场状态下显示出相似的发展趋势与特征，因此，通过总结以往证券价格变动的规律，就可预测出未来的变动趋势。其合理性在于，它考虑到了人的心理因素。由于市场上进行具体买卖的是人，虽然市场在发展，但是人性必然要受到心理学中某些规律的制约。面对相同的局面，由大量单个投资者组成的群体往往做出与历史类似的反应。

更进一步说，技术分析理论就是人们对过去证券价格的变动规律进行归纳总结得出的理论结果。如果不承认这一假设，那么任何对过去走势的分析都不能得出对未来价格预测有用的结论，技术分析也就失效了。

在三大假设之下，技术分析有了自己的理论基础。第一假设肯定了研究市场行为就意味着全面考虑了影响证券价格的所有因素；第二和第三假设使技术分析总结出的规律能够应用于证券市场的实际操作之中。

当然，对这三大假设本身的合理性一直存在争论。例如，第一假设认为市场行为包括了一切信息，但是市场行为反映的信息同原始的信息毕竟有差异，必然存在着损失信息。又如，第三假设认为历史会重演，但证券市场是千变万化的，不可能有完全相同的市场情况重复出现，同时，投资者也在不断学习进步，面对类似的情况做出的反应可能有差异。因此，在进行技术分析的同时，加入基本分析将有助于提高分析的准确程度。

二、技术分析的要素

在资本市场的技术分析中，价格、成交量、时间和空间是进行分析的四大要素。这四大要素之间的相互关系是进行正确分析的基础。

（一）价

价为最基本的技术分析要素，主要是指成交价。技术分析中重要的价格包括开盘价、最高价、最低价和收盘价，其中收盘价最为重要。技术分析的直接目的就是预测价格的未来走势，能否得出未来价格走势的正确结论是技术分析成功与否的基本标志。

（二）量

量是另一个基本要素，主要是指成交量，在期货市场中还包括持仓量。技术分析的目标是预测价格，而成交价格的形成取决于供求关系。当人们对某种资产的需求增加并超过其供给时，就会促使其价格上升，反之则会导致价格下跌。更进一步说，如果在价格上升的过程中，成交量也逐渐放大，这就意味着人们对这种价格上行颇为认同，其维持上升趋势的能力便较强；反之，如果价格上升但成交量却在萎缩，这就意味着人们对这种价格上行并非普遍认同，其上升趋势就可能由于后续购买力缺乏而终止。可见，不同的量价组合关系可以预示不同的价格变动前景，因此技术分析通常总是把两者结合起来进行考察。

（三）时

时是指价格变动的时间因素和分析周期。一个已经形成的趋势在短时间内不会发生根本改变，中途出现的波动对原来趋势不会产生根本性影响；但是这种趋势又不可能永远不变，经过一定时间必然会有新的趋势出现。循环周期理论着重关心的就是时间因素，它强调了时间的重要性。

（四）空

空是指贵金属价格波动的空间范围或所处的价位区间，也可以认为是价的另一种表现形式。

贵金属价格是以趋势运行的，空间因素考虑的就是趋势运行的幅度有多大。具体来说，当价格上升或下跌的幅度已经较大，即一种趋势持续运动的空间范围已经相当大时，其维持原趋势的能力就会相应下降，价格可能达到涨跌边界。另外，价格所处的相对位置也十分重要，越是处于低位，其投资风险也就越小，反之，其投资风险就越大。

（五）价与量的关系

价格与成交量是市场最基本的行为表现，两者的关系在资本市场中显得尤为重要。一般来说，量是价的先行者。在相同或类似的价格形态中，成交量可以作为价格形态的确认，没有成交量的确认，价格形态将是缺乏实际支持的，其可靠性较差。比较常见的量价关系包括：

（1）价升量增。这种量价关系是市场行情的正常特性，表示价格将继续上升。

（2）价升量缩。这种量价背离是价格趋势潜在反转的信号。

（3）价格随着缓慢递增的成交量而逐渐上涨，渐变的走势突然成为垂直上升的喷发行情，成交量急剧增加，价格暴涨；继而成交量大幅度萎缩，同时价格急速下跌。这种现象表示涨势已到末期，上升乏力，显示出趋势反转的现象。

（4）经历一波长期下跌，形成谷底后价格回升，但成交量并没有增加，价格上涨欲振乏力，然后再度跌落至先前谷底附近。当第二谷底的成交量低于第一谷底时，是价格上涨的信号。

（5）价格向下跌破形态趋势线或移动平均线，同时出现大成交量，是价格继续下跌的信号，表明形成空头市场。

（6）价格下跌了相当长时间，出现恐慌性卖出，成交量日益扩大，价格大幅度下跌；继恐慌性卖出之后，价格开始上涨，同时恐慌性卖出所创的低价，将不可能在极短的时间内跌破。恐慌性大量卖出之后，往往是空头的结束。

三、技术分析的理论基础——道氏理论

（一）道氏理论的形成过程

道氏理论是技术分析的理论基础，许多技术分析方法的基本思想都源自道氏理论。该理论的创始人是美国人查尔斯·亨利·道。为了反映市场的总体趋势，他与爱德华·琼斯创立了著名的道·琼斯平均指数。他们在《华尔街日报》上发表的有关证券市场的文章，经后人整理，成为我们今天看到的道氏理论。

（二）主要原理

（1）市场价格平均指数可以反映和解释市场的大部分行为。这是道氏理论对证券市场的重大贡献。道氏理论认为，收盘价是最重要的价格，并以收盘价为基础计算平均价格指数。此外，他还提出了平均价格涵盖一切信息的假设。

（2）市场波动具有某种趋势。道氏理论认为，价格波动最终可以表现为 3 种趋势：主要趋势（持续 1 年或 1 年以上）、次要趋势（持续 3 周到 3 个月，是对主要趋势的调整）、短暂趋势（持续时间不超过 3 周）。

（3）主要趋势有 3 个阶段（以上升趋势为例）：第一阶段是积累阶段，股价处于横向盘整时期；第二阶段是上涨阶段；第三阶段是价格到达顶峰后的又一个积累期。第三阶段结束的标志是下降趋势。

（4）趋势必须得到成交量的确认。

（5）一个趋势形成后将持续，直到趋势出现明显的反转信号。这是趋势分析理论的基础。

四、主要技术分析理论

在量价历史资料基础上进行的统计、数学计算、绘制图表方法是技术分析方法的主要手段。从这个意义上讲，技术分析方法种类繁多，形式多样。一般来说，可以将技术分析方法分为如下常用的几类。

（一）K线理论

K线图是进行各种技术分析最重要的图表。该理论根据若干天的K线组合情况，推测市场中多空双方力量的对比，进而判断市场行情。

1. K线的画法及主要形状

K线又称日本线，起源于日本的米市，最早是日本德川幕府时代大阪的米商用来记录当时一天、一周或一月中米价涨跌行情的图示法，后被引入证券市场。K线表示单位时间内的价格波动，把买卖双方力量的增减变化，通过阴阳K线图“影线”与“实体”表现出来。

K线由每一时间单位中的四个数据——开盘价、最高价、最低价、收盘价组成。当开盘价低于收盘价时，K线为阳线（一般用红色表示）；当开盘价高于收盘价时，K线为阴线；当开盘价等于收盘价时，K线称为十字星。当K线为阳线时，最高价与收盘价之间的细线部分称为上影线，最低价与开盘价之间的细线部分称为下影线，开盘价与收盘价之间的柱状称为实体。通常“实体”部分为多空双方斗争的主要区域，阳线实体越长则表明多方力量越强大，阴线实体越长表明空方力量越强大。上影线越长表示空方力量越强大，下影线越长表示多方力量越强劲。

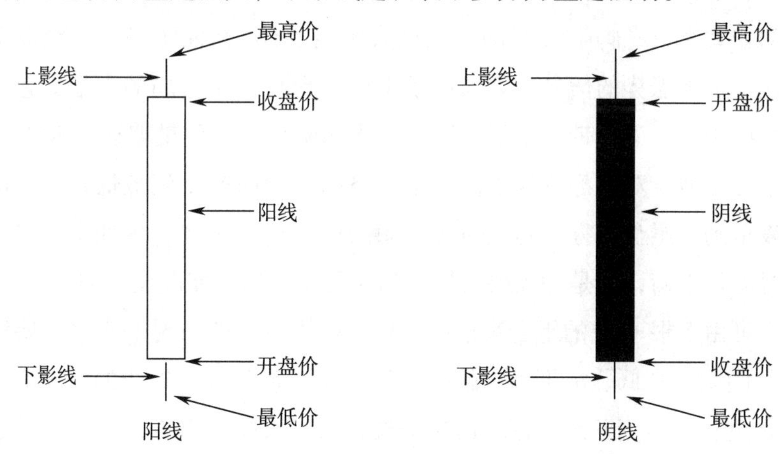

图5－3　基本K线

由于4个价格取值不同，K线还包括其他一些主要的形状。

光头阳线和光头阴线：这是没有上影线的K线。当收盘价或开盘价正好等于最高价时，就会出现这种K线。

光脚阳线和光脚阴线：这是没有下影线的K线。当开盘价或收盘价正好等于最低价时，就会出现这种K线。

光头光脚的阳线和阴线：这种K线既没有上影线也没有下影线，当收盘价和开盘价分别与最高价和最低价中的一个相等时，就会出现这种K线。

十字星：当收盘价和开盘价相同时，就会出现这种K线。

T字形和倒T字形：当收盘价、开盘价、最高价三者相等时，就出现T字形K线；当收盘价、开盘价、最低价三者相等时，就出现倒T字形K线。

一字形：当收盘价、开盘价、最高价、最低价四者相等时，就出现这种K线。

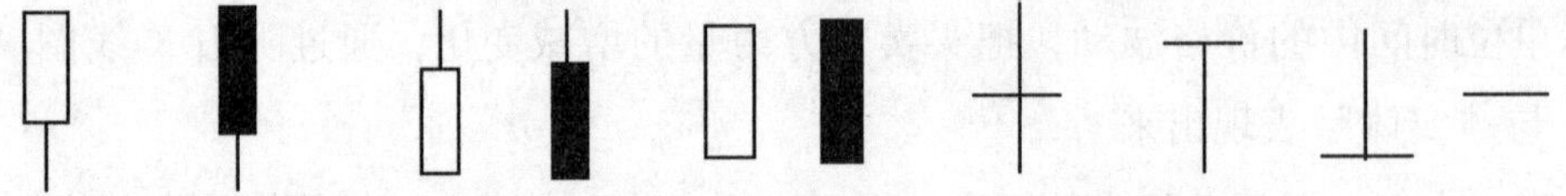

图5-4　K线的几种形状

2. K线的组合应用

K线图反映了一段时间内买卖双方实际斗争的结果，从中可以看出双方斗争中力量的增减、方向转变等。因此，熟悉K线组合对市场走势分析尤为重要。

首先，单根K线即可以用来研判行情。在应用单根K线时，我们主要从实体的长短、阴阳、上下影线的长短以及实体长短与上下影线长短之间的关系等几个方面来进行。例如大光头光脚阳线实体（也称大阳线实体），说明多方已经取得了决定性胜利，这是一种涨势的信号。如果这条阳线出现在一段盘局的末端，它所包含的内容将更有说服力。又如带有上下影线的阳线和阴线，这种最普通的K线表明多空双方斗争十分激烈，双方都一度占优，把价格抬到最高或压到最低，但又被对方拉回。阳线表示到了尾盘多方才勉强占优，阴线表示空方占优。再如十字星，表明多空双方暂时力量平衡，但是却需要警惕，随时留意市场可能改变方向。

其次，可由多根K线的组合来推测行情。K线组合的情况非常多，要综合考虑各根K线的阴阳、高低、上下影线的长短等因素。对于两根K线的组合来说，第二天的K线是进行行情判断的关键。简单来说，第二天多空双方斗争的区域越高，越有利于上涨；越低，越有利于下跌。

总之，无论K线组合有多么复杂，都是由最后一根K线相对于前面K线的位置来判断多空双方的实力大小，并且 K 线多的组合要比 K 线少的组合得出的结论可靠。

（二）切线理论

切线理论是按一定的方法和原则，再根据价格数据绘制的图表中画出一些直线，根据这些直线的情况推测价格的未来走势。这些直线就是切线。常见的切线有趋势线、轨道线、黄金分割线、压力线、支撑线等。

1. 支撑线和压力线

支撑线又称抵抗线，是指当价格下跌到某个价位附近时，会出现买方增加卖方减少的情况，价格停止下跌，甚至可能回升。支撑线起阻止价格继续下跌的作用。

压力线又称阻力线，是指当价格上涨到某个价位附近时，会出现卖方增加买方减少的情况，价格停止上涨，甚至回落。压力线起到阻止价格继续上升的作用。

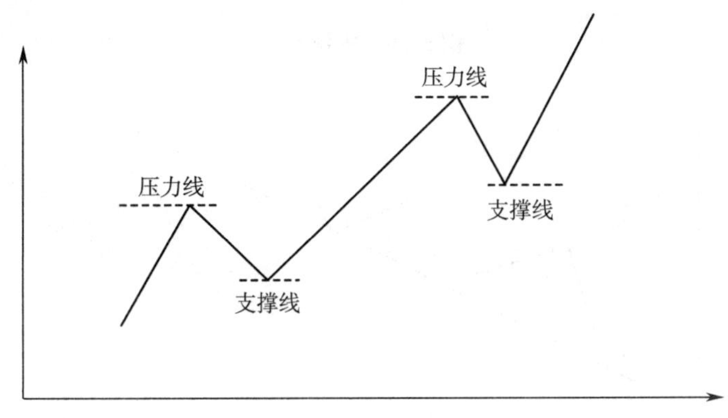

图 5－5　支撑线和压力线

压力线和支撑线之间可以相互转化。当一条支撑线被跌破，那么它将成为压力线；同理，一条压力线被突破，它将成为支撑线。图 5－6 所示为一条实盘中的支撑线。

2. 趋势线和轨道线

由于价格变化的趋势是有方向的，因而可以用直线将这种趋势表示出来，这样的直线称为趋势线。反映价格向上波动发展的趋势线称为上升趋势线；反映价格向下波动发展的趋势线称为下降趋势线。上升趋势线起支撑作用，是支撑线的一种；下降趋势线起压力作用，是压力线的一种。

趋势线有两种作用：第一，对今后价格变动起约束作用，实际上就是压力和支撑的作用；第二，趋势线被突破后，就说明价格下一步的走势将要反转。

轨道线又称通道线或管道线，是基于趋势线的一种方法。在已经得到趋势线后，通过第一个峰谷可以做出这条趋势线的平行线，这条平行线就是轨道线。轨道线的作用是限制价格的变动范围，对其突破则意味着趋势加速的开始。

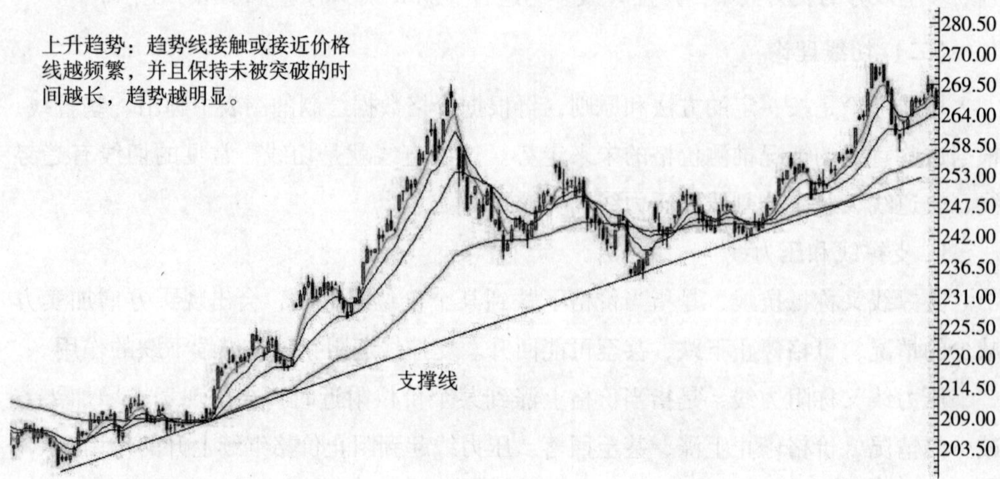

图 5-6　支撑线

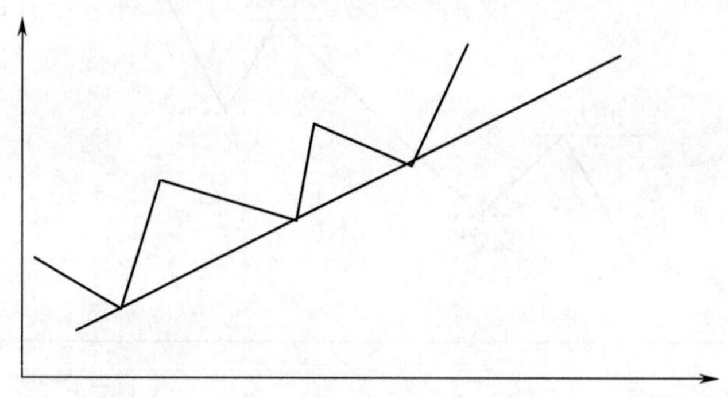

图 5-7　趋势线

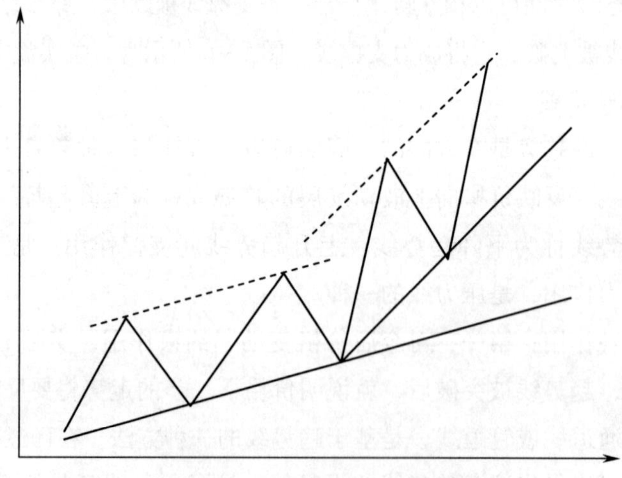

图 5-8　轨道线和趋势的加速

轨道线的另一个作用是提出趋势转向的警报。如果在一次波动中未触及轨道线，甚至距离很远就开始调头，这往往是趋势将要改变的信号，说明市场已经没有继续维持原有趋势的动力了。

（三）形态理论

形态理论是根据价格图表中过去一段时间走过的轨迹形态来预测股票价格未来趋势的方法。从价格轨迹的形态中，我们可以推测出贵金属市场处在一个什么样的大环境中，由此对今后的投资给予一定的指导。主要的形态有 M 头、W 底、头肩顶、头肩底等十几种。价格的移动是由多空双方力量大小决定的，其遵循这样的规律：第一，价格应在多空双方取得均衡的位置上下来回波动；第二，原有的平衡打破后，价格将寻找新的平衡位置。这种规律可以显示为：持续整理—保持平衡—打破平衡—新的平衡—再打破平衡—再新的平衡……价格曲线的形态大致分为两个类型：持续整理形态和反正突破形态。前者保持平衡，后者打破平衡。

1. 头肩顶形态

头肩顶形态是一个可靠的卖出时机，一般通过连续的 3 次起落构成该形态的 3 个部分，也就是要出现 3 个局部的高点。中间的高点比另外两个都高，称为头；左右两个相对较低的高点称为肩。

头肩顶形态是一个长期趋势的转向形态，一般出现在一段升势的尽头。这一形态具有如下特征：第一，一般来说，左肩与右肩高点大致相等，有时右肩更低，即颈线向下倾斜；第二，就成交量而言，左肩最大，头部次之，右肩最小；第三，突破颈线不一定要大成交量配合，但日后继续下跌时，成交量会放大。

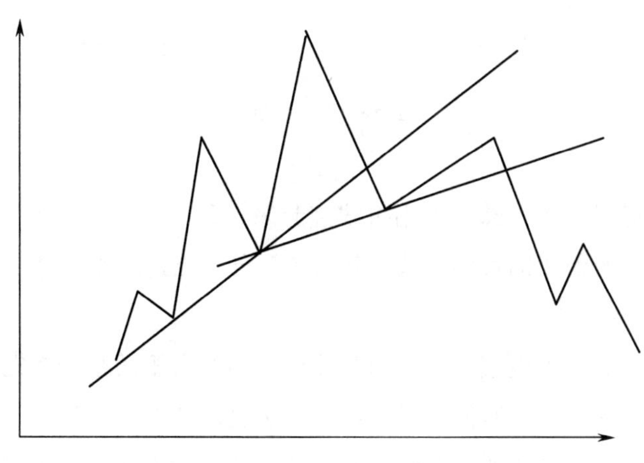

图 5－9　头肩顶

2. 头肩底

头肩底与头肩顶互为镜像，整体结构与头肩顶大致相同，但也存在一定区别。

第一，当底部向上突破颈线后，市场更习惯于反扑，然后在颈线受阻，继续向上。一般反扑的交易量很小。

第二，右肩下跌部分交易量十分轻弱，但向上突破颈线时一定需要强劲的交易量加以配合。

第三，头肩底时颈线大多稍向下倾斜，表明市场向上表现坚挺，信号相对迟缓。对应措施是，在突破前期高点时买进。

3. 双重顶和双重底形态

双重顶形态和双重底形态就是市场上众所周知的 M 头和 W 底，这是一种极为重要的反转形态，它在实际中出现得非常频繁。与头肩形态相比，就是没有头部，只有两个基本等高的峰或谷。

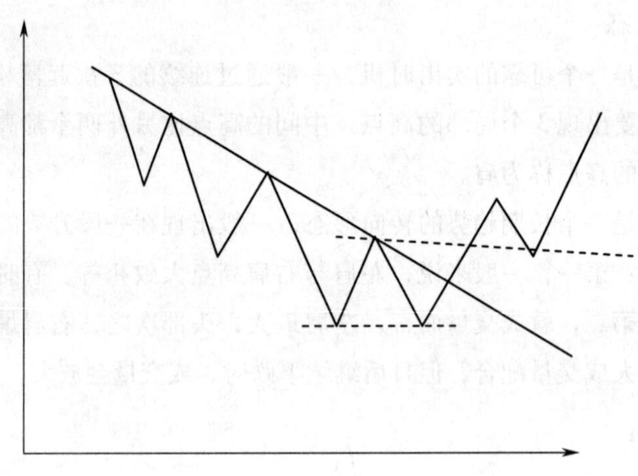

图 5－10　W 底

4. 圆弧形态

将价格在一段时间的顶部高点用折线连起来，每一个局部的高点都考虑到，我们有时能得到一条类似于圆弧的弧线；将每个局部低点连起来也类似。

5. V 形反转

这是剧烈市场的一种极端反应，与其他反转形态大相径庭，事先几乎没有先兆，突然出现，较难把握。一般有两种情况影响市场会出现 V 形反转。

V 形反转的一个重要特征是在转折点必须有大成交量配合，且成交量在图形上形成倒 V 形。若没有大成交量，则 V 形走势不宜信赖。V 形是一种失控的形态，在应用时要特别小心。

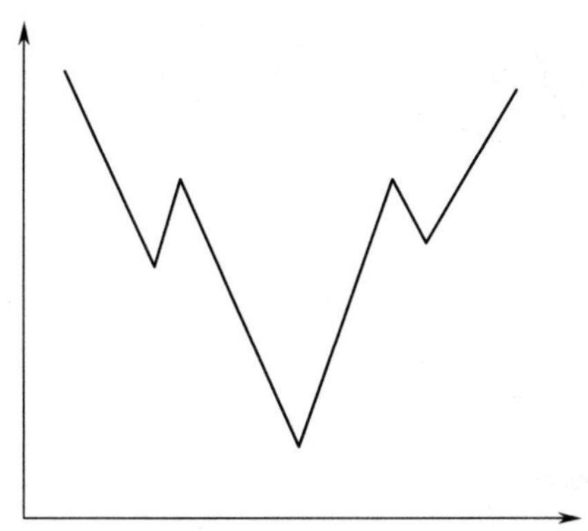

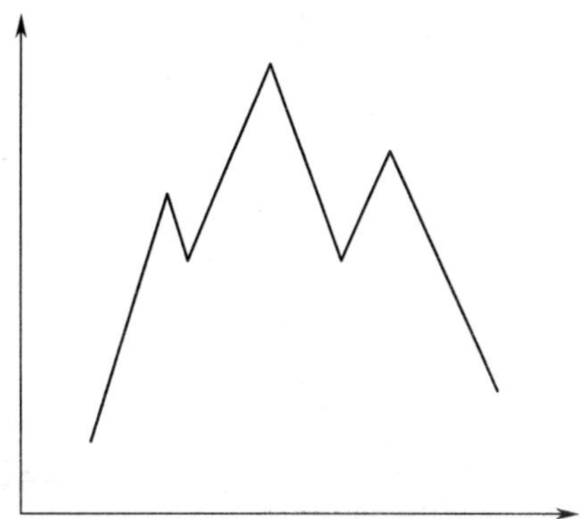

图 5－11 V 形和倒 V 形

6. 三角形整理形态

三角形整理形态主要分为 3 种：对称三角形、上升三角形和下降三角形。第一种有时也称正三角形，后两种合称直角三角形。

对称三角形大多是发生在一个大趋势进行的途中，它表示原有的趋势暂时处于休整阶段，之后还要随着原趋势的方向继续行动。对称三角形一般有 6 个转折点。需要注意的是，对称三角形的成交量因越来越小的价格波动而递减，而向上突破需要大成交量配合，向下则不必。

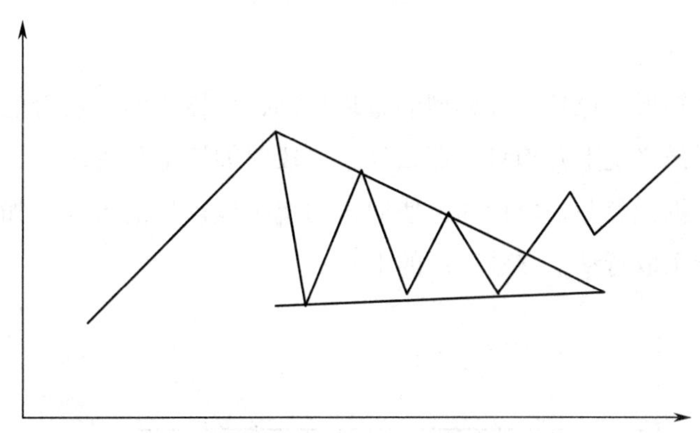

图 5－12 对称三角形

上升三角形是对称三角形的变形，两类三角形的下方支撑线同样是向上发展的，不同的是上升三角形的上方阻力线并非是向下倾斜的，而是一条水平线。如果价格原有的趋势是向上的，遇到上升三角形后，几乎可以肯定今后是向上突破。

下降三角形同上升三角形正好相反，是看跌的形态。

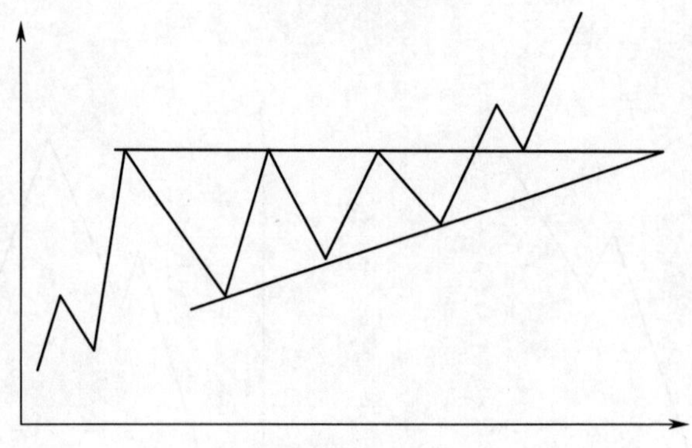

图 5-13　上升三角形

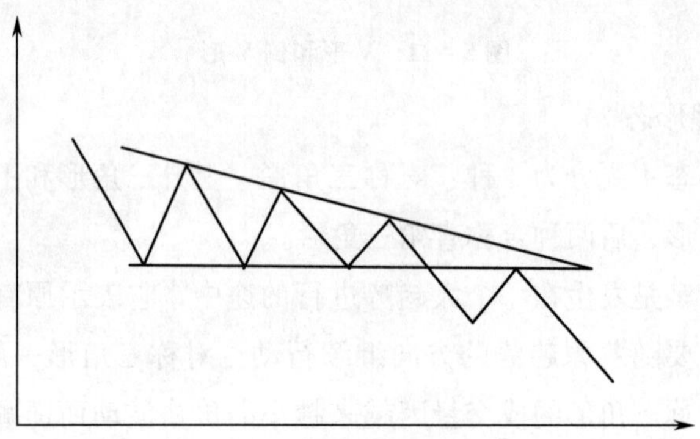

图 5-14　下降三角形

7. 箱形整理形态

箱形，又称矩形，也是一种典型的整理形态，价格在两条横着的水平直线之间上下波动。如果原来是上升趋势，那么经过一段时间矩形整理之后，会继续原来的趋势，多方会占据优势并采取行动，使股价向上突破矩形的上界；如果原来是下降趋势，则空方会采取行动，突破矩形的下界。

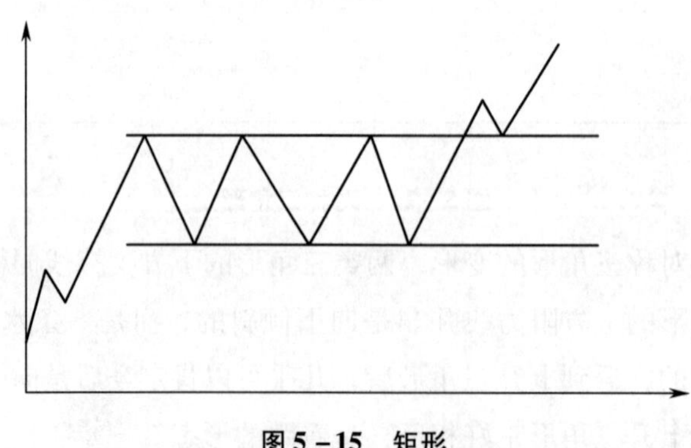

图 5-15　矩形

（四）波浪理论

1. 波浪理论的形成过程

波浪理论的全称是艾略特波浪理论，是以美国人 R. N. Elliott 的名字命名的一种技术分析理论。最初，该理论由艾略特发现并应用于证券市场，但是他的这些研究成果没有形成完整的体系，他在世的时候没有得到社会的广泛承认。直到 20 世纪 70 年代，柯林斯的专著《Wave Theory》出版后，波浪理论才正式确立。

2. 波浪理论的基本思想

艾略特发现，不断变化的股价结构性形态反映了自然和谐之美。不管是股票还是商品价格的波动，都与大自然的潮汐波浪一样，一浪跟着一浪，周而复始，循环往复，任何波动均有迹可循。他把周期分成时间长短不同的各种周期，指出在一个大周期之中可能存在小的周期，而小的周期又可以再细分成更小的周期。每个周期无论时间长短，都以相同的模式进行，即“八浪循环”。

“八浪循环”的几个基本要点是：

（1）股价指数的上升和下跌将会交替进行；

（2）推动浪和调整浪是价格波动的两个最基本形态，而推动浪（即与大市走向一致的波浪）可以再分割成五个小浪，一般用第一浪、第二浪、第三浪、第四浪、第五浪表示，调整浪也可以划分成三个小浪，通常用 A 浪、B 浪、C 浪表示；

（3）在上述八个波浪（五涨三落）完毕之后，一个循环即告完成，走势将进入下一个八浪循环；

（4）时间的长短不会改变波浪的形态，因为市场仍会依照其基本形态发展。波浪可以拉长，也可以缩短，但其基本形态永恒不变。具体如图 5－16 所示。

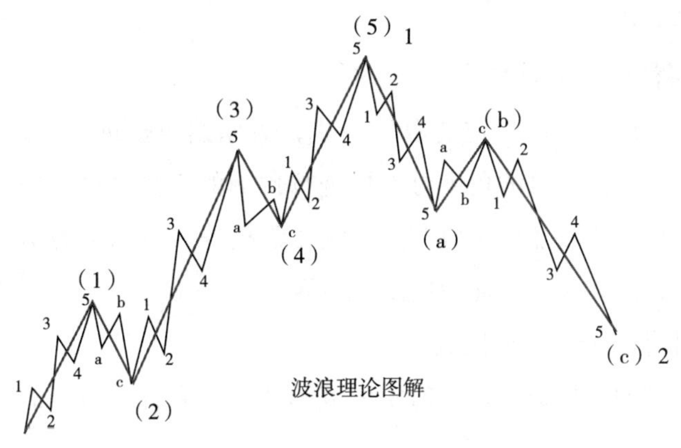

图 5－16　八浪结构

图 5－16 中 0～（1）是第一浪，（1）～（2）是第二浪，（2）～（3）是第三浪，（3）～（4）是第四浪，（4）～（5）是第五浪。第一、第三和第五浪称为上升主浪，第二、第四浪是对第一、第三浪的调整，但仍在上升浪里。上升五浪后紧接着会出现一个 3 浪的向下调整，（5）～（a）是 A 浪，（a）～（b）是 B 浪，（b）～（c）是 C 浪，这 A、B、C 三浪又是整个上升波浪中的向下调整波浪。对于整个大循环来说，第一浪至第五浪是一个大推动浪即主浪，A、B、C 三浪则为大调整浪。总之，在五个上升浪中（1）、（3）、（5）三个浪是上升过程中的推进浪，（2）、（4）两个浪属于上升过程中的调整浪。5 个上升浪合在一起构成高一级别的推进浪，3 个下降浪合在一起构成高一级别的调整浪。这就是艾略特的八浪循环的基本原理。

3. 波浪理论的三个基本因素

波浪理论主要考虑三个方面的因素：价格形态，高低点之间的比率，价格变动的时间。其中价格形态最重要。

（1）价格形态是指价格变动过程所形成的轨迹，在波浪理论中是指波浪的形状和构造，主要内容是八浪循环，这是波浪理论赖以生存的基础。

（2）高低点比率是指价格走势图中各个高点和低点所处的相对位置，在波浪理论中一般是指各个浪的长度之间的相对比率。通过计算，可以清楚各个波浪长度之间的相互关系，确定价格的回落点和将来价格上升有可能达到的位置。

（3）价格变动的时间是指价格完成某个形态所经历的时间长短，在波浪理论中一般是指完成某个浪所经过的时间长短。波浪理论中各个波浪之间在时间上是相互联系的，用时间还可以验证某个波浪形态是否已经形成。

（五）指标理论

1. 技术指标法的含义与本质

所谓指标法，就是应用一定的数学公式，对原始数据进行处理，得出指标值，将指标绘制成图表，从定量的角度对市场进行预测的方法。这里的原始数据指开盘价、最高价、最低价、收盘价、成交量、成交金额等。指标法的本质是通过数学公式产生技术指标，反映某一方面深层次的内涵。

2. 应用技术指标应注意的问题

第一，任何技术指标都有自己的使用范围和应用条件，得出的结论也都有成立的前提和可能发生的意外。

第二，应用一种指标容易出现错误，但当使用多个具有互补性的指标时，可以极大地提高预测精度。

3. 移动平均线（MA）

移动平均线是指用统计分析方法，将一定时期内的价格加以平均，并把不同时间的平均值连接起来，形成一根 MA。移动平均线是应用最广泛的趋势指标，可分为算术移动平均线（SMA）、加权移动平均线（WMA）和指数平滑移动平均线（EMA）3 种。实际应用中常使用的是指数平滑移动平均线，其计算公式为

$$EMA_t = C_t \times \frac{1}{N} + EMA_{t-1} \times \frac{N-1}{N}$$

式中，C_t表示计算期中第 t 日的收盘价；EMA_{t-1}是第 $t-1$ 日的移动平均数。

10 日的移动平均线的生成：

第一个移动平均值 =（$P_1 + P_2 + \cdots + P_{10}$）/10

第二个移动平均值 =（$P_2 + P_3 + \cdots + P_{11}$）/10

第 X 个移动平均值 =（$P_X + P_{X+1} + \cdots + P_{X+10}$）/10

MA 的基本思想是消除价格随机波动的影响，它有以下几个特点：

（1）MA 与趋势方向保持一致；

（2）MA 行动滞后，调头速度落后于大趋势；

（3）MA 较为稳定；

（4）MA 具有助涨助跌性，当价格突破 MA 时，价格有继续向突破方向发展的愿望；

（5）MA 具有支撑线和压力线的特性；

（6）买卖信号可以遵循以下原则：

如果短期移动平均线从长期移动平均线的下方上穿，且价格高于移动平均线交叉点，此为买入信号。

如果短期移动平均线从长期移动平均线的上方下穿，且价格低于移动平均线交叉点，此为卖出信号。

长期和短期移动平均线都向上延伸交叉，这种交叉被称为黄金交叉。而两种移动平均线向下延伸交叉，则被称为死亡交叉。

4. 相对强弱指标（RSI）

相对强弱指标最早出现于 1978 年韦尔斯·王尔德所著的《技术交易系统的新思路》，是目前在股市、期市中大为流行的几种技术指标之一。

计算公式为

RS = X 天内收盘价上涨天数的平均值/ X 天内收盘价下跌天数的平均值

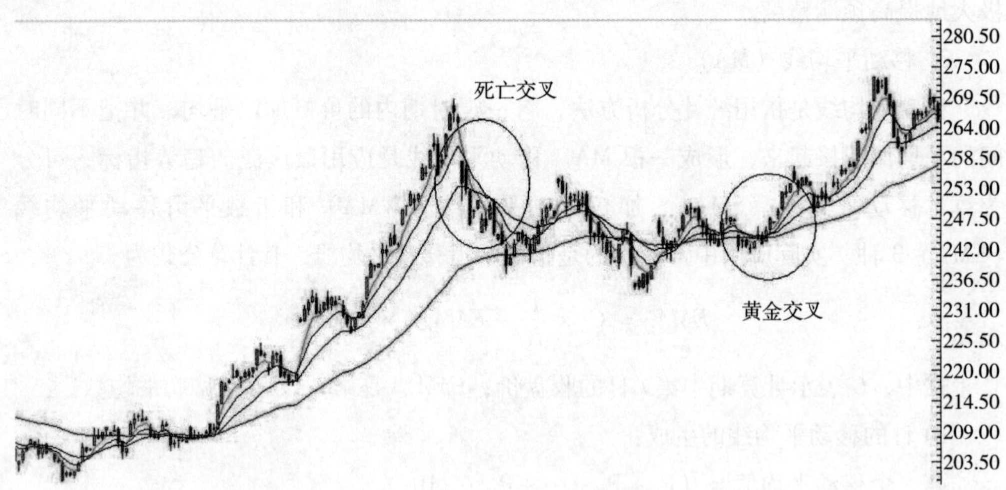

图 5－17　黄金交叉和死亡交叉

RSI＝100－100/（1＋RS）

采样标准定为 14 天，把 14 天内上涨的收市价相加，然后除以相应天数，即可得到上涨收市价平均值；再把下跌收市价的下跌幅度相加，平均后得到下跌收市平均值。用上涨平均值除以下跌平均值得到相对强弱力度（RS）。将 RS 值代入 RSI 公式，即可得到强弱指标。

目前有两种 RSI 形态，对行情反转的辅助判断比较有效。也就是说，一旦 RSI 指标出现这种形态，行情出现反转的概率较大。这正是其最有价值之处。

（1）顶部背离：RSI 指标创新高后，例如达到 80，随即出现衰竭现象，价格一路攀升，而 RSI 虽无明显下降却不曾再次突出前期高点，与价格明显出现背离，此时可判定行情短期内会有回调或反转的可能。

（2）两次突破：RSI 突破 70 以上后向下回落至 70 或 70 以下，然后再次上升达到 70 以上后再次向下突破 70 水平线，可判定行情即将出现回调或反转。

5. 随机指标（KDJ）

随机指标由乔治·莱恩博士于 1984 年首创，是当前股市、期市投资者广泛采用的技术指标。

产生 KD 以前，先产生未成熟随机值 RSV，其计算公式为

$$RSV = 100 \times [(C_t - L_n)/(H_n - L_n)]$$

式中，C_t为当日收盘价；H_n为前 n 日内最高价；L_n为前 n 日内最低价。

对 RSV 进行 3 日指数平滑移动平均，得到 K 值：

今日 K 值＝2/3×昨日 K 值＋1/3×今日 RSV

对 K 值进行 3 日指数平滑移动平均，得到 D 值：

今日 D 值 =2/3 × 昨日 D 值 +1/3 × 今日 K 值

J 是 D 加上一个修正值，公式为

$$J = 3D - 2K = D + 2(D - K)$$

KDJ 指标是 3 条曲线，应用时主要从 3 个方面考虑：

（1）取值方面。KD 的范围都是 0 ~ 100，80 以上为超买区，20 以下为超卖区，其余为徘徊区。

（2）形态方面。当 KD 指标在较高或较低位置形成头肩形或多重顶（底）时，是采取行动的信号。

（3）J 指标常领先于 KD 值显示曲线的底部和头部。J 指标取值超过 100 和低于 0，都属于价格的非正常区域，大于 100 为超买，小于 0 为超卖。

贵金属技术分析的指标还有很多，这里就不逐一介绍。

第三节　贵金属投资心理分析

很多贵金属投资者对基本分析和技术分析都很熟，但在市场中还是赔钱，这是为什么呢？主要原因是没有认真分析市场的交易心理。投资心理分析需要把握好以下几点。

一、投资心理分析概论

（一）心理分析的定义

心理分析流派是指以投资过程中的个体心理和群体心理作为投资分析对象和投资决策依据的一种投资分析流派，它是根据社会心理学、经济心理学、投资心理学、行为金融学等基本原理，对心理因素在市场价格决定以及投资决策中的影响进行分析，并据此来判断市场的投资决策。

（二）心理分析的主要特点

第一，心理分析流派的投资分析主要有两个方向，一是个体心理分析，二是群体心理分析。前者主要是分析投资者在投资决策过程中由于个体心理障碍而引起的非理性决策问题，后者主要是分析投资者在投资决策过程中由于受外界因素的干扰所引起的群体性非理性行为问题。

第二，心理分析的核心是研究非理性因素对贵金属价格的影响以及心理价格因素在贵金属定价中的作用。

第三，心理分析在对待市场的态度方面，既不像技术分析流派那样，认为市场永远是正确的，也不像基本分析流派那样，认为市场永远是错误的；而是采取一种折中的看法，认为市场有时是正确的，有时是错误的，其根本原因在于心理因素的影响。当市场处于错误的状态时，一定是市场发生了严重的失衡。所以，市场价格的波动，在本质上是对市场心理平衡状态偏离的调整。

第四，心理分析在使用数据上也是采取比较折中的方法，既不像技术分析那样只采用市场内的数据，也不像基本分析那样只使用市场外的数据，而是兼用市场内和市场外的数据。因为市场内的数据（如价格）和市场外的数据（如经济增长率）等作为信息都会影响到投资情绪，从而影响到市场价格的变化。

第五，心理分析流派的基本信条是贵金属投资市场是非理性的，这种非理性的存在会导致贵金属投资者产生系统性的错误。所谓系统性的错误，是指受个人成见驱使或受外界投资大众影响而一再重复的同类型错误。因此，心理分析流派的基本目标是让投资者从容应对金融市场的狂热，克服恐惧、贪欲以及市场非理性的影响，避免被自己或投资大众的错觉所误导而犯系统性错误。

第六，心理分析的最终任务是帮助投资者理性决策，而理性决策的关键在于处理好头脑中的市场与外在的金融市场之间的关系，具有良好的心理控制水平。所谓头脑中的市场，无非是基于个体心理与群体心理的想象中的市场，对这一关系的两个方面的有效协调可以确保稳定的利润，当然，能否协调取决于诸多因素，如对外界及媒体信息的敏感程度，个人偏好、期望、愿望、生活状态、人生目标，以及正确进行金融价值评估的能力等；此外，就是投资者的心理控制水平，成功的投资不仅需要正确的市场分析和风险管理，还需要心理控制，市场分析、风险管理、心理控制是投资成功的三大要素。一个投资者如果心理素质不好，往往会偏离正确的市场分析方法，以主观愿望代替客观实际，也常常会背离风险管理的基本原则和市场运作的基本规律。

（三）心理分析的假设

金融市场是非理性的市场。传统金融学认为金融市场是理性的市场，从经济学角度理解的理性包括两个核心特征，一是市场参与者的行为必须合乎逻辑；二是市场参与者的行为应该追求利润最大化。所以，长期以来，人们认为金融的世界是纯粹理性的世界，即都追求利润。而心理分析流派认为，金融市场的定价常常千奇百怪，极不理性，产生价格波动的部分行为机理可能是理性的和明智的，而另一些则是愚蠢的和荒谬的。其主要论点是：

第一，只有在有限的情况下，人们的行为才是理性的，除了理性之外，在金融市场上人们表现出各种各样的行为。之所以金融市场参与者的行为各异，是因为他们的动机、心智、思维方式、风险态度和交易视野等可能完全不同。

第二，人们参与金融市场并不总是为了获得最大利润，利润并非金融市场参与者的唯一目的。金融市场中存在着很多让人熟视无睹的行为动机，例如，有些人买卖股票是为了寻找兴奋和娱乐，有些人则是为了与人交流，或者是因为其他动机，而行为动机的多样化会影响和扭曲人们的思维方式。

第三，金融市场的参与者掌握的信息不可能是完全的，行为人常常无法获得影响他们决策的重要信息，某些信息可能永远无法得到，由于只能得到有限的信息，这就意味信息必须按照其重要性进行甄别和评估，而在甄别和评估过程中经常会采用非理性的标准，预感、小道消息、潮流、谣言或者纯粹对损失的恐惧都有可能成为投资者决策的基础。

第四，在金融市场上，每个投资者都试图理性，但实际上却表现出非理性行为，其原因在于市场趋势与心理感应相互控制，金融市场可能会对某一事件反应过度，但这往往被主观的、感情的甚至是狂想所控制，这种狂想又被变幻的市场趋势所左右。所以，贵金属价格并不是由贵金属价值所决定的，而是在大众的疯狂与冷漠中摇摆不定。

第五，对理性行为的偏离并不是简单的例外，而是一种常态，投资者在金融市场上会重复犯同样的错误，当前的非理性错误并非最后一次错误，它们构成了每日行为的一部分；同样，金融市场也会每隔若干年重复发生群体性的狂热和恐慌反应。

二、个体心理分析

（一）人性基本弱点分析

在贵金属投资这样充满投机性的场所里，由于投资者要面对认知不确定性和市场不确定性，因此必然会把自己的人性弱点充分地表现出来，而能否克服这些在个体心理活动中所体现出来的人性弱点，对投资的成功与否具有重大的影响。归纳起来，贵金属投资市场中主要的人性弱点包括贪婪心理、恐惧心理、偏执心理、惰性心理等。

1. 贪婪心理

贪婪是人类的天性，是普遍的心理形态，尽管人人都知道知足者常乐，但是绝大多数人都戒不了贪婪的欲望。贵金属投资交易的贪婪是指对投资获利的追求永无止境、永不满足。正是因为贪婪心理，人们对贵金属投资交易充满热情。这是因为贵金属投资可以大大缩短积累财富的时间，可以获得高于其他行业数倍的利润。所以对于那些试图快速致富的人具有极大的诱惑力，但是问题在于，一旦人们受贪婪心理支配，就会招致更多的紧张感，从而容易失掉客观性，在贵金属投资中，贪婪的心态主要表现在以下几个方面。

（1）见好不收与一味贪低

尽管现实中的贵金属价格不可能无止境地涨跌，但是在贪婪心理的支配下，总是期待涨了以后还要再涨，跌了以后还要再跌，所以贵金属价高了以后还要等再高，价格低了以后还要等再低，总是希望自己是最聪明的，能够在最高处逃顶，在最低处抄底，由于贵金属价格的顶和底实际上是很难判断的，因此贪婪心理过强的人很可能总是失去机会。所以对于贪婪心理的控制来说，要清楚地意识到贵金属投资交易市场上的收益程度总是相对的，最大收益是难以确定的，如果总是幻想追求最大收益，见好不收或一味贪低，结果反而会错失很多良机，最终后悔当初因小失大，有经验的投资者都知道，在输的时候戒贪难，而在赢的时候戒贪更难，有人甚至认为，在赢的时候不能够戒贪是获得巨大成功的最后障碍。

（2）过量交易与过频交易

在贪婪心理支配下，也很容易发生过量交易与过频交易，很多贵金属投资者往往有这样的经历，一开始的时候，都是小心谨慎的，会落袋为安，急于获利了结。但是赚了钱以后，在贪欲的支配下，会忘记风险，进行过量交易。此外，投资者受到贪欲的驱使，往往患有一种被美国华尔街称之为“市场症”的心理病症，每时每刻都有一种想进市场的冲动，如果哪一天甚至更短的时间不去看盘，就会坐立不安，茶饭不思。这种贪欲的表现在贵金属投资者当中也是十分普遍的。具体来说，就是一笔交易赚了钱以后，钱放在口袋里还没有捂热，不管行情如何，按捺不住又去交易。

（3）羡慕与嫉妒

贪婪的心理总是会伴随着羡慕和嫉妒的情结，而这两种情结的不断深化又会加深贪婪的欲望。我们常常会看到这种情况，在上升趋势刚开始的时候，很多投资者持观望态度，犹豫不决。等过了一段时间，发现当初入市的人都赚了钱，内心便充满了悔恨、羡慕甚至嫉妒，于是会丧失理智，盲目入市，这一切都是内心的贪婪心理在作怪。

2. 恐惧心理

恐惧是一种复杂的心理情绪，从心理学上来说，就是人类对当前危及自身安全和对未来不可知事件表现出的担忧、害怕、惊慌、恐慌等心理体验。当一个人处于恐惧之中，常常混合着其他否定性的情绪，诸如愤恨、敌意、愤怒、报复心等，因而会形成一种极大的破坏力，在贵金属投资市场里，恐惧的心态无时无刻都会存在。有的人是怕到手的利润没有了，也就是人们常说的煮熟的鸭子飞走了，而有的人则担心投入的资金亏损了。当然，恐惧的情况也有所区别，有经验的投资者是对市场恐惧，没有自信。他们往往在市场一涨再涨达到接近最高点时，对市场毫不惧怕、照样入场；而在市场一跌再跌接近低点时，又害怕世界末日到来而急于抽身逃跑。在贵金属投资市场中，最常见的恐惧心理是惧怕亏损。

由于投资者从事贵金属投资的目的在于从中盈利，因此对损失的恐惧心理是普遍存在的，不管是穷人还是富人、散户还是大户都会受到这种心理的影响，在现实中常常是一个人拥有的越多反而越害怕失去，如果投资者发生亏损，会在心理上承受痛苦，比如家庭的数落、朋友的嘲笑等，这些心理上的痛苦就会使恐惧的心理不断强化和暗示，从而形成越亏越怕、越怕越亏的状况。

3. 偏执心理

偏执心理也就是人们俗称的一厢情愿的心理，它也是人的本性中的一种心理倾向，表现为，只愿意相信自己潜意识当中愿意相信的事情，而这种事情不一定是真实的事情；或者说只愿意听到自己潜意识当中感到舒服的话，而这种话不一定是真实的话。虽然在现实生活中，谈恋爱可能是最容易发生一厢情愿心理的状况，但是在贵金属投资中，一厢情愿的心理也是投资者普遍存在的一种心理障碍。

一厢情愿的心理主要表现在：①寻求对自己有利的信息，从自己的利害得失出发，往往市场走势有一种主观上的期盼，因而特别愿意得到对自己有利的小道消息，一旦得到对自己有利的小道消息，往往不会从理性的角度进行判断，而是从感性的角度轻易相信这是真的。②用有色眼镜来观察市场，即对市场的观察总是朝有利于自己的方向进行考虑，从而导致对市场的观察不够客观。③明知自己的判断已经错误，还是潜意识地希望市场出现奇迹，朝有利于自己的方向发展，如果发生亏损，就会用孤注一掷的方法进行加码，结果使损失进一步扩大。总之，一厢情愿的心理，其错误之处就是不尊重市场。而市场是客观的，不以人的主观意志为转移，对抗市场自然不会有好的结果。在贵金属投资中，如果发生错误必须尊重市场，千万不要一厢情愿。

4. 惰性心理

惰性心理也是人人都有的一种人性弱点，虽然谁都知道天下没有免费的午餐，但是绝大多数人还是想获得免费的午餐。惰性体现在贵金属投资里，就是赌博心理或者说是不劳而获的心理，很多人不能正确区别贵金属投资到底是一项事业还是赌博活动，有相当部分的人把它看成是一种赌博活动，既然是赌博活动，不是一项事业，因此就完全凭运气，对于贵金属投资也就没有投入多少时间和精力做各种准备工作。

上述四种人性的弱点要完全克服是不可能的，因为它们是人性的表现，是生来就有的。但是它们的表现程度可以控制，要想成为成功的贵金属投资者必须把它们控制在一个合适的范围之内，使它们不影响理智的思维。

（二）认知过程中的心理偏差分析

贵金属投资的心理活动过程非常复杂，也十分微妙。投资者的行为从心理活动的过程来考察，主要包括认知过程、评判过程和满足心理需要过程，投资者在这样的心理活动过程中做出相应的投资决策。认知过程主要是搜寻信息并对信息进行加工处理；评判过程是对得失进行相对评价；而满足心理需要过程则是对行为结果进行心理上的调节。以下我们将对认知过程中的心理偏差展开分析，从中可以了解到一系列由于这种偏差而导致的非理性投资为。

信息是贵金属投资决策的基础，贵金属投资市场上充斥着大量信息，不断影响着贵金属价格的走势，刺激着投资者的心理预期，因此如何获取、接受和评价信息是投资决策最重要的一个步骤。可是，不管如何费时费力，没有人能够完全把握判断实际市场形势的全部信息，因为市场形势太过复杂，涉及大量相关因素，而且这些因素相互影响，使人们不可能将每个因素孤立起来进行单独研究。对于每种因素的实际作用程度，以及它们互相依存的程度和效果总有不确定的地方。

（三）价格变化的心理分析

在贵金属投资市场中，当多头和空头在进行交易时，常有贪心的人在“岸边”等待，他们等什么呢？不用说是想要等更好的价格。我们平时常说的心理价位，就是指在价格上面所反映出来的人的心理情结，对于贵金属的价格来说，同样有一个心理的问题。从心理的角度来说，价格是某一个人认为一件东西所具有的价值，或者说价格是下一位买家或者是最后一位买家所愿意支付的金额。

在贵金属投资市场中，每个投资人都处于三种状态或者说面临三种选择，即买进、卖出、等待。所以，就形成三类人：买家、卖家和观望者。卖家是讨价，当然是价格越高越好，买家是还价，当然是价格越低越好，他们之间永远是矛盾的，如果双方不妥协，交易就不可能成立，也就无所谓价格了。在买卖双方之外，还有观望者在等待机会，观望者不是局外人，他们对股票的买卖起到一定的促进作用，他们加入哪一方的力量较强便会使价格上升或下跌，起到推波助澜的作用，所以，贵金属投资市场上的价格是由买家、卖家和观望者三方共同决定的。投资者对贵金属价格的心理反应讲到底就是他们对市场前景的看法，这就叫作心理预期，技术分析中的强弱判断，实际上就是体现了投资者的价格心理。

三、群体心理分析

1. 群体分类

社会心理学对群体有着许多不同的分类。根据群体内各成员相互作用的目的和性质，可将群体分为正式群体与非正式群体。

2. 群体心理及其特征

（1）群体心理的概念

群体心理是指群体成员在群体的活动中共有的，有别于其他群体的价值、态度和行为方式的总和，群体心理不是独立存在的精神实体，但又体现在群体现象之中；群体心理不是每个群体成员个人的心理过程，但又存在于每个个体身上，所以它是一种十分复杂的心理现象。

在贵金属投资市场上，很容易形成群体心理，这是因为，信息传播网络非常容易把广大投资者编织在一起，由于投资者关心对象的一致性，贵金属价格的变动以及与市场有关的事件等信息的迅速传输可以轻易地起到情绪激发和情绪传递的作用。

（2）群体心理的特征

①共有性特征。群体心理是群体成员共有的价值、态度和行为方式的总和，这些共有的东西正是群体活动的心理基础。在由形形色色的投资人构成的群体中，人性的两极——恐惧与贪婪正是该群体所共有的心理基础，而由此引发的各种行为就是这种心理的外在表现。群体心理的共有性，也把群体心理和一般的社会个体心理区分开来。

②互动性特征。群体心理是群体成员在群体活动中形成的，群体心理的根源不在于个体之间的心理沟通、心理影响，不在于个体间的相互作用或社会相互作用本身，而在于人们共同的活动中。个人在群体活动中相互联系、互相制约，最后形成共有的心理关系。所以，在群体活动中形成的群体心理具有互动性的特征。

③冲动性特征。在群体活动中，互动作用容易导致情结感染，进而导致情绪激发，使群体心理产生冲动性的特征。由于存在这样的特征，所以应当更加清楚地理解并警惕贵金属投资市场上价格急速变化或者急速运动的情况，从而更加有效地防范投资风险。

④服从性特征。在贵金属投资市场上特别表现为投资者对权威的崇拜以及由此

而来的投资者在投资概念上的统一性和投资行为上的一致性。所以，投资者对服从性特征的警惕，应该特别表现为对所谓市场权威及其观点的警惕。贵金属投资市场上的所谓权威，可以分为三种成分，即个人（分析师）、机构（投资银行等）、抽象概念。在实际生活中，权威们在市场的重大转折关头，往往会做出严重的误判。

针对上述群体心理的特点，作为一名投资者应该注意避免使自己成为群体心理人群中的一员，其中的关键环节是避免自己情绪波动或者说情绪激发，只有控制住自己的情绪，才能够进一步避免群体心理对自己的感染。

3. 从众心理（羊群效应）

（1）从众心理的定义

从众心理是群体心理中极为常见的一种心理效应，也有人称之为“羊群效应”。它是指居于群体中的个人往往会受到群体的影响和压力，从而表现出在知觉、判断及行为上与群体多数人相一致的现象，是群体心理的极端化表现。从众心理的具体表现就是投资行为受潮流影响，所谓潮流是指时下流行的某种策略，其依据是大家都用相同的方式进行思考，并且得出了同样的结论。谁都不愿意离群体太远，因此大家都选择了跟随潮流。避免陷入潮流旋涡的方法就是要求自己绝对诚实地回答一个问题——这个投资决策完全是由我自己做出的吗？

（2）贵金属投资市场中的从众心理及其影响

从众心理是贵金属投资市场上最常见的心理状态，绝大多数投资者包括绝大多数机构投资者往往都缺乏独来独往的心理承受能力，从而在从众心理的支配下，形成从众的市场行为，而这种市场行为本身就成为贵金属投资市场上最常见的投资陷阱。贵金属投资市场中的羊群行为是一种特殊的非理性行为，它是指投资者在不确定的信息和环境下，其行为受到其他投资者的影响，模仿他人的行为，或过分依赖舆论，而自身不对信息进行分析。特别是作为贵金属投资市场主导者的机构投资者也由于具有高度的同质性，关注同样的市场信息，采用相似的经济模型、信息处理技术、投资组合和对冲交易策略。因此对同一外部信息也可能做出类似反应，在交易活动中表现出羊群效应，导致买卖压力超过市场所能提供的流动性，引起贵金属价格连续大幅波动，破坏市场的稳定运行。所以，为什么在贵金属投资市场上看不到固定波长的周期现象，所看到的都是不规则的周期循环，这是由于群体心理的极端化倾向即从众心理所导致的贵金属投资市场波动的不规则扩张和收缩。由于羊群行为涉及多个投资主体的相关性行为，对市场的稳定性和效率有很大的影响。

第六章　营销策划

第一节　营销道德与法律监管

一、营销道德

营销道德可以定义为营销者用于调整营销者之间、营销者与消费者及社会之间的关系所奉行的行为规范的总和。人们通常把有社会责任意识称为有较高的道德水准，而把相反的情况称为不道德。每一个营销决定都含有道德意义，营销道德指导着公司和营销人员的行为准则。

现代金融企业赖以生存的市场环境发生了很大的变化，社会和消费者对金融企业提出了更严格的要求。人们呼吁企业应该对其行为造成的影响承担责任。

（一）对不道德营销的批评

1. 不道德营销对个体消费者的影响

某些营销行为侵害了个体消费者的利益，消费者对营销行为抱有一定的反感态度，主要包括：

（1）定价过高。这种情况是由于营销者主张高分销成本、高的广告与促销成本、过高的毛利润，使金融产品及服务的价格超过合理范围，使消费者难以接受。

（2）欺骗行为。有些营销商进行欺骗性定价、欺骗性和误导性促销，使消费者相信自己能比实际获得更多的利益。

（3）高压销售。为了获得更好的业绩，经过训练的推销员口齿伶俐、滔滔不绝地劝说人们购买他们本不想买或者不需要的产品，给消费者带来很大的反感。

（4）对低收入者态度恶劣。这种情况也较为普遍。当营销员发觉消费者的经济状况不佳或者达成交易的可能性不大时，营销员往往变得缺乏耐心和修养，对消费者采取明显的歧视态度。

2. 不道德营销对整个社会的影响

不道德的营销行为不仅仅对社会整体的利益造成了侵害，这样的营销体系往往还会给社会带来一些不和谐的因素，主要表现在以下几个方面。

（1）虚假需求和实利主义。营销界过分怂恿人们追求物质的占有，以拥有的财富作为判断他人的标准，将成功的概念等同于拥有房产、汽车以及最新的消费品，使整个社会的风气变得浮躁。

（2）带来非理性繁荣。过分夸张的金融营销使普通投资者在缺乏必备的风险意识及承受能力的情况下盲目入市，造成资本市场虚假繁荣的景象，推高资产价格，形成资产价格泡沫，使资本市场风险不断积聚。

（3）文化污染。在营销至上的环境里，人们的感官不断受到广告的冲击，商业广告不断穿插于严肃的电视节目和报纸杂志中。所有这些还源源不断地以实利主义、权利或地位污染着人们的思想。

3. 不道德营销对其他企业的影响

不道德营销除了会损害消费者和社会的利益外，还会对其他企业产生影响。例如，大企业利用专利和大量的促销费用，利用与供应商或销售商的密切关系将竞争对手拒之门外；或者大企业利用雄厚的财力吞并年轻的富有活力的竞争对手。事实上，一些公司采用了不正当竞争的营销手段，意图损害或摧毁其他公司。还有一些批评值得营销者关注。例如，有些营销调研侵犯了消费者的隐私，有一些调研结果被滥用，等等。

（二）对社会和消费者负责的营销道德

1. 营销者的责任

贵金属企业首先必须建立一系列营销道德规范，使组织中的每一个成员都有明晰的社会责任信条，以正直、良知和消费者长期利益为标准来处理营销行为所引起的两难问题。营销者必须对自己行为的后果承担责任，必须努力保证自己的决定、建议、行为能够面向所有公众（包括消费者、组织和社会），服务于他们并使他们满意。

营销者在执业行为中必须遵守以下道德规范：不故意伤害其他利益体；遵守所有相关法律法规；准确告知对方自身的执业资格和执业能力。营销者必须坚持并促进营销行业廉洁规范。

2. 诚实公正的道德规范

（1）产品策略中的道德

首先，不能故意欺骗消费者，故意隐瞒或者回避谈及产品风险而一味地宣传产品盈利。其次，不能操纵消费者的需要，不能过分刺激消费者的欲望导致刺激社会成本增加。最后，产品的合约中必须有明确的风险警示。

（2）分销管理中的道德

生产商与经销商应该履行双方签订的合同，并且生产商与经销商应该明确产品售后服务的责任。另外，经销商为了自身利益不顾合约的规定，代理销售其他企业的产品，或生产商利用自己的垄断地位损害中间商的利益，都属于不道德行为。

（3）促销中的道德

在信息时代，企业之间的竞争越来越激烈。因此，企业为了各自的生存和发展而过分注重所谓的“注意力经济”，片面强调吸引消费者的“眼球”，由此在促销策略中存在的道德问题尤为严重。我们在营销过程当中需要避免以下问题：

首先，产品合约上对收益宣传言过其实或言不副实。其次，在广告宣传方面，用欺骗性广告推销产品，使消费者做出错误的购买决策；或为了排挤竞争对手以提高自己产品或企业的身份而使用攻击竞争者的广告；或为了诱导消费者购买自己的产品而制作含糊其词隐瞒风险的广告，从而引起消费者对广告真实含义的误解。最后，在人员促销中高压诱惑消费者购买不需要的产品或不想购买的产品或在交易中贿赂等。

（4）定价中的道德

首先是不能制定掠夺性价格，即把产品及服务的价格定得远远高于生产运营成本。其次是避免实行垄断性价格。有些同类产品的生产商或销售商为了阻止产品价格下降而实行价格共谋，要求此类产品必须按协议价格销售，这样同样是定价当中的不道德行为。

（5）营销调研中的道德

对调研人员来说，要为客户保守业务秘密；要保证调研工作质量，如问卷设计要认真，调研人员要经过严格培训，收集的资料要真实可靠；要尊重受访者的隐私，并对其身份进行保密，未经许可不能随意公布受访者提供的资料。对委托调研的一方来说，要依约支付调研费，要公正全面地发表调研成果，不能断章取义等。另外，应禁止以调研为借口进行销售或集资，保持调研活动的公正性，不错误描述并且不隐瞒相关调研数据，还要公平对待外来客户和供应商。

（6）市场竞争中的道德

随着市场竞争的加剧，许多企业为了谋求竞争优势而采取各种不道德的竞争手段，既破坏了正常的竞争秩序，损害了同行利益，又增加了成本。

首先，不应以不道德的方式获得竞争对手的知识产权和商业秘密。有的企业以合作洽谈为幌子，乘机获取对手的商业秘密；有的贿赂收买对方工作人员；有的使用“商业间谍”，利用高新技术窃取对手商业秘密等。其次，抵制恶性竞争。如价格大战，相互攻击诽谤，制造谣言诋毁竞争对手企业形象和产品形象等。最后，杜绝“权力营销”，因为这不仅污染了社会风气，还为各种腐败现象提供了温床，并且对正当经营造成了冲击。

3. 组织关系

营销者应该知道他们的行为可能对他人行为造成的影响或冲击。在与他人如雇员、供应商或客户进行交往时，不得要求、鼓励或强迫他人做不道德的行为。应做到：

在职业交往中，对以特别方式得到的信息应保守秘密，不泄露来源；要以适当的态度履行合同及共同协议中的义务；不将别人的工作占为己有并宣布为自己的成果，或直接从中受益而不补偿；不以不公平的手段剥夺或损害其他组织，谋求个人私利。企业应该付出实际努力使道德规范成为企业固有文化和生存方式的一部分。

二、营销相关法律监管

不仅仅是道德规范制约着营销行为，企业的营销活动还受到法律因素的制约和影响，营销行为从一开始就应当考虑相应的法律约束，了解和掌握有关营销运作中的法律法规是十分有益的。

（一）产品策略中的相关法律问题

1. 产品商标

商标经过注册，注册人便享有了商标专用权，受法律保护。根据我国现行商标法及其实施细则，下列行为构成商标侵权：第一，未经商标注册人的许可，在同一种商品或者类似商品上使用与其注册商标相同或者近似的商标；第二，销售侵犯注册商标专用权的商品；第三，伪造、擅自制造他人注册商标标识或者销售伪造、擅自制造的注册商标标识；第四，未经商标注册人同意，更换其注册商标并将该更换商标的商品又投入市场；第五，在同一种或者类似商品上，将与他人注册商标相同或者近似的文字、图形作为商品名称或商品装饰使用，并足以造成误认；第六，故意为侵犯他人注册商标专用权行为提供仓储、运输、邮寄、隐匿等便利条件。此外，经营者还应注意，除了不允许以欺骗手段或者其他不正当手段取得注册之外，申请商标注册不得损害他人现有的在先权利，也不得以不正当手段抢先注册他人已经使用并有一定影响的商标。

2. 产品虚假宣传行为

经营者应全面遵守《广告法》，尤其要做到广告宣传中不得进行虚假宣传。虚假宣传有两方面含义：一是与商品客观实际不相符的宣传；二是宣传内容虽不失实，但其渲染手段使人对商品的真实情况产生误认；同时，经营者不得在广告宣传中对其他竞争对手的产品进行贬损，在广告宣传形式上，不得侵犯他人的著作权。

3. 产品包装问题

产品包装除具有保护商品的作用外，还具有促销功能，可以吸引消费者的注意，增加产品的附加价值，因而也是经营者特别重视的。但过度包装只会损害消费者的利益，销售给消费者的只是高档的包装而不是商品本身了。同时，经营者不得擅自使用知名商品的包装，或者使用与知名商品近似的包装，造成和他人的知名商品相混淆，使购买者误以为是该知名商品。

（二）价格策略中的法律问题

不能以“降价促销”名义实行低价倾销。根据我国《价格法》和《反不正当竞争法》的规定，所谓低价倾销是指从事生产、经营商品或者提供有偿服务的法人、其他组织和个人，出于排挤竞争对手或者独占市场的目的而采取的，以低于成本的价格销售商品的不正当价格竞争行为。但依法降价处理鲜活商品、季节性商品、积压商品或者因清偿债务、转产、歇业降价销售商品等情况除外。

由此可见，构成低价倾销有两个基本条件：一是主观上以排挤竞争对手或独占市场为目的，二是客观上实施了低于成本价格销售商品的行为。低价倾销扰乱了市场上正常的价格秩序和生产经营秩序，损害了国家利益，影响了国家税收，流失了国有资产，降价的损失也必将转嫁给消费者。因此，低价倾销行为被明令禁止。

此外，在价格策略中还应注意以下几个方面的问题：在采用折扣定价时，不得在账外暗中给予或收受佣金，任何折扣和佣金都应当是明示的；不得与其他企业串通制定垄断价格或哄抬价格，我国目前存在的行业自律价就属此类；经营者不得要求中间商按其规定的价格或在其规定的价格限度内销售商品。

（三）促销运作中的法律问题

1. 不能以降价促销为由拒绝实行退换服务

降价促销是经营者的价格促销手段，降价的原因与产品应具备的质量、功能无关，所以经营者不能因此免除应承担的退换义务，不得故意拖延或者无理拒绝。《消费者权益保护法》第十四条规定，经营者不得做出对消费者不公平、不合理的规定。

2. 有奖销售存在的误区

有奖销售已逐渐成为商家促销常用的一种手段，但《反不正当竞争法》明确规定，抽奖式的有奖销售最高奖的金额不能超过5000元，不能利用有奖销售的手段推销质次价高的产品，否则都属于不正当竞争行为。而且根据规定，奖品、赠品也应符合《产品质量法》的规定。

3. 促销活动中常见的“最终解释权”问题

根据我国《民法通则》、《合同法》的有关规定，当消费者发生消费行为后，便与厂家或商家之间形成了一种合同法律关系，如果消费者对这种合同条款与厂家或商家出现分歧时，有权对其进行解释的只有人民法院和仲裁机构。目前，存在着行政机关对个别厂商商业行为进行解释的情况。根据司法最终解释的原则，消费者对行政解释内容的合法性有异议的，可以通过提起行政诉讼，最终仍以司法途径确认行政解释是否合法。对于厂家或商家对自己的营销行为进行的解释，必须是在不违背法律法规、不损害消费者利益的前提下才能生效，否则不具有法律效力。

第二节　客户分析

为了更好地为客户提供服务，贵金属交易顾问必须在对客户信息进行收集和整理的基础上进行分析，以更好地了解客户，提供有针对性的服务。

一、客户信息的收集

（一）客户信息分类

1. 定量信息和定性信息

定量信息是指可以用较为准确的数据进行量化的信息，而定性信息是指难以用数据描述，只能用文字来表达的信息。

表6－1列出了不同类型信息的内容。

表6－1　定量信息与定性信息

定量信息	定性信息
资产和负债	健康状况
收入和支出	投资目标
投资组合情况	风险特征
家庭成员的数量	投资偏好
……	……

2. 财务信息和非财务信息

财务信息是指客户当前的收支状况、财务安排以及这些情况的未来发展趋势等。财务信息是贵金属交易顾问为客户提供投资建议的基础和根据，决定了客户的投资心态。

非财务信息是指其他相关的信息，比如客户的社会地位、年龄、投资偏好和风险承受能力等。

（二）客户信息收集的方法

1. 初级信息收集方法

由于客户的个人资料和财务资料只能通过与客户沟通才能获得，所以也称初级信息。交易顾问与客户初次会面时，仅通过交谈的方式收集信息是不够的，通常还要采取数据调查表来帮助收集定量信息。

2. 次级信息收集方法

宏观经济信息可以从政府部门或者金融机构公布的信息中获得，所以称为次级信息。次级信息的获得需要从业人员在平时的工作中注意收集和积累，建立专门的数据库，以随时调用。

二、客户资料的整理

交易顾问为了分析客户投资相关信息以及客户的投资目标和投资特点，首先要掌握客户的所有基本信息，对各项与投资相关的信息以及反映客户未来需求的信息进行分类汇总。

表格可以清晰简洁地反映客户的相关信息，在汇总整理相关信息的时候可以尽可能地使用表格的形式，凡是能够形成表格的信息都可以以表格的形式整理记录。交易顾问需要的表格主要有以下几类：

1. 根据客户基本信息初步编制的基本财务表格

基本财务表格主要包括客户个人资产负债表、客户个人现金流量表。这两张财务报表是分析客户所有相关财务状况的基础。交易顾问在编制的时候要注意，表格的结构与客户的个人基本情况有直接的关系。一般而言，成年客户的资产负债表和现金流量表的项目构成较为复杂，而单身年轻客户的资产负债表和现金流量表的项目构成较为简单，这主要是因为年轻客户尚未积累起大量的个人财富并且其支出项目也较为简单。

2. 根据投资规划所需要的相关信息编制特定表格

这类表格有的是根据初步信息收集阶段收集到的信息整理而成的，主要有客户现有投资组合细目表、客户目前收入结构表、目前支出结构表；有的则是根据现阶段收集整理的信息编制的表格，主要包括客户的投资偏好分类表、客户投资需求与目标表。

第三节　媒体选择

一、广告策划与制作

所谓广告策划，是指根据金融企业的营销计划和广告目标，在市场调查的基础上，制订一个与市场情况、产品状态、消费群体相适应的经济有效的广告计划方案，并加以评估、实施和检验，从而为广告主的整体经营提供良好服务的活动。

广告策划是现代商品经济的必然产物。美国最早实行广告策划制度，随后许多商品经济发达的国家都建立了以策划为主体、以创意为中心的广告计划管理体制。1986 年，中国大陆广告界首次提出了广告策划的概念。它迫使人们重新认识广告工作的性质及作用，广告工作开始走上为客户提供全面服务的新阶段。

（一）广告的传播目标

传播目标是广告最基本的目标。作为一种独特的传播形式，广告具有四种基本的传播目标：促进目标、劝服目标、增强目标和提示目标。

1. 促进目标

促进目标就是加强潜在投资者现有的需求和愿望，使他们感知和了解广告信息。这种形式的广告最具有信息性，此时，产品正被引入市场。

2. 劝服目标

广告不仅要加强潜在投资者现有的需求和愿望，使他们感知和了解信息，还要增强他们的感觉和情感，使他们偏好于某一产品。劝服性的广告常用于产品生命周期的成长阶段和成熟阶段。

3. 增强目标和提示目标

这两种目标在购买行为之后出现。增强性广告用来保证潜在投资者的购买决策，常用来确保对某些产品或服务的少量购买。提示性广告触发投资者的习惯性购买行为，一般用在产品生命周期的成熟阶段和衰退阶段，往往是投资者经常投资的产品。广告画面一般处理得简单明了，通常不使用太多的广告语言。

对广告而言，实施任何一个传播目标，都需要一系列的传播活动发生。

（二）广告制作策略

制作广告内容是金融产品广告开发与计划的最重要的步骤，对于贵金属营销来说，一则广告的成败关键在于广告内容能否引起目标受众的关注。由于广告根据制作形式的不同，可以分为平面广告、影像广告两种。因此在制作广告内容时，不同种类广告的制作要求不一样。平面广告注重文字表达，其文字应当简明生动再配以适当的图片；而影像广告则运用声音和动感画面来达到制作的要求。在制作广告内容时，企业可以根据广告目的选择不同的广告策略，常用的有 USP 策略、品牌定位策略和品牌形象策略三种。

1. USP 策略

USP 策略又称独特销售策略。其策略思路就是通过广告向客户介绍本贵金属产品较其他同类产品所独有的特点，并集中展示这种特点，让客户了解该贵金属产品可以给自己带来的利益。从 USP 策略的设计思路可以看出，使用这类广告策略应基于对产品的详尽分析，并展示其与众不同之处。然而现在的贵金属市场上，同类的贵金属产品很多，即使存在着有独特销售卖点的产品也很快会被其他竞争者复制，所以这种策略的适用范围越来越狭窄。

2. 品牌定位策略

这种广告策略是从客户的角度出发，根据客户的需要以及心理特点而为其量身定做相应的广告内容，从而吸引客户。品牌定位策略的基本思想是，企业进行某一贵金属产品广告促销时，首先应该找到该类贵金属产品在客户心中的切入点，然后向目标受众集中运用广告，并通过广告创意使该贵金属产品给客户留下深刻的印象，使潜在投资者在选购相似的贵金属产品时首先能够想到该产品，也就是将企业及产品的品牌植入客户的思维。

3. 品牌形象策略

在金融产品同质化日益严重的今天，体现本企业贵金属产品与其他同类产品的差异性显得尤为重要，要达到这样的效果就需要使用品牌形象策略。品牌形象既是指贵金属产品本身所带有的承诺，也是指金融企业的形象。因此，使用此广告策略的前提是该金融企业及其贵金属产品拥有良好的产品口碑和品牌形象。

（三）有效制作广告

广告由文字、图像和声音构成，正确组合这些成分要靠广告的设计人员。设计者的选择又受到所采用的广告媒体的影响，然而，最主要的因素是广告必须反映广告目标。所以，同一款产品的各类广告为了适应相应的媒体，制作方法存在差异，但它们提出的广告信息或广告诉求是相同的。

1. 广告文案——文字诉求

广告文案指的是广告中的文字，这些文字可能印出来，也可能由广告中的人说出来。在某些广告中（如收音机广告），文案对广告的有效性起着最重要的作用。甚至在可视媒体中（如电视），文案也起着最重要的作用，因为广告用户所说的必须得到广告中人物的支持和证明。

2. 美术——视觉诉求

美术，总的来说，是指广告中文字以外的所有方面。图画、照片、计算机制图、图像和布局（图像和文字的安排），甚至空白部分都属于美术范畴。

广告中图片的功能是证明一个事件或一个想法引人注目。空白部分和布局有更微妙的目的。布局可以有效地使客户注意到图片中的产品和商标、价格、销售地点以及广告的文字部分。空白部分也具有类似的用处，但更常用的是显示产品的高质量，许多报纸和杂志广告使用很大的空白部分强调产品。空白部分大，说明图上的产品很特别，可能价格略高，但是质量绝对有保障。

3. 广告文案和美术组合——AIDA 模式

除收音机广告外，大多数广告都以广告文案和美术为特色。这两个方面只有组合起来才能达到管理部门制定的交际目的。大多数广告客户遵循效果模式体系，即 AIDA 模式，它代表了关注（attention）、兴趣（interest）、愿望（desire）、行动（action）。

（1）关注

一则有效的广告必须从一开始就吸引观众或听众来注意广告信息，否则收效甚微。通常情况下，当目标客户被置于一个特定的情境中时，就会开始关注广告信息。

（2）兴趣

吸引了目标客户的注意之后，下一步就是让他们对产品产生兴趣。如果引人注目的事物有很强的吸引力，人们的兴趣自然就会被调动起来，当然还必须使观众或听众注意到广告中的产品与他们的联系。

（3）愿望

调动了人们的兴趣之后，紧接着就需要使人们产生使用这种产品的愿望。

（4）行动

行动是 AIDA 模式的最后一个环节，一般广告的结尾都有号召大家行动起来的部分。通常情况下，广告使行为看起来非常轻松，客户只需打个电话或收发一个电子邮件即可。

二、媒体选择策略

媒体选择策略必须考虑所要表达的信息、选择的目标客户群、所要达到的效果以及项目的费用。不同媒体的作用不同，我们暂且不考虑费用问题，要传达销售信息，几个因素必须凸显出来。如果目标是展示品牌或者与另外一个品牌相比较，电视是比较令人满意的媒体。如果要用较长篇幅介绍卖点，印刷品（报纸、杂志）广告和互联网为佳。如果要传达一则推销信息，采用户外广告（广告牌）效果较好。因此，在开始考虑选择何种媒体之前，需要考虑要传达的信息。接下来，需要考虑哪些媒体能够最有效地触及目标市场。

（一）大众媒体

大多数产品都可能与人口统计的状况有关，与大众媒体相关的数据资料也可能与这些信息吻合。因此，如果目标受众较为广泛，并且之前的步骤也认定了电视将最能发挥作用，并且预算足够，那么，可以选择电视的黄金时段。另外，还可以进一步考虑哪些电视节目可能拥有与选定的消费者状况最相符的观众群。

（二）电子互动媒体

公司网站是网上广告最普遍的形式之一。通过公司网站，企业可以接触到很多对本公司贵金属产品细节信息有了解兴趣的消费者，这都是基于互动传媒能提供大量的信息。当然，仅仅建立一个网站并不意味着人们就一定会访问该网站。如果要吸引访问量，网站应该能创作满足消费者对信息需求的内容。该网站应该使用方便、条理清晰、界面友好、配有图解，这能使访问者对所展示的贵金属产品产生兴趣。

使人们访问网站的途径之一是在另一网站上做广告宣传。这非常像大众传媒广告，原因在于公司在搜索引擎或信息提供商的商业网址上购买广告位。该类广告不仅可以提高品牌名称的认可率，还能提供产品提供商的网站超链接。这类网上广告的优点在于这是客户自己选择的主题，销售商的信息到达的是目标明确的相关市场。

（三）利用数据库直接营销

直接营销媒体（如直邮广告）非常具有选择性，能够到达十分清楚的目标市场，如某一特定邮编地区内的所有家庭。近年来，现代计算机技术已经提高了这种媒体的选择性。计算机可以得到数据资料，从而对送至不同市场的材料进行修改，并将送至任意消费者或者家庭的信息进行个性化处理。例如，信封上针对个人的问候，注明广告中所宣传产品的当地代理商等。当然，更可以根据数据库中的资料将相关的广告寄送给精确的目标客户。

（四）作为媒体的电子邮件

由于拥有速度快、个性化及互动性方面的优势，作为一种促销手段，电邮广告的使用正在增长。电子邮件作为广告宣传手段，与直邮有许多共同之处。另外，电子邮件能使广告商确定顾客对这种交流是否有反应，从而判断某一广告的有效性。

但是电子邮件广告有一个明显的缺点，就是信息接收者可能认为那是垃圾邮件而不去阅读。有效的营销人员会把电子邮件发送到有这种需求的客户手中。

（五）各种媒体优缺点的比较

在选定的市场范围内，报纸对大众有吸引力，但是广告在报纸上的停留时间短暂。杂志广告的停留时间相对长一些，但是其受众具有选择性。电视的受众较为广泛，但是利用节目的类型将范围加以限定也是可能的。因此，各类媒体有各自的优点和不足。

表 6－2　几种媒体的优势和不足

媒体	优势	不足
报纸	市场选择灵活性	缺乏广告信息持久性，印刷质量不高
杂志	读者的选择性，广告长久存在的可能性，质量高	有限的读者对象
广播	市场地区及人口选择的灵活性	缺乏信息持久性，缺乏视觉效果
电视	演示手段多样，有大批受众	缺乏信息持久性，费用昂贵
直邮	高度精选，可以长篇印刷	由读者支配，费用昂贵
网络/电子邮件	易于判断受众反应，可长篇印刷，费用低廉	受众有限，容易被客户视为垃圾邮件
户外广告牌	可以高频率出现，影响力大	信息必须简短，选址有限

三、评估广告效果

（一）广告效果评估的意义

广告效果评估，是指广告策划活动实施以后，通过对广告活动过程的分析、评价及效果反馈，检验广告活动是否取得了预期效果。因此，该评估不仅是对广告后期效果的评估，还应包括对广告调查、广告策划、广告实施发布的评估。

（二）广告效果评估的内容

广告效果评估是对广告活动的评估，不单纯指广告后期效果的评估，还应包括对广告调查、广告策划、广告实施发布等整个广告活动运作过程的评估。

1. 在策划决策的这一环节，其基本评估内容有：

（1）广告策划是否与广告目标相一致，其内在逻辑联系是否紧密，广告成功的可能性是否最大限度地得到了利用；

（2）评估广告决策是否正确，广告策略是否运用恰当；

（3）广告主题是否正确，广告创意是否新颖，广告诉求是否明确，目标消费者是否准确；

（4）广告预算与实际费用如何，是否随广告投资增加效益也正比例增加等。

2. 在实施效果方面，评估的主要内容有：

（1）广告计划在达到预定的广告目标上是否有效；

（2）广告计划在实施过程中是否有超出计划的作用；

（3）广告活动的实施是否最大效益地使用了资源，包括人力、物力、财力和时间；

（4）接触广告信息的目标消费者的数量，注意和理解了广告信息的受众数量；

（5）按照广告导向采取了行动的消费者的数量，以及重复采取类似行动的消费者数量等。

（三）广告效果评估的标准

评估广告效果的客观标准是经济效益、社会效益和心理效益，以经济效益为主，同时兼顾社会效益和心理效益。

广告的直接目的是经济效益。一个广告成功与否，在很大程度上就是看它的经济效益，这方面的衡量指标有：

（1）广告是否培养了新的公众市场需求；

（2）广告是否激发了公众的需求欲望，有效地引导了公众的购买行为；

（3）广告是否提高了企业的市场占有率；

（4）广告是否突出了本企业贵金属产品在公众心目中的地位，提高了公众的购买率；

（5）广告是否增强了商品的营销力，扩大了企业的销售量。

广告策划的最终目标是树立社会组织的良好形象和信誉，创造和谐的公众环境，赢得公众的支持。因此，评估广告的效果，还要衡量社会效益。

（四）广告效果评估的方法

1. 评估小组评估法

评估小组评估在具体做法上有多种办法可行。

按技术手段的复杂程度，分为经验测定法和科学测定法。按获得资料来源的直接程度，分为直接测定法和间接测定法。直接测定法是通过邀请专家、学者或有代表性的顾客通过广告评价直接对广告效果做出测定；间接测定通常是根据原始资料做初步分析和推理，再对广告效果做出测定。

按广告活动的进程来分，有事前测定、事中测定和事后测定等方法，这些是在实际工作中常用的方法。

事前测定是指在广告正式发布之前，对广告战略、广告作品和广告媒体组合进行评价，预测广告会产生怎样的效果。具体内容涉及产品调查、市场调查、消费者调查、媒体调查及广告信息在传播过程中可能引起的消费者反应。事中测定是指广告正式发布到整个广告活动结束之前的广告效果测定，主要是对广告成品和广告媒介组合进行测定，其目的是为事后测定和评估积累必要的资料和数据。事后测定是指对广告活动做出全面评估，其目的一是评价广告活动的成绩，广告费用与收益是否合理；二是评价广告策略的成败得失，为新的广告活动提供依据。

2. 反馈评估法

策划方案付诸实施后，对方案效果的信息反馈与评估，就成了广告策划部门最重要的工作。反馈与评估工作几乎同时进行，其方法有：

（1）观察体验法。这是一种快速的信息反馈评估方法。其具体做法是，由社会组织的领导人或有关部门的负责人亲自参加广告策划活动，现场了解广告策划工作的进展情况，直接观察估计其效果，并当场提出改进意见。

（2）目标管理法。这是利用广告策划目标测评广告效果的一种方法。当广告策划活动结束后，将测量到的结果与原定的目标和要求相对照，就能够衡量出广告的效果。

（3）民意调查法。这是一种通过调查公众态度和市场经营环境的变化来测评广告效果的评估方法。主要有两种具体方式：一是比较调查法，即在一次广告策划活动前后分别进行一次舆论调查，比较两次调查的结果，分析广告的效果；二是公众态度调查法，即在广告策划活动实施后，对公众进行调查，了解公众对企业及产品的知晓情况与信任状况等，继而分析广告效果。

（4）新闻分析法。这种方法通过观察、分析新闻媒介对社会组织的报道情况，从而测量广告效果。其主要内容有：第一，分析报道的篇幅大小、持续时间、版面位置等；第二，分析报道的内容性质，如是正面报道还是反面报道；第三，分析新闻媒介的社会地位及其发行量、覆盖面、权威性和影响力。

（5）专家评估法。这是一种邀请广告专家测评广告效果的方法。由于这些专家广告策划工作经验丰富，他们的测评结论一般都比较客观准确。

3. 经济效益测算法

广告效益的测算方法分为两大类。一类是从广告客户销售额的变化直接反映广告效益，即直接效益；另一类是通过消费者的反映估算广告效益，即间接效益。在实际工作中，两种测算方法要结合使用，以提高广告效益测算的准确性。

第四节　营销方案

一、推销技术与策略

推销的最终目的是说服客户购买本企业的贵金属产品。在推销过程中，推销员只有掌握一定的技巧才能有效地达成交易。

（一）推销原则

有关推销的大量研究形成了许多原则，推销员在工作中需要恪守一些基本的原则，以指导其多元的推销活动。

1. 目标明确原则

推销必须服从一个明确无误的目标，推销目标指导着推销模式及策略。在公司明确的推销目标下，推销员可以有的放矢，企划具体的推销技巧与策略。

2. 实践检验原则

推销活动一定要在充分调查研究的基础上进行，并根据销售环境适时予以调整，推销技巧与策略是否正确有效，取决于其是否适合现实需要。

3. 诚恳守信原则

推销技术与策略不能包含欺诈的内容，在推销的过程中，要诚实可靠、精益求精、坚韧不拔。

（二）寻找潜在客户

推销过程始于寻找潜在客户。在推销理论中，所谓潜在客户，是指能够从推销员所推销的产品或服务中获益，并有支付能力购买这一产品或服务的组织和个人。潜在客户是推销活动赖以生存的基础，是推销员工作的对象。而贵金属产品销售中的潜在客户是指潜在的投资者。

1. 寻找线索推销员可以从以下途径寻找线索：

（1）通过市场调查，不仅可以发现潜在客户，而且可以全面了解潜在客户的数量、分布状况、购买水平等。

（2）向现有客户了解潜在客户的情况。

（3）查阅各种资料，如分类广告、电话簿、网上信息库等。

（4）培养其他能提供线索的来源，如供应商、销售商、行业协会、银行职员等。

（5）参加各种展示会、联谊会等。

2. 筛选线索

找到线索以后，推销员应该进行客户资格鉴定，以发现真正的推销工作对象。客户资格鉴定可以从以下三个方面进行。

（1）客户购买需求鉴定。通常推销员应考虑潜在客户是否需要该产品或服务，如果不具有购买需求，就应该舍弃。但是，推销员应该了解客户中存在大量未被认知的需求，应该尝试着发掘它们。

（2）客户支付能力鉴定。只有既有购买需求又有支付能力的客户，才是理想的推销工作对象。因此，推销员需要做大量的观察和调查工作，要通过客户的收入水平、职业、家庭、经营状况等了解判断其支付能力。

（3）客户购买决策权鉴定。推销员向一个家庭或一个组织客户推销时，应该以家庭或组织中的购买决策人为工作对象。

（三）接触客户

在找到潜在客户以后，推销员应尽可能多地了解潜在客户的情况，做好接触客户前的准备。如果是单个客户，应了解其姓名、年龄、文化水平、投资需求、购买力、投资决策权、兴趣爱好等方面的情况；如果是组织，则应对组织的性质、规模、生产经营业绩、人事结构、投资习惯等有所了解。推销员在准备的过程中还应确定好访问目的、访问方法、访问时机等。

在准备完成之后，推销员就可以开始与客户接触。这个过程中推销员要注意礼仪，使关系一开始就很融洽。

（四）介绍展示产品

推销员在介绍产品时可以采用以下方法：

（1）标准记忆式：推销员事先准备好所要介绍的内容，经过熟记以后向客户作背诵式的讲解和说明。

（2）重点记忆式：推销员把要介绍的重点列出来并且记住，在说明讲解过程中与客户进行一定的双方沟通。

（3）针对式说明：针对客户的特殊需求进行说明。

（4）视听式说明：在讲解的过程中使用辅助性的视听设备。

每一种推销方法都有各自的优缺点，推销员在介绍产品时可以把不同的方法结合在一起，以适应不同产品的特点和不同客户的需要。

（五）达成交易及后续工作

如果介绍的过程中客户表现出抵触情绪或者提出异议，推销员应该采取主动积极的态度，探寻客户抵触的原因，因势利导排除异议，把异议转变为购买的理由，创造达成交易的机会。

达成交易之后，推销员应着手履约的各项工作。对某些金额大、技术性强的产品，推销员在达成初步的意向之后，还应安排一次后续的接触，为客户提供咨询等服务。

二、电话营销

（一）电话营销的概念及主要形式

1. 电话营销

电话营销是一种直销模式，一般是销售人员通过电话向潜在的客户推销商品和服务。电话营销有时候也使用电话自动拨号然后播放录音的方式。电话营销已经日益成为金融产品营销中的重要模式，贵金属产品营销也是如此。

电话营销最早出现于20世纪80年代的美国。随着消费者主导市场的形成，以及电话、传真等通信手段的普及，很多企业开始尝试这种新型的市场手法。电话营销绝不等于随机地打出大量电话，靠运气推销出几样产品。因为这种电话往往会引起消费者的反感，结果适得其反。

电话营销的定义为：通过使用电话、传真等通信技术，实现有计划、有组织并且高效率地扩大客户群、提高客户满意度、维护客户等市场行为的手法。成功的电话营销应该使电话双方都能体会到电话营销的价值。

2. 电话营销的主要形式

目前，在企业中实施电话营销的形式主要有三种：

（1）企业自建呼叫中心，通过自己的电话营销人员完成销售。采用这种方式的企业一般规模都比较大，电话营销体系比较成熟，属于完整意义上的电话营销。

（2）企业有自己的电话销售人员，但没有呼叫中心，只有几条电话线，一般情况下企业规模都较小。严格来讲，这不算完整的电话营销，但这类企业一般销售的产品都比较复杂，往往需要高级销售人员的支持和配合才能完成销售，所以，这种电话销售人员更多的是起到筛选客户的作用。

（3）企业与一些呼叫中心运营商合作，将自己的产品委托给呼叫中心进行销售，属于电话营销外包。这种形式对企业来讲既减少了投资，又在初期就将风险降到了最低。只是目前呼叫中心运营商对中国企业来讲是个陌生的概念，所以，这种形式还需要较长时间才能被大多数企业认同。

（二）电话营销的技巧

1. 说话要真诚

只有真诚的人才能赢得信任，应该从该公司的客户群、所属行业、企业规模等因素出发，尽可能多地了解上游资源，从大形势的角度与客户沟通，让客户感受到专业水准。

2. 给客户一个购买的理由

时时把握客户的需求与承受能力，体察客户的心态，这才是最终成交的关键。但是有时过于急功近利，客户答应或者默许的事都没有兑现时，如果作为营销人员而带有一点情绪，与客户交流起来就会有障碍。要明确销售工作其实有更多的成分在服务。

3. 让客户知道不只是他一个人购买了这款产品

人都有从众心理，营销人员在推荐产品时适时地告诉客户一些与他情况相类似或相同的企业或公司都购买了这款产品，尤其是他的竞争对手购买的就是这款产品。这样不仅从心理上给他以震撼，而且还增强了购买的欲望。根据经验，这个公司在购买同一类型的产品时，肯定会买比竞争对手更高级的，以此来打击对方的士气。

4. 热情的销售员最容易成功

在客户咨询产品时，除非是在客户时间非常紧的情况下，才可以只发一份报价给客户而没有任何介绍。营销员需要让客户时时感觉你就在他身边。如果时间允许的话，即使客户没有需求，营销员也应该真诚、热情地接待客户。

5. 注意倾听客户的话，了解客户的所思所想

一些客户对他希望购买的产品有明确的要求，注意倾听客户的要求，切合客户的需求，将会使销售更加顺利。反之，一味地推销自己的产品，无理地打断客户的话，在客户耳边喋喋不休，往往是失败的结局。

6. 不要在客户面前诋毁别人

纵然竞争对手有这样或者那样的不好，也千万不要在客户面前诋毁别人以抬高

自己，这种做法非常愚蠢，往往会使客户产生逆反心理。当然，更不要说自己公司的坏话，在客户面前抱怨公司的种种不是。

7. 当客户无意购买时，不要向他施压

很多时候，客户并没有意向购买产品，这个时候比较合适的做法是以退为进，可以转换话题，或者寻找机会再次拜访，给客户一个购买的心理准备过程，不要希望能立刻一锤定音。

（三）电话销售关键的成功因素

1. 准确定义目标客户

这是五个关键的成功因素中非常重要的一点。目标客户到底在哪里，哪些客户最有可能购买你的产品，这些信息需要非常清晰。否则，打出再多的电话都可能是徒劳无效的。在目标客户最集中的地方寻找客户，才能取得更好的效果，效率才会提高。

2. 准确的营销数据库

确定了目标客户后，还需要建立一个客户数据库，由销售代表根据准确的客户数据库查询客户资源，继而跟进，这会提高销售效率。

3. 良好的系统支持

通过一个客户关系管理系统来做支持，可以实现很多资源的共享。除此之外，企业想实施电话销售，就需要在电话中跟客户建立起一种信任关系，这种信任关系基于两个层面：（1）企业与企业的信任关系；（2）企业与个人的信任关系。如果品牌足够大，客户购买产品很可能是出于对品牌的认可度和公司的信任度，这是企业与客户的信任关系。而若干个销售代表都跟客户接触时，客户可能只跟其中的一个销售代表来合作，这就是企业与个人的信任关系。

4. 各种媒体的支持

为了尽可能地扩大产品品牌影响力，企业需要有在广告、直邮方面的市场支持。建立起这种支持以后，会吸引很多客户主动打入电话，这时销售代表的销售效率相应会有一个很大的提高。

5. 高效专业的电话销售队伍

企业要有支强大的电话销售队伍，并且实施有效的公司内部管理。电话销售要将自己的客户一一分类，大客户部可以用电话销售代表作支持，建立密切而又牢固的客户关系。

三、销售促进

销售促进又叫促销——特定意义上的促销，或称营业推广。它由一系列富有诱导性的激励手段构成，在促进销售方面功效独特。贵金属产品的销售如果适时使用销售促进方法将会起到事半功倍的效果。

（一）销售促进的作用

销售促进的基本作用体现在以下三个方面。

1. 沟通信息

销售产品是营销活动的中心任务，信息传递是产品顺利销售的保证。在促销过程中，一方面，卖方向买方介绍有关企业现状、产品特点、价格及服务方式等信息，以此来诱导潜在投资者对企业的贵金属产品产生需求并采取购买行动；另一方面，买方向卖方反馈对产品价格、质量和服务内容、方式是否满意等有关信息，促使企业更好地满足投资者的要求。

2. 奖励购买行为

在促销活动中，企业不仅仅通过产品介绍激发潜在投资者的购买热情，更重要的是运用适当的方式给予投资者一定的购买鼓励。如销售促进附带的各种价格让步、激励办法和赠品等，能为购买者提供进一步的利益。

3. 提出要约

现场感强烈的销售促进活动发挥着提出交易要约的作用，能促使潜在的客户立即参与交易。企业运用适当的促销方式开展促销活动，可使较多的投资者对本企业的产品产生偏爱，进而稳定市场占有率。

（二）确定促销的目标

销售促进的整体目标取决于营销的目标，具体目标则可以在广泛的范围内选择。对于购买者，销售促进的目标可以是鼓励老客户重复、大量地购买及使用；吸引新客户开始试用；争夺同类产品和竞争者品牌的使用者。对于销售商，销售促进的目标包括抵消竞争对手促销活动的影响；建立巩固销售商的品牌忠诚，力求获得进入新销售网点的机会。对于本公司的销售人员，销售促进的目标包括鼓励他们推销某种新产品；激励他们开拓新的市场，寻找更多的潜在客户；促使他们扩大营业淡季的销售成果。

（三）选择促销工具

很多促销工具都可以实现促销目标。在选择销售工具时，应该考虑促销对象、促销目标、竞争情况以及各种促销工具的成本及收益。

1. 对购买者的促销工具

由于市场竞争空前激烈，争夺购买者的促销工具日益多元化，促销领域中对购买者的促销工具如下：

（1）现场展示示范

在销售现场，可以设立看板、招贴广告牌和印刷品进行展示，也可以利用播放录像、电影进行展示，表现力更加丰富，还可以进行产品投资收益模拟演示示范活动。

（2）提供试用及赠品

通过提供给客户试用的产品或者赠送低价的商品来鼓励客户购买，或者为客户提供印有厂商广告的礼品，如 T 恤、购物袋等，对于消费者市场来说，这是最有效的促销方式。

（3）折价赠券及现金折返

折价赠券是持有者在购买某种商品时可以享受折扣优惠的凭证，一般用于刺激成名品牌的购买或者刺激新品牌的使用。现金折返与折价赠券类似，但是客户享受折扣优惠是在购买之后而不是之前。这种方法用于吸引老客户反复购买，以培养较为稳定的客户关系，争取稳定的业务。

（4）特价包及消费印花

特价包又称一揽子折价，是一种向客户提供低于常规售价以鼓励购买的方法，在刺激短期销售方面非常有效。企业还可以向购买产品的客户赠送印花或称消费积分，当客户积累到一定点数时，可以兑换现金、产品或者服务。这种方法同样具有稳定客户关系的功能。

（5）竞赛及抽奖

竞赛是指为客户提供参加比赛的机会，以争取奖品、现金或旅游等。抽奖是指销售附设高奖额的奖金或奖品，但是只有极少数客户可以获得奖品。这两种促销手段虽然往往能够带来购买人潮，但是据调查，此类方式并不如折价或者赠品类的促销那样受到更广泛的欢迎。

2. 对中间商的促销工具

为了争取承销商和代理商的合作，公司往往做出更大的促销预算，但是所采用的促销工具有所不同。有些对购买者的促销工具，如展示、收益演示等对中间商也有促销效果。有些需做适当改动，如销售竞赛时在代理商之间展开促进销售业务的竞争。还有一些是专门针对中间商的促销，如折价，用于鼓励代理商大幅提高代理额度，或者作为对代理商为销售产品而进行的广告宣传的酬谢，代理商可以直接从折价中获利。公司还可以发放佣金或奖金来奖励那些有成就的代理商，还可以通过订货会、贸易展销会来推介新产品、吸引新客户，并与老客户保持联系。

3. 对销售人员的促销手段

对销售人员的促销手段一般是奖金和佣金，这可以促使销售人员更加努力地工作。此外，销售会议、销售竞赛等手段对提高销售人员的积极性和业绩都有一定的帮助。

第七章　贵金属相关法律法规

第一节　国际贵金属条约和协定

一、IMF 协议条款的规定

IMF 关于国际货币体系的《国际货币基金协定》经历了一个长期发展过程，该协定最早于 1944 年 7 月 22 日在布雷顿森林的联合国货币金融会议上签署，并奠定了美元与黄金双挂钩的布雷顿森林体系的基础。1976 年《牙买加协议》做出的关于黄金非货币化的修改于 1978 年正式生效，从此美元币值与黄金脱钩，黄金不再行使国际货币的职能，退出了国际货币体系。

1978 年生效的修改后的《国际货币基金协定》删除了 1944 年有关黄金的所有规定，宣布：黄金不再作为货币定值标准，废除黄金官价，各国的货币当局按照自行确定的价格对各自黄金储备计值，可在市场上自由买卖黄金；取消对国际货币基金组织（IMF）必须用黄金支付的规定；出售国际货币基金组织 1/6 黄金，所得利润用于建立帮助低收入国家优惠贷款基金；设立特别提款权代替黄金用于会员国与 IMF 之间的某些支付等。

《国际货币基金协定》的相关具体条款如下：

（一）第四章（有关汇率安排义务）第二节（一般汇率安排）

1. 每个成员都要在本协议第二修正案出台之后三十天内通报国际货币基金组织有关它们将要根据本协议而实施的汇率安排职责，并且需要立刻向基金组织通报有关它们汇率安排方面的变动。

2. 1976 年 1 月 1 日之后在国际货币体系下成员国可以选择（1）由成员国选择的，根据特别提款权或除黄金以外的其他名义量而确定的货币价值；（2）成员国维持的与其他成员国货币价值相关的本国货币价值的合作性安排；（3）成员国选择的其他汇率安排。

3. 与国际货币体系的发展一致，基金组织可以以总投票权 85% 以上的大多数制定一般性汇率安排，不限制成员国与基金目标一致基础上的汇率安排选择。

（二）第五章（基金运作管理）第十二节（其他运作和事务）

1. 基金组织应该遵循第八章第七节中规定的目标，遵循避免进行价格管理，或避免在黄金市场上建立任何固定价格的目标指导本节中所制定的政策和决定。

2. 基金组织有关下面 3、4、5 条款的运作和事务处理的决定要经过总投票权 85% 以上多数通过。

3. 基金组织可以在与成员国协商之后向成员国卖出黄金换取成员国货币，本条款下对成员国的销售必须在市场价格的基础上进行。

4. 基金组织可以接受成员国除了黄金之外用特别提款权和货币进行支付。本条款中任何交易和事务中的支付应该在市场价格的基础上进行。

5. 基金组织可以在第二修正案出台之前按照成员国份额比例向 1975 年 8 月 31 日以前的成员国销售和购买黄金。在本条款下向成员国销售的黄金按照一个特别提款权等于 0. 888671 克足金计算。

（三）附件 B（关于回购、额外认缴支付、黄金和某些操作事务）

成员国在第二修正案出台之前未清偿的回购义务，可以用特别提款权清偿对基金组织回购的黄金支付义务。对于那些在本协议第二修正案出台之前未完成的回购，基金组织可以：

1. 在 1975 年 8 月 31 日按照成员国拥有的份额销售 2500 万盎司足金给那些愿意购买的成员国。这一销售按照货币等价原则，以一个特别提款权等于 0. 888671 克黄金进行。

2. 在 1975 年 8 月 31 日以有利于发展中国家成员国的方式销售 2500 万盎司黄金，如果销售黄金有利润或剩余价值，按照一个成员国份额占所有成员国总份额直接分配给这些成员国。基金组织与成员国进行协商，获得成员国同意，或者在特定的情况下以一个成员国货币交换另一个成员国的货币应该根据基金组织销售黄金所获得并放在一般资源账户（General Resource Account）中的货币进行。根据一特别提款权等于 0. 888671 足金销售黄金所获得的货币收益及其等价物应该以普通资源账户方式持有，此安排下基金组织的其他资产与普通资源账户分开持有。本安排结束后仍由基金组织支配的资产归于特殊支付账户（Special Disbursement Account）。

（四）附件 C（关于货币平价）

1. 基金组织应该告知成员国根据本协议和本附件的精神，按照特别提款权或基金组织规定的其他名义量来确定货币平价，该名义量不应该是黄金或单一货币。

2. 计划确定货币平价的成员国应该在得到通知后一段时间内将确定的货币平价告知基金组织。

3. 不计划确定货币平价的成员国应该与基金组织协商，保证它的汇率安排与基金组织的目标一致。

二、华盛顿协议与新华盛顿协议

20 世纪 90 年代，由于国际结算货币与黄金脱钩，以及国际储备资产的多元化、黄金交易的市场化，使各国中央银行能够以更积极的方式来管理黄金储备资产，增加黄金的流动性，因此出现了各国中央银行集中抛售黄金的现象。中央银行抛售黄金使黄金价格下跌，伤害了黄金生产国的利益。为了平抑黄金价格，1999 年 9 月 26 日，欧洲 14 国①中央银行和欧洲中央银行共同签署了《华盛顿协议》，宣布对黄金租赁封顶，未来五年内将黄金的销售量限制在每年 400 吨以内。

《华盛顿协议》的具体内容如下：

1. 黄金是全球货币储备的一个重要组成部分。

2. 除非事先确定，以上机构不会进入市场销售黄金。

3. 事先已经确定的黄金销售要通过一个销售协议程序进行，该程序未来五年有效。每年的黄金销售额不能超过 400 吨，在这一期间内的销售总额不能超过 2000 吨。

4. 该协议的签署方同意在这段时间内不增加黄金租赁，不增加黄金期货期权的使用。

5. 该协议五年之后再进行评审和续签。

《华盛顿协议》是自从 1968 年“黄金总库”以来，中央银行首次联合干预黄金市场的行动，美国、国际货币基金组织、国际清算银行也相继表示遵守该协议精神，限制黄金租赁和销售。

2004 年 9 月新《华盛顿协议》生效，各国中央银行年售金量合计不超过 500 吨，5 年不超过 2500 吨。

---

① 这 14 个国家包括 11 个欧洲大陆国家，加上瑞典、瑞士和英国。

第二节　我国贵金属管理法规和惯例

中国的贵金属交易目前还未完全向私人开放，能够参与贵金属生产和交易的主要还是经过国家管理部门批准的单位和机构，以及商业银行。2002 年 10 月 30 日上海黄金交易所正式开业运行，标志着中国贵金属管理体制改革的重大进步，随着贵金属市场的逐步规范和完善，商业银行逐渐成为黄金市场的主要参与者，开展了针对个人黄金投资的产品和业务，中国的贵金属交易正在逐步走向市场化。

一、《中华人民共和国金银管理条例》

中国目前针对贵金属交易最主要的法规是 1983 年由国务院发布的《中华人民共和国金银管理条例》（以下简称《条例》），该条例的出台在当时是为了加强对黄金、白银和铂金的管理，保证国家经济建设中金银的需要，取缔黄金和白银走私和投机倒把活动。《条例》确定了国家对金银实行统一管理、统购统配的政策原则，规定境内机构的一切金银收入和支出，都纳入国家金银收支计划。《条例》还确定了金银的主管机关为中国人民银行，没有人民银行许可，任何单位和个人不得收购、销售金银。《条例》保护个人合法所得的金银，但是禁止境内一切单位和个人计价使用金银，私相买卖和借贷抵押金银。

对金银经营的统一管理是指从事金银生产、加工、销售的单位需要通过人民银行和有关部门的审查批准和许可；金银的经营单位不能擅自改变登记的业务范围。金银质地的纪念币的发行和出口经营由人民银行办理，其他单位没有铸造和发行权力。金银制品的出口由人民银行负责供应，珠宝商店、委托寄售商店不能收购金银制品。

《条例》还规定，携带金银入境的数量不受限制，但是必须向海关申报登记。携带金银出境，需要提供人民银行出具的证明或者原入境时的申报单登记的金银携带数量；将在境内购买的金银饰品带出境要提供国内经营金银制品的单位开具的特种发货票；个人出境允许携带黄金饰品 1 市两（31.25 克），白银饰品 10 市两（312.5 克），银质器皿 20 市两（625 克）。境内的外资企业、中外合资企业，从国外进口金银作产品原料的数量不限，但出口含金银量较高的产品，要经过人民银行核准后放行。

二、《关于规范黄金制品零售市场有关问题的通知》

2001 年 10 月，中国人民银行、经贸委、国家税务总局和工商行政管理总局联合下发了《关于规范黄金制品零售市场有关问题的通知》，取消了黄金制品零售业务许可证管理制度，实行核准制。经营黄金制品零售业务的单位经所在地核准行①核准，领取《经营黄金制品核准登记证》（以下简称《核准登记证》），从事黄金制品零售业务。

申请经营黄金制品零售业务，应具备下列条件：（1）依据有关法律、行政法规设立的企业法人。（2）具有独立、完整的会计财务核算部门和制度。（3）具有合格的经营管理人员。（4）具有一定的注册资本（金），专营店注册资本金不得少于 100 万元；兼营黄金制品零售业务的大中型综合商场注册资本金不得少于 500 万元。（5）具有固定的营业场所和符合安全条件的库房。专营店营业场所面积不得少于 60 平方米；兼营黄金制品零售业务的大中型综合商场营业面积应不低于 3000 平方米，其中经营黄金制品零售业务场所面积不得低于 40 平方米。

申请经营黄金制品零售业务，需要向核准行提交的材料有：（1）经营黄金制品零售业务的申请报告；（2）企业决策层的决议；（3）企业名称预先核准通知书（新设企业提交）或企业营业执照复印件（已设企业提交）；（4）营业用场所所有权或使用权的证明；（5）企业法定代表人或企业负责人身份证明；会计、出纳员资格证明；经营黄金制品业务人员的简历；（6）人民银行认可机构开具的验资证明、银行开户证明；（7）会计核算方法和会计科目设置情况的说明。黄金制品零售连锁店、黄金制品零售企业的分支机构的申请程序同上。

《核准登记证》需要按年度审核换证。工商行政管理机关和税务机关凭当年人民银行颁发的《核准登记证》办理年审和年度认证的有关手续。

在保税区内生产、加工的黄金制品原则上应全部用于出口。特殊情况要由人民银行总行批准。

黄金制品零售业务经营单位不能采用承包、租赁、转让、试销、代销、传销等经营方式；对所出售的每件制品，都要开具税务机关统一制定的商业零售发票，并按规定每月向所在地人民银行分支行、税务机关报送《黄金制品购销存月报表》；销售的黄金制品，必须盖有生产企业的戳记代号和含金量标记，并配有标签牌，注

① 核准行是指所在地人民银行分行、营业管理部，省会（首府）城市中心支行等有权审核黄金零售业务的银行。

明生产厂家、重量及含金量。含金量千分数不小于999的称为千足金，应打千足金印记或按实际含量打印记；含金量千分数不小于990的称为足金，应打足金印记或按实际含量打印（GOLD999或G990）；含金量百分数小于99的称为K金，应打K金数印记或按实际含量打印记（K金饰品含金量每K为4.15%）。

黄金制品零售企业要从国家批准的定点单位进货。拍卖行拍卖的黄金制品、单位举办的黄金制品展览（展销）会，要经人民银行当地分行、营业管理部、省会（首府）城市中心支行或深圳市中心支行核准。举办全国性或国际性黄金展览（展销）会应报人民银行总行核准。

三、2002年、2003年国务院关于取消行政审批项目的决定

2002年10月和2003年3月，国务院先后取消了两批行政审批项目，正式取消了《金银管理条例》和《关于规范黄金制品零售市场有关问题的通知》中的大部分行政审批项目，这些项目包括：

《金银管理条例》：金银收购许可证，金银制品生产、加工、批发业务审批，金银供应审批，个体工商户金银饰品以旧换新及维修业务审批，单位“三废”金银回收业务审批，金银饰品生产、经营单位跨省携带批量金银审批，金银及其制品的加工贸易进出口。

《关于规范黄金制品零售市场有关问题的通知》：拍卖行拍卖黄金制品核准、单位举办黄金制品展览会核准、举办全国性或国际性黄金展览（展销）会核准、黄金制品零售业务核准。

上述行政审批项目的取消，与黄金交易所的成立一起，有力地推动了中国贵金属市场的市场化发展。

四、《中华人民共和国中国人民银行法》

2003年12月27日，第十届全国人民代表大会常务委员会第六次会议通过了《关于修改〈中华人民共和国中国人民银行法〉的决定》，1995年《中国人民银行法》根据该决定修正后于2004年2月1日施行。《中国人民银行法》规定了中国人民银行在黄金管理中的地位和作用，以立法形式确立中国人民银行为黄金市场的监管部门。《中国人民银行法》规定人民银行在黄金管理中承担以下职责：

1. 监督管理黄金市场；

2. 持有、管理、经营黄金储备；

3. 对金融机构以及其他单位和个人执行有关黄金管理规定的行为进行检查

监督。

五、《关于促进黄金市场发展的若干意见》

2010 年 7 月，中国人民银行、国家发展和改革委员会、工业和信息化部、财政部、税务总局、中国证监会联合发布了《关于促进黄金市场发展的若干意见》。

《关于促进黄金市场发展的若干意见》指出，要健全完善黄金市场标准认定体系。结合我国黄金产业和市场发展实际，借鉴国际主要黄金市场经验，进一步完善我国黄金市场合格金锭申请、认定、鉴定和检查制度，提高我国黄金市场认定体系的影响力，推动建立我国黄金市场标准认证体系。综合考虑国家资源战略，结合黄金产业特点，合理确定合格金锭金条入库企业。

完善黄金市场仓储运输体系。综合考虑我国黄金生产和消费实际及黄金市场发展等因素，合理布局黄金交割库。统筹考虑商业银行和会员的经营成本，合理设定出入库费用和仓储费用。完善黄金运输服务体系，向市场提供快速低成本的运输服务。

完善黄金市场清算服务体系。根据黄金市场发展需要，切实加强黄金账户服务体系建设，向市场提供更便捷的黄金账户和黄金实物清算服务，进一步完善黄金实物清算服务体系。借鉴国际经验，研究推动多种黄金账户服务。完善黄金市场资金清算服务。

加快黄金市场法律法规制度建设。推动出台《黄金市场管理条例》。制定出台黄金及其制品进出口管理办法。加强对金融机构黄金业务的管理，引导并推动金融机构黄金业务稳步规范发展。

落实黄金市场相关税收政策。对上海黄金交易所和上海期货交易所黄金的税收政策继续按现行规定执行。研究推动完善投资性黄金和商业银行黄金业务税收政策。

研究扩大黄金市场实物供给渠道。结合我国黄金市场发展实际，根据市场需求状况，扩大有进出口黄金资格的商业银行数量，推动市场创新，提高市场流动性。在市场化原则基础上，进一步发展黄金租借市场。

切实做好黄金市场融资服务。对符合黄金行业规划和产业政策要求的大型企业，商业银行要按照信贷原则扩大授信额度。

完善外汇政策。进一步完善当前黄金市场外汇管理政策。为鼓励引导商业银行开展人民币报价的黄金衍生品交易，结合上海黄金交易所询价系统建设，允许开展黄金衍生品人民币报价的商业银行，在没有真实贸易背景下，在境外对冲境内黄金交易头寸，并研究将开展黄金衍生品人民币报价交易所涉汇率敞口头寸纳入结售汇综合头寸进行境内平补的可行性。

推动黄金市场对外开放。稳步增加上海黄金交易所外资类会员数量。研究推动允许境外合格金锭提供商向上海黄金交易所提供合格金锭。研究推动境外机构参与上海黄金交易所进行交易。

加大黄金市场监管力度。各相关部门应认真履行监督管理黄金市场相关职责，加大沟通协调力度，形成合力，切实维护市场主体利益，促进市场规范协调发展。

商业银行要加大风险控制力度。要制定相关业务规划，保证合规开展业务。要加强相关系统建设，切实保障交易安全。要根据各种业务特点和风险特点，采取相应措施，防范风险。

中介机构要加强自律性管理。上海黄金交易所和上海期货交易所要结合产品上线和系统建设等情况，完善交易、交割、清算和黄金账户服务等制度，保证各项服务的安全性。规范会员行为，维护市场秩序。要根据市场变化情况，及时采取应对措施，防范市场风险。

采取多种形式，切实加强对投资者的教育，培育成熟的黄金市场投资群体。加大对黄金市场从业人员的培训力度，提高从业人员素质。切实加强黄金市场的风险教育，提高市场参与主体的风险意识。市场主体要从维护投资者利益和维护黄金市场健康发展的大局出发，发现问题及时报告。规范黄金市场参与者行为，严禁参与地下炒金活动。对参与地下炒金活动的市场主体，相关部门应予以严惩，并将相关信息录入征信系统。

参考文献

［1］侯惠民．贵金属交易师教程［M］．北京：中国出版集团现代教育出版社，2001.

［2］蔡睿．广东省贵金属交易中心从业资格教程［M］．广州：中山大学出版社，2013.

［3］张祖国．证券投资分析［M］．上海：上海财经大学出版社，2010.

［4］朱忠明，张淑艳．金融风险管理学［M］．北京：中国人民大学出版社，2004.